谁忆大风歌
大风歌

古代帝王往事

冷自泉　编著

沈阳出版发行集团

沈阳出版社

图书在版编目（CIP）数据

谁忆大风歌：古代帝王往事 / 冷自泉编著 . -- 沈阳：
沈阳出版社，2022.7

ISBN 978-7-5716-2572-6

Ⅰ . ①谁… Ⅱ . ①冷… Ⅲ . ①帝王 – 生平事迹 – 中国
– 古代 Ⅳ . ① K827=2

中国版本图书馆 CIP 数据核字（2022）第 126623 号

出版发行：沈阳出版发行集团 | 沈阳出版社
（地址：沈阳市沈河区南翰林路 10 号　邮编：110011）
网　　　址：http://www.sycbs.com
印　　　刷：北京市兆成印刷有限责任公司
幅面尺寸：170mm × 240mm
印　　张：15.5
字　　数：203 千字
出版时间：2022 年 8 月第 1 版
印刷时间：2022 年 8 月第 1 次印刷
责任编辑：马　驰　王雪姣
封面设计：薛　芳
版式设计：睿众文合
责任校对：王玉位
责任监印：杨　旭

书　　号：ISBN 978-7-5716-2572-6
定　　价：49.80 元

联系电话：024-24112447
E – mail：sy24112447@163.com

目录

第一章 功业篇

灭六国，秦始皇统一天下

公元前237年，秦王嬴政免除了吕不韦丞相一职，并让他回到自己的封地洛阳，随后又将其贬到巴蜀。吕不韦难以承受这个打击，最终自杀而死。嬴政铲除了吕不韦的势力，开始独掌大权，他任命李斯为丞相。李斯上奏道："今诸侯服秦，譬若郡县。夫以秦之强，大王之贤，由灶上骚除，足以灭诸侯，成帝业，为天下一统，此万世之一时也。今怠而不急就，诸侯复强，相聚约纵，虽有黄帝之贤，不能并也。"嬴政早就有统一六国的雄心，于是听取了李斯的建议，并开始着手对六国用兵，以实现统一天下的宏图大志。

嬴政统一六国的总战略方针是由近及远，集中力量，各个击破：先北取赵国，中取魏国，南取韩国，然后再依次吞并燕国、楚国、齐国。

嬴政之所以先要攻取赵国，是因为赵国的实力在六国中最强，是秦国统一六国的最大障碍。但是，赵国还没有到不堪一击的地步，特别是赵国有名将廉颇，他是秦国灭赵的最大障碍。以往赵国抵抗秦国入侵的战争中，廉颇曾多次率兵打败过秦国。后来，赵国发生内乱，廉颇被迫逃到魏国。廉颇在魏国经常带口信给赵王：只要赵王用得着他，他立即回国效力。秦国则买通了赵国的大臣郭开，让郭开在赵王面前说廉颇年纪大了，而且还有病，不能领兵打仗。赵王得知这个情况后，就打消了召廉颇回国的念头。廉颇久等不见赵王的诏书，只好接受了楚国的邀请，到楚国担任大将，最终客死在楚国的寿春。

廉颇死后，嬴政决定征伐赵国。但是，秦国和赵国之间订有同盟条约，嬴政苦于找不到理由毁约。尉缭给嬴政献计："赵国和魏国关系好，我们可以先发兵打魏国。魏王一定会向赵王求救，只要赵国出兵，我们攻打赵国就可以名正言顺了。"嬴政接受了尉缭的建议，命桓齮领十万大军伐魏，另外又暗中派人带重金行贿赵国大臣郭开，让郭开劝说赵王出兵救魏国。赵王果然听了郭开的话，亲自领十万大军进入魏国境内，与魏国一起抗秦。桓齮见赵军来救援魏国，立刻命令大军改道向赵国挺进。桓齮率领的大军入赵国后，如入无人之境，首战就攻下赵国重镇平阳。然后，他分出大部分兵力埋伏在赵魏两国的交界处，准备伏击回援的赵军。

赵王率领十万大军到了魏国后，却突然听说平阳失守，才明白中了秦国调虎离山之计，急匆匆挥师回国救援。赵国的军队刚进入赵魏两国的交界处，就在山道中遭到了秦军的伏击。桓齮等到赵军全部进入伏击圈后，一声令下，将两头的山道封死，在山上投石射箭，重创了赵军。在伏击战取得胜利以后，桓齮又挥师攻取宜安。宜安是通向赵国都城邯郸的门户，一旦宜安失守，邯郸就危险了。

赵王急忙命大将军李牧去增援宜安。李牧将大军驻扎在宜安和肥下，采用的是廉颇当年"坚壁破秦"的战术，在这里筑起营垒坚守，不和桓齮的大军交战。两军一直处于僵持的局面，秦兵远道而来，因此疲惫不堪。长久下去，秦军的粮草供应不上，就会不战自败。桓齮没有办法，只好分兵攻取赵国的甘泉。甘泉的守兵很少，守将赵葱向李牧求援。李牧说："我要是去救你，就是被人牵着鼻子走。我只能趁机袭击桓齮的大营，使桓齮回兵来救，这才是解甘泉之围的好办法。"

李牧在晚上兵分三路，偷袭秦军的大本营。秦军毫无戒备，一时间大乱。李牧大军杀死秦军近万人，将领十几人。桓齮闻讯后，立即放弃围困甘泉，领大军找李牧决战。李牧重创秦军后，赵军气势大增，所以他也决定与桓齮决战。结果，这一战李牧大获全胜。桓齮败兵后，回到洛阳，他以为自己要受到军法惩治，必死无疑。嬴政却没怪罪他，反而安慰他说："胜败乃兵家常事，将军不必自责。"

第二年春天，秦国买通了郭开，让他在赵王面前诋毁李牧，说李牧居功自傲。赵王听信谗言，把李牧调到代州去驻守。嬴政得知李牧被调走后，仍然派桓齮为帅，领十五万大军进攻平阳。桓齮兵分两路，在取平阳的同时攻打宜安，因为没有受到多少抵抗，很快就攻下赵国十几个城池。嬴政觉得灭赵的时机还不成熟，就下令桓齮就地驻守，停止进攻。此时赵国的平阳、宜安、武城等地都被并入了秦国版图。赵国的实力已经变弱，一旦时机成熟，秦国随时可以灭赵。

公元前230年，秦国攻打韩国，活捉了韩国国王，把韩国的版图并入秦国，改为颍川郡。这个时候，嬴政觉得灭赵的时机已经成熟了，于是派王翦为主帅，杨端和为副帅，分别从太原和常山进攻赵国。赵国则起用李牧为主帅，司马尚为副帅，带兵迎战秦军。李牧在灰泉一带摆开阵势，秦国主帅王翦深知李牧的厉害，不敢轻举妄动，就在灰泉附近安营扎寨，与赵军形成对峙。

嬴政得到消息后，命令王翦保持对峙的阵势，不要进攻。他很快派人用重金行贿赵国的郭开，让他在赵王面前诋毁李牧按兵不动，有负王命，说李牧私通秦国。赵王听信了郭开的话，派赵葱和颜聚接替李牧。李牧知道赵王听信了郭开的谗言，便召集起将领，对大家说："大王临阵换帅，犯了兵家大忌。这一定是听信了小人的谗言。将在外，君命有所不受，我决定带领诸位打胜这一仗，然后回去找进谗言的小人算账。"赵葱和颜聚来接替李牧，他们不管这些，命令人把李牧拿下，同时拿出赵王的手书对众将领说："王命在此，不从者斩！"众将只好悻悻退下。

赵葱不敢将李牧押解回国都，于是将他就地正法。可怜一代名将李牧最后死在自己人手中。秦国的主帅王翦知道李牧被杀后，立刻发兵猛攻狼孟。赵葱立功心切，听说狼孟遭围，立即派兵去增援。王翦攻狼孟是假，引蛇出洞是真。赵葱派兵增援狼孟，正中王翦下怀。王翦早在赵军的必经之路设下埋伏，等赵军进入伏击圈，将赵军切成首尾两段，然后再前后夹攻。结果，赵军四处溃散。赵葱好不容易才收住残部，仓皇与秦兵应战，结果却死于乱军中。副帅颜聚被赵葱之死吓破了胆，带领残兵败将，逃回了都城邯郸。

王翦带军直奔赵国都城邯郸。这时，邯郸已经成了孤城，朝夕难保。郭开对赵王说："韩国已亡，燕国、魏国自顾不暇，无力救我们，楚国又远，远水不解近渴。当今之势，除了投降无路可走。"赵王的儿子公子嘉不同意郭开的意见，他说："老祖宗的江山不能断送在我们手里。儿臣愿领兵与秦兵死战，战到最后一兵一卒！"公子嘉亲自披挂上城指挥，日夜巡逻，一遇秦军攻城，就将滚木礌石推下，然后万箭齐发，给秦兵造成了不少伤亡。

秦军久攻邯郸不下，粮草将尽。王翦正在进退两难之际，嬴政亲自解运粮草到前线，秦军士气大振。嬴政又派人进城贿赂郭开，让他说服赵王开城投降。第二天，赵王和郭开在城头观战，趁公子嘉不在，叫人打开城门，投降了。等公子嘉赶到时，秦军已经进城了，公子嘉只好领着一小部分人马逃往代州。

从此，赵国成了秦国的巨鹿郡。

公元前227年，燕国太子丹派荆轲刺杀嬴政未遂。嬴政立即派王翦领兵攻燕国。太子丹率军抵抗，结果被秦军打败。燕王喜和太子丹逃到辽东，秦军继续追击，一定要抓住太子丹。燕王喜被逼得没有办法，只好杀了太子丹，向秦国谢罪求和。嬴政征求尉缭的意见。尉缭说："韩国已经被兼并，赵国只剩下一座代城（位于今河北蔚县），燕王已逃到辽东，燕国马上就完了。但是，现在燕国那边天冷，我们不如先去攻打南方的魏国和楚国。"

嬴政听从了尉缭的计策，派王翦的儿子王贲带十万秦兵攻打魏国。魏王派人向齐国求救，齐王没有理会。王贲率军猛攻魏国都城大梁，魏军紧闭城门，坚守不出。大梁城防经过几十年的修建，非常坚固，秦军强攻不下。王贲想到了用水攻，他命令秦军挖掘渠道，将黄河、鸿沟的水灌注到大梁。三个月后，大梁的城墙壁垒被浸坍。魏王只得投降。王贲把魏王和大臣都押到了咸阳。至此，魏国灭亡。

接着，嬴政打算攻打楚国。他召集将领商讨计策，先问李信打楚国要多少人马。李信说："不过二十万吧。"他又问老将军王翦。王翦说："楚国是个大国，用二十万人去打楚国是不够的，臣觉得要六十万。"嬴政很不高兴，说："王将军老了，怎么这样胆小？我看还是李将军说得对。"就派李信带兵二十万去打楚国。王翦见嬴政不听他的意见，就告病回老家去了。李信带了二十万人马到了楚国，不出王翦所料，打了个大败仗，兵士死伤无数，将领也死了七个。嬴政大怒，把李信革职，并亲自来到王翦的老家，请他出山带兵。嬴政说："之前是我错了，没听王将军的话，李信果然误事。这次来请将军，你一定要出马不可。"王翦说："大王一定要我带兵，还要六十万人不可。楚国地广人多，他们要召集一百万人马也不难。我们出兵六十万，还怕不够呢。再要少，那就不行了。"嬴政立即答应，给了王翦六十万人马，出兵那天，还亲自到灞上给王翦摆酒送行。

王翦率大军浩浩荡荡向楚国进发，楚国得知消息后，出动全国兵力抵抗。王翦进入楚国后，并未马上发动攻势。他吸取了李信轻敌冒进的教训，采取屯兵练武，坚壁不出的方法来以逸待劳，麻痹敌人。就这样，过了一年多的时间，秦军对楚国的情况基本适应，士气十分高昂。同时，被调来抗击秦军的楚国军队，斗志渐渐松懈，加上粮草不足，准备东归。楚军刚撤，王翦就抓住时机，下令全军出击。秦军很快击败了楚军的主力，杀死楚军统帅项燕，并长驱直入，攻占楚都寿春（位于今安徽寿县），俘虏了楚王负刍。公元前223年，楚国灭亡。

公元前221年，嬴政命令王贲挥师南下，攻打齐国。齐国在六国中是实力比较强大的，但是，公元前284年，燕、赵、韩、魏、楚五国攻齐，燕将乐毅横扫齐国，使齐国差一点亡国。从此之后，齐国就开始衰弱了。而且，此时的齐王建十分无能，他的母亲健在时，他就依赖母亲；母亲临终前，他还要母亲告诉他辅佐自己的大臣。公元前249年，后胜任齐国宰相。秦国开始收买后胜，馈赠给他大量的黄金、玉器。后胜得了秦国的好处，就派出大批宾客赴秦。秦国又大肆贿赂这些人，送金钱、珍宝，让他们回齐国充当内应。这批人从秦国回来后，积极制造亲秦的舆论。他们说秦齐是姻亲，根本不用备战抗秦，也不要帮助赵、魏、燕、楚攻秦；说齐王建应西去朝秦，以表归顺。就在这时候，王贲南下伐齐，几乎没有遇到什么抵抗。王贲率军长驱直入，攻破临淄。齐王建与后胜马上向秦投降。至此，齐国灭亡。

从灭韩开始，到灭齐为止，嬴政一共用了十年时间，最后统一了中国。嬴政统一六国后，自认为"功高三皇，德高五帝"，创建"皇帝"尊号，自称"始皇帝"，宣布子孙代代承袭。秦始皇规定皇帝自称"朕"，"命"改为"制"，"令"改为"诏"。

文治武功汉武帝

　　秦始皇建立了大一统的秦王朝，秦帝国的版图十分辽阔，但是也只是汉武帝时版图的二分之一。所以，汉武帝是第一个奠定中国辽阔疆域的皇帝。他开创了一个辉煌的盛世，建立了在当时可与西方罗马帝国相媲美的大汉帝国，使其成为世界文明的中心。

　　汉武帝对匈奴用兵几十年，如此长时间的动武，在中国历代帝王中，前无古人，后无来者。公元前140年，汉武帝执政，当时匈奴的气焰十分嚣张。汉武帝决定绝不能再像祖父和父亲那样与匈奴和亲，靠女人、金银来换取短暂的和平。他有足够的财力和人力，去征服匈奴。

　　公元前139年，汉武帝派张骞出使大月氏，希望联合西域诸国形成反击匈奴的战略联盟，实现对匈奴的战略包围，压缩匈奴的生存空间。汉武帝决意改变祖制，主动对匈奴开战。韩安国、汲黯等老臣，公孙弘、主父偃等少壮派，纷纷反对，大臣中响应者寥寥。最终，首战无功而返，但汉武帝全面反击匈奴的决心却没有动摇。

　　汉武帝为了抗击匈奴，全面改革了军事体制，以大将军加侍中的统兵制度取代太尉，并且提拔奴隶出身的卫青任大将军；改革兵役制度，调整军队各兵种的构成及训练方式。经过一系列的改革，军队的素质和战斗力明显提高，具备了反击匈奴的能力。

　　不久，马邑的大商人聂壹来找力主抗击匈奴的大将王恢，对他说：

"匈奴经常侵犯边界，是一个长久的祸根。我们可以把匈奴引进来，来一个伏击，这样肯定能打个大胜仗。"王恢问："你有什么办法能把匈奴引进来？"聂壹回答："我经常在边界上做生意，匈奴人都认识我。我可以假装把马邑献给单于，他贪图马邑的货物，一定会来这里的。我们把大军埋伏在附近地方，等单于到了马邑，将军就可以截断他们的后路，活捉单于。"

王恢把聂壹的计策禀告给汉武帝。汉武帝权衡一番，决定采用聂壹的计策，派王恢、韩安国、公孙贺、李广等将军带领三十万人马埋伏在马邑旁边的山谷里。聂壹故意逃到匈奴，向当时的单于诈降。他对单于说："我有办法混进马邑，杀死那里的官吏，这样可以顺利拿下马邑。"单于听了很高兴，但是心里还是有点怀疑，于是先派了几个心腹跟聂壹一起到马邑去，只等聂壹杀了官吏，再发兵进去。

聂壹回到马邑，按照事前和王恢商量好的办法，杀了几个死刑犯，把他们的头挂在城头上，带匈奴使者去看，骗他们说这些就是马邑县官的脑袋。匈奴使者见了人头，信以为真，立刻回去报告单于。于是，单于亲自带领十万骑兵去接管马邑。到了离马邑大约一百多里地的武州（位于今山西左云县），单于见草原上放着许多牲口，却没一个放牲口的人，就犯了疑心。刚好他看到前面有一座亭堡，就决心打下这座亭堡，问个明白。他们打下亭堡，抓住守在那里的亭尉。单于威胁他说："你把情况老实告诉我！要是说半句谎话，我马上把你的头砍了。"那亭尉吓得要命，就把汉兵已经布置下埋伏的情况告诉了单于。单于一听，大吃一惊，赶快命令全军撤退。出了武州地界，他才喘口气说："幸亏我抓到了亭尉。真是好险啊！"

埋伏在马邑的汉朝军队，得到匈奴逃回去的消息，赶快去追，结果没有追上，只好空手回来。汉武帝的诱击战没有成功，不过从此以后，朝野上下都已经认识到，与匈奴一战在所难免，汉朝和匈奴的和亲关系从此破裂。

此后，对匈奴作战的三次大战役——河南之战、漠南之战和漠北之战，都由汉武帝亲自决策部署，选将调兵。并且，对于具体的用兵时间、出兵地点、兵力部署、攻击方向，汉武帝都事无巨细过问。公元前127年，匈奴两万骑兵侵入汉朝边境，由渔阳进入雁门，直接威胁长安。汉武帝采取声东击西的策略，对河套地区的匈奴各部进行大规模迂回包围作战。匈奴诸部没有准备，结果大败。秦末以来长久沦陷于匈奴的河套地区被汉朝收复。河套地区离长安一千余里，匈奴骑兵南下不过几天的路程。汉初几十年间，由于河套地区在匈奴控制下，长安经常受到威胁。汉武帝收复河套地区后，利用河套这一有利的天然屏障，把这里构建成抗击匈奴的基地，既解除了匈奴对长安的威胁，又减少了军需粮饷的转输，为汉朝最终击败匈奴创造了条件。

公元前123年，汉武帝又派卫青率十万骑兵追歼匈奴，展开河西争夺战。在这次战役中，十八岁的小将领霍去病脱颖而出。霍去病由于善骑射，受到了汉武帝的赏识，被提拔为侍中，后来被任命为嫖姚校尉。大将军卫青还挑选了八百名精锐骑兵给霍去病。汉军出塞后，霍去病率八百骑兵冲杀在前，离开汉军主力，一直奔袭数百里。这支骑兵找到匈奴部队后，以迅雷不及掩耳之势发起突袭，打得匈奴措手不及，溃不成军。霍去病以少胜多，斩敌两千多人，杀死匈奴单于的叔祖父，生俘了单于的叔父，大胜而归。汉武帝因此称赞霍去病勇冠全军，封他为冠军侯。

公元前121年，霍去病被任命为骠骑将军，率领一万骑兵，从陇西出塞，转战六天，越过焉支山（位于今甘肃山丹东南）千余里，杀敌八千余人，俘虏浑邪王子等，缴获休屠王的祭天金人。

同年夏天，霍去病又与公孙敖率数万骑出北地（位于今甘肃庆阳西北），深入两千多里，越过居延泽（位于今内蒙古额济纳旗北），攻至祁连山，击败匈奴军主力，俘获匈奴酋涂王和单于阏氏、王子等百余人，歼敌三万多人。这是西汉对匈奴开战以来所取得的一次空前大捷。这次战役后，汉朝控制了河西地区，截断了匈奴和羌人的联系，打开了内地通往西域的道路。

汉军占领河西地区后，朝廷在这里置武威、张掖、酒泉、敦煌四郡，称为"河西四郡"。河西走廊是通往西域的交通要道，扫清了匈奴之后，为把西域诸国同内地紧密地联系在一起创造了重要条件。

漠北之战中，匈奴伊稚斜单于因屡遭重创，心有余悸，将王庭暂时移于漠北，便于引诱汉军深入，然后趁其兵疲而袭击。公元前119年，汉武帝将计就计，趁匈奴疏于防范之机，攻其不备，发动了对匈奴的第三次大战役。汉武帝调集十万骑兵，十四万匹随军战马，十万步兵及转运夫，由卫青和霍去病统帅，分东西两路向漠北进发。卫青指挥汉军以左右翼将匈奴单于包围。伊稚斜单于率数百骑突围逃走。汉军乘胜追击，杀敌近两万人。根据汉武帝的作战计划，霍去病的东路是主力军，汉武帝给他配备的是最精锐的汉军。霍去病深入漠北两千多里，与匈奴左贤王相遇，双方展开激战，左贤王的骑兵几乎被全歼。霍去病乘机追击，至狼居胥山（位于今蒙古人民共和国肯特山），直到瀚海（位于今俄罗斯西伯利亚贝加尔湖），才凯旋。

在与匈奴作战的同时，汉武帝还在东方、南方、东南方、东北方用兵，使汉朝的势力到达今天西方的中亚，西南的云、贵、川，东北的黑、吉、辽，南方的海南与福建，勾勒出了中国版图的框架。这是一次真正意义上的大国崛起。

在汉武帝时期的军事战役中，人们往往称赞卫青、霍去病这些将帅，其实在他们身后还有一个最高统帅——足以与西方的亚历山大、恺撒、拿破仑相匹敌的汉武帝。

汉武帝是我国历史上第一个用儒家学说统一思想文化的皇帝。他还是太子时，就深受儒学影响。十六岁登基后，开始实施新政，先罢免了丞相卫绾，任命窦婴为丞相、田蚡为太尉、赵绾为御史大夫、王臧为郎中令（相当于皇宫侍卫长）。汉武帝又议立"明堂"（儒家常讲的一种朝会的礼仪制度），准备按古制大兴礼乐。汉武帝派人用安车驷马，将名儒申公请到长安，指导筹建明堂诸事。

汉武帝尊崇儒家，却遭到太皇太后的反对，她禁止汉武帝搞尊儒活动。汉武帝无奈，只好放弃筹建明堂的计划，还被迫将赵绾和王臧治罪，免去丞相窦婴、太尉田蚡的官职。申公也因病被免官，回到老家后，没几年就死了。汉武帝的尊儒新政，受到了暂时的挫折。直到太皇太后去世，汉武帝才继续尊儒新政。他要求举国推选贤良方正、直言敢谏之士。儒生董仲舒凭《天人三策》，脱颖而出。儒学也逐渐被指定为官方思想，与政治、皇权紧密相连。

汉武帝创建了太学、乡学，设立举贤制度，形成了中国独特的文官制度。秦代至汉初，选拔人才多采用军功爵制；到了汉武帝时期，逐渐转变为察举征辟制，从根本上解决了人才匮乏的局面。

汉武帝为加强中央集权，还进行了政治制度改革。汉景帝平定七国之乱后，诸侯王问题基本解决，但是诸侯王的势力依然存在，并且逐步成为半独立状态的割据势力。汉武帝即位以后，决心解决诸侯王分封、内乱不止的问题。公元前127年，武帝颁行"推恩令"，到公元前123年，几年时间就封侯一百二十一人；汉武帝末年，又有四十四人封侯。对有罪的诸侯王，则削夺其封国。仅公元前112年，武帝以酎金不合规制为由，就削夺了一百零六个人的爵位。这种恩威并施的政策，基本解决了汉初以来未得到解决的诸侯王势力问题。汉武帝以后，虽然诸侯王国

第一章 功业篇

继续存在，但是作为一种政治势力，已经不具有威胁性。

汉武帝征伐匈奴、修建宫殿，耗费了大量的人力、物力、财力，造成了严重的财政危机。汉武帝为了解决危机，一方面坚持"以农为本"的国策；一方面又加强对国家经济的宏观调节和控制，发展国有工商矿业以繁荣经济。他还整顿财政，颁布"算缗""告缗"令，征收商人资产税，打击富商；又采取桑弘羊建议，将冶铁、制盐收归官营，禁止诸侯国铸钱；设置平准官、均输官，由官府经营运输和贸易。这些措施的综合运用，大大增强了国家的经济实力。汉武帝还重视兴修水利，实行"代田法"，有力地推动了农业生产的发展。

公元前87年，汉武帝驾崩，享年七十岁。他是中国古代史上在位和享年时间较长的帝王之一。他的雄才大略、文治武功，使汉朝成为当时世界上最强大的国家，他也因此成为中国历史上最伟大的皇帝之一。

终结"五代十国"的宋太祖赵匡胤

陈桥兵变之后，赵匡胤成为皇帝，建立宋朝。此时，他实际上所能控制的区域仅限京城周边，其他地区还在节度使的控制之下。这些节度使拥有重兵和自己的税收，在地方上具有很强的实力。这些节度使和赵匡胤一样，都是武将出身。在赵匡胤称帝之前，他们之间常常还称兄道弟，有的甚至是赵匡胤的前辈。赵匡胤突然成了皇帝，一些人不免会有些不服。对此，赵匡胤自然是心知肚明。

赵匡胤为了消除隐患，特意将这些节度使召来，大家一起喝酒。赵匡胤从容地对大家说："现在你们中有谁想做皇帝，就可以杀了我。"这些人吓得跪倒在地。赵匡胤问了几次，没有人敢应声。于是，赵匡胤说："既然你们都拥戴我做皇帝，那以后就要恪守臣节，谁再敢骄横，定当严惩。"赵匡胤恩威并施，制服了很多节度使。但是，总有个别的人不吃他这一套，比如潞州节度使李筠。

李筠出生于太原，年轻时勇健有力，擅长骑射，后来成为禁卫军，由于作战勇猛，不断得到提升。到了后汉时，李筠已是博州刺史。郭威发动兵变，以周代汉时，李筠和赵匡胤因积极拥立郭威，成为开国功臣。周世宗柴荣即位后，李筠盘踞上党，管辖山西大片土地，经常截留中央赋税，并大肆招兵买马。周世宗见他是先帝的旧臣，于是就忍让了。赵匡胤当皇帝后，派使臣前往拉拢李筠，给他加官晋爵。李筠并不领情，当时要抗诏，在部下的苦劝之下，才勉强下跪接诏。李筠在设宴款待朝廷使节时，突然命人捧上周世宗的画像，当着使节的面拜倒在画像前，痛哭流涕。

北汉皇帝刘钧听说李筠对宋朝心存异志，就派人送信，约他起兵反宋。此时，图谋反宋的淮南节度使李重进也派了亲信翟守珣找李筠商谈共同反宋事宜。李重进没有想到翟守珣竟然背叛了自己——他在途经开封时，向赵匡胤密告此事。为了避免两面受敌，赵匡胤随即派翟守珣回扬州，劝说李重进不要叛乱。

公元960年农历四月，李筠在潞州树起了反宋旗帜，他发布檄文数说赵匡胤篡周的罪状，句句戳到了赵匡胤的痛处。赵匡胤知道，如果不能平定李筠的反叛，那么过去曾做过后周的官员的人都可能会效仿李筠。于是，他决定亲率大军出战，尽快消灭李筠的势力。

李筠为了抵抗赵匡胤，先派使者到北汉，表示愿意称臣，请求他们派兵援助。北汉皇帝刘钧亲自率兵南下，至太平驿与李筠相会。李筠见到刘钧后，觉得他没有帝王相，心中十分懊悔。他虽然以臣礼拜见刘钧，但两人交谈时，他却口口声声称不负后周的旧恩。刘钧与周世宗之间有世仇，见李筠这样表态，心里非常不痛快。于是，两支军队就各自为政。

李筠自以为是周朝的老将，京师禁军中多是他的同僚或部下，自己所到之处，宋朝将领必将倒戈，但是实际却不是如此。农历五月初五，赵匡胤在长平打败李筠军队，首战告捷。赵匡胤为防李筠败退至泽州（位于今山西晋城），亲率大军向前推进。太行山地区道路很窄，不便大军行动，赵匡胤以身作则，边走路边将道路上的石头放在马背之上搬运走。众将士自然也不敢怠慢，一天的时间就开拓出一条大路。宋军进展神速，在泽州南大败李筠军。同时，宋军还在激战中消灭了北汉的数千名援兵，斩杀了监军使卢赞，生擒河阳节度使范守图。李筠率残部退至泽州，宋军紧追不舍。赵匡胤为了一举拿下泽州，组织了敢死队强行登城。很快，泽州城就被攻破，李筠投火而死。接着，赵匡胤又攻下潞州（今山西长治），李筠的儿子李守节投降。

赵匡胤拿下泽州后，任命石守信为扬州行营都部署兼知扬州行府事，与王审琦一起讨伐淮南节度使李重进。赵匡胤乘船顺汴河东下，在泗州登陆，直抵扬州。这个时候，石守信、王审琦等已包围了扬州，赵匡胤亲赴前线督战，一举攻破扬州。李重进及家人在扬州城中自焚而死。

赵匡胤平定了二李的叛乱之后，各路节度使再也不敢轻举妄动，纷纷听从他的调遣。宋朝拥有的后周领土基本稳定了。但是，宋朝的北边还有北汉，南方有吴越、南唐、南平、南汉、后蜀等割据政权。赵匡胤稳定了内部之后，便把眼光投向了这些割据政权。最初，他想先收服北汉，但朝内的文武官员却不赞成，认为这样做会让宋朝直接面对辽国，这对于宋王朝来说有害无利。一天晚上，赵匡胤突然拜访赵普，他说自己想攻克太原。赵普思考了很久，然后说："皇上如果先平定南方诸国，之后再攻北汉，到那时它已尽在掌握中。"赵匡胤听了非常高兴，这正是他想要的答案，于是他决定先消灭南方各个割据势力，最后消灭北汉，确定了"先南后北""先易后难"的方略。

公元962年农历九月，割据湖南的武平节度使周行逢病死，他的儿子周保权继承权位。盘踞衡州的大将张文表趁机起兵造反，发兵攻占了潭州（今湖南长沙），企图取而代之。周保权一面率军抵挡，一面派人向宋求援。这就给赵匡胤扫平湖南提供了一个绝佳的机会。

赵匡胤以讨伐张文表的名义，从襄阳出兵湖南。当时，宋军挺进湖南，要经过荆南节度使高继冲割据的地方。高继冲只有三万军队，且不善管理。公元963年，宋军兵临江陵府，要求借道过境。高继冲束手无

第一章 功业篇

策，仓皇出城迎接。高继冲再次回到江陵城的时候，发现宋军已经进城，他只好交出三州十七县的图籍，表示归顺宋朝。此时，周保权带军队已经打败了张文表的叛军，宋军却继续向湖南进发。周保全这才意识到宋军要抢占自己的地盘。他赶忙组织军队固守朗州，但是大势已去，朗州很快被攻破。周保权躲到澧水南岸的一个寺庙里，最终也被宋军渡江擒获。湖南很快被并入了宋朝的版图。

公元964年农历十月，赵匡胤以后蜀孟昶暗中与北汉勾结，企图夹击宋朝为借口，任命王全斌为统帅，率兵六万，兵分两路向后蜀进军：一路由王全斌、崔彦进率领自剑门（位于今四川剑阁北）入蜀；一路由刘光义、曹彬率领从三峡入川。此时，后蜀的君臣还沉迷于安乐的生活中。国主孟昶整日宠幸花蕊夫人，不理政事，手下大臣更是不择手段地搜刮民脂民膏。蜀军士气低落，全无斗志。

在宋军猛烈的攻势下，蜀军三战三败。成都很快被宋军包围。第二年正月，孟昶出城向宋军投降。后蜀灭亡。宋太祖花了大约十年的时间，先后出兵消灭了南平、后蜀、南汉。这样，南方的割据政权"十国"中就只剩下南唐和吴越两国。

南唐是"十国"中最大的一个割据政权。那里物产丰富，没有遭到战争的破坏，所以经济十分繁荣，国力也比较强大。但是，南唐的皇帝都是十分昏庸无能的人，并没有将经济上的优势转为强盛的武力，结果导致国力渐渐衰弱。

南唐的最后一个国主李煜，历史上称南唐后主。他是著名的词人，但是作为一个国君，他却非常失败。李煜精通诗词、音乐、书画，他的父亲李璟也有较高的文学才能，可是他们父子都不懂得处理国事。南唐虽是江南大国，但是在对宋的关系中一直采取低调的姿态。赵匡胤刚登上皇位，李璟就派使者送去金帛朝贺。赵匡胤在平定李重进叛乱时，亲征至扬州，李璟又派大臣冯延鲁带着财物来犒劳军队。赵匡胤却非常傲慢，责怪南唐帮助叛军。冯延鲁不卑不亢，说正是因为南唐没有帮助叛军，所以他们才会失败。赵匡胤有些生气，说："将军们都劝我渡江南下，你说怎么样？"冯延鲁镇静地说："陛下神武，统领大军南来，我们唐国哪里敢抵抗。但是，我们国主还有数万亲兵侍卫，他们都愿凭长江之险，与国主同生死！"赵匡胤只是出言试探，他笑着对使者说："我只是跟你开个玩笑，你不要当真。"

宋朝灭了南汉之后，就开始加紧备战。此时，南唐李璟已死，李煜已经即位。李煜感觉到了危险，他每年向宋朝缴纳大量贡赋，更是给赵匡胤上表，主动要求削去唐国主称号，改称"江南国主"。李煜写得一手好词，为人也并不愚笨，他知道恭顺并不能求来平安，但是又觉得自己没有力量与赵匡胤对抗。他只求能够尽量拖延时间，所以没有在军事上进行准备。

公元974年，赵匡胤认为出兵南唐的准备工作已经就绪。为了师出有名，制造进攻南唐的借口，他下诏让南唐后主李煜亲自来朝拜。李煜比较胆小，怕被宋朝扣留，不敢前往。宋太祖就以此为借口，令曹彬为统帅，潘美为都监，率水、步、骑兵进攻南唐。曹彬从荆南带领水军沿江东下，很快就占领了池州，进驻采石矶；潘美带领步兵到达江北，被长江挡住了进军的道路。宋太祖早有准备，他命人造了数千艘船，并准备了大量竹子——有人向宋军献计，利用竹筏将大船绑在一起搭成浮桥，步兵就可以像过桥一样顺利过江了。潘美得到这个计策，马上派人依旨赶造浮桥。只用了三天的时间，宋军就搭好了浮桥。潘美率军，顺利跨过长江。南唐的守将与渡江而来的宋军对战，屡战屡败。很快，宋军就行至秦淮河边，和南唐的十万守军对垒。宋朝大军势不可挡，在潘美的带领下冲入江南大营，并趁机放了一把火。南唐的十万大军逃的逃，降的降。宋军顺利地打到金陵城下。

李煜派能言善辩的大臣徐铉前往宋朝求和。徐铉见到宋太祖说："李煜无罪，以小国服从大国，对待陛下就像儿子待父亲一样孝顺，从没有过过失。陛下为什么还要讨伐他？"宋太祖反问他："那么你说，父亲和儿子有分成两家过日子的吗？"徐铉不断恳求宋太祖不要进攻金陵。宋太祖听得烦了，一手按剑，气冲冲地说："你不要再说了。朕知道李煜没有罪。但是，现在是天下一家，我的床边怎么能容忍其他人打呼噜呢？"徐铉见再求也没用，只能回到金陵。李煜见求和无望，只得组织南唐军队抵抗。但是，这个时候已经晚了，金陵城很快就被宋军攻破了。曹彬率领宋军整队进城后，秩序井然，并没有骚扰百姓。李煜知道消息后，叫人在宫中堆了柴草，准备跳火堆自杀，但是最后没有自杀的勇气，还是带着大臣走出宫门，向曹彬投降。

李煜投降后，曹彬允许他带五百人进宫收拾行装，允许他带上后宫中的珍宝财物。但是这个时候，李煜已经没有心思关注财物，只是派人匆匆取了一点就出来了。李煜走出宫门时，南唐乐师为他演奏起凄凉的离别曲。"最是仓皇辞庙日，教坊犹奏离别歌，垂泪对宫娥。"李煜后来做的这几句词，正是当时情景的写照。随后，李煜一行被押到汴京。宋太祖对他还算仁慈，封他为违命侯，封他的妻子为郑国夫人。

在统一大局已定的情况下，宋太祖并没有因此忘乎所以，更没有骄逸放纵。平定南方诸国后，各国的金帛财宝被源源不断地运至东京，宋太祖将它们全部收贮在内库，作为战备物资，从不随意挥霍。宋太祖本人很喜欢射猎和踢球，时不时地邀上几个人玩一玩，有时玩到兴头，难免误事。一天，宋太祖正在后苑射鸟，忽然有大臣跑来说有急事。宋太祖接过奏章一看，发现并没有马上要办的事，有些恼火，当即训斥了那位大臣。那位大臣却说："这奏章里的事虽然不是很急，但比射鸟急吧。"宋太祖听了，更加恼怒了，随手抄起一把玉斧，掷向大臣，结果把大臣的门牙砸掉了两颗。大臣也不作声了，只是跪在地上，将牙齿捡起来装在衣服里。宋太祖问："你想拿这个来控告我吗？"大臣说："微臣不敢！不过陛下的一言一行会有史官记录在案的。"宋太祖一听这话，才恍然大悟，自己作为天下的君主，一言一行都很重要。于是，他赶紧扶起那位大臣，并表示歉意。这件事之后，宋太祖就慢慢戒掉了射猎和踢球的爱好。

宋太祖明白"得人心者得天下"的道理。在他统治时期，采取了"布声教"的策略：布就是广施恩德；声就是保持严威，也就是恩威并用。宋太祖非常懂得笼络人心。他初入皇宫时看见一个宫女抱着一个小孩，得知是周世宗的儿子。于是他问赵普、潘美等人怎样处置才好。赵普说应该斩草除根，潘美则默默不语。太祖问他的看法，潘美仍不说话。太祖说："朕夺了他家的皇位，还要再杀他家的儿子，实在是下不了手。"这时候，潘美才说："臣也曾在世宗手下为官，我要是劝您杀了遗孤，对不起世宗；劝您不杀，您又会认为我不忠。"太祖摆了摆手，对他说："你把这个孩子抱回去，就当是你的侄子抚养吧。"

一次，宋太祖大宴群臣。原是后周的臣子，时任翰林学士的王著喝醉了，在宴席上大声喧哗。有人劝他收敛一些，他却突然跑到皇帝的屏风前大哭。宋太祖并没有发火，而是派人将他扶了出去。有大臣说，前朝遗臣在宫中痛哭，是因为思念周世宗，应该严惩。宋太祖却说："王著只是一个书生。我知道他的为人，这事就不用再提了。"王著酒醒之后，非常后怕，后来发现皇上没有处罚自己，从此就死心塌地效忠太祖了。

赵匡胤为了加强中央集权的专制统治，消除唐末以来藩镇不断叛乱的局面，使宋王朝能够长期巩固下去，不再成为短命王朝，进行了一系列的政治军事改革措施。"杯酒释兵权"是宋太祖军事制度改革的开

第一章 功业篇

始，他随后建立了枢密院制度，把军队分为两半，一半屯驻在京城，一半戍守各地。他还采用兵将分离政策，避免将帅反叛，进一步削弱地方藩镇的力量，使其无法同中央抗衡。宋太祖为扩大统治基础，改革和推进了隋唐以来的科举制度。宋太祖放宽了科举考试的范围，不管家庭贫富，只要具有一定文化的人，都可以前往应考。这一举措造就了一个文化欣欣向荣的朝代。

赵匡胤在位期间，较好地处理了与少数民族的关系。宋朝的西北边陲，有个叫定难的地方，居住着党项族，这里的节度使李彝兴欲与宋朝通好。一次，李彝兴遣使向宋朝进贡良马三百匹。赵匡胤非常重视，立即命玉工赶制一条玉带，赐给李彝兴。赵匡胤为了制作这条玉带，特意询问党项的使者："你们元帅的腹围是多少？"使者回答："大人的腰腹很大。"赵匡胤说："看来你们的元帅是一个有福的人。"赵匡胤命玉工打造了一条"大如合抱之木"的玉带。使者将玉带带回党项。李彝兴得到玉带后十分感动，表示要效力于宋廷。后来，宋军进攻北汉时，李彝兴果然进行了支持。

宋太祖进行的一系列改革，加强了宋王朝的中央集权制度，为其后的经济、文化发展创造了良好条件。但是，他的一些改革也存在弊端，削弱了部队的作战能力；官僚机构重叠，互相牵制，办事效率低下，"冗官""冗费"与日俱增，为宋朝的积贫积弱埋下隐患。

一代天骄成吉思汗

　　铁木真九岁时，其父被塔塔儿部人毒死，部落贵族抛下他们搬到了别处，铁木真与母亲孤儿寡母艰苦度日。他长大成人后，依附蒙古最强大的克烈部首领汪罕，并尊之为父，得以收聚其父旧部；又与札答阑部首领札木合结为安答（结拜兄弟），逐渐壮大了自己的实力。金大定末年，铁木真移营怯绿连河（今克鲁伦河）上游，独立建帐。他广结盟友，选贤任能，宽厚待人，吸引许多蒙古部众和乞颜氏贵族来投。后来，铁木真被推为可汗。后来，铁木真与札木合反目为仇，因他善于争取人心，致札木合部众纷纷叛附，壮大了力量。

　　在蒙古东部居住的塔塔儿人投靠了金朝，他们经常出兵攻打蒙古各部落。后来，塔塔儿人见利忘义背叛了金朝。公元1196年，塔塔儿人被金兵打败。铁木真听到消息后，认为这是消灭塔塔儿人的大好时机。铁木真与汪罕一起，配合金丞相完颜襄击杀塔塔儿部族长以下多人，被金朝封授札兀忽里（部族官）。随后，他再与汪罕联兵，大败正在会盟的哈答斤等十一部联军。不久后，铁木真乘乃蛮首领太阳汗来攻，布下疑阵，擒杀太阳汗，征服了他的部众，迫使哈答斤、朵鲁班等部投降。

　　到了公元1206年，蒙古草原百余个大小部落先后败亡，塔塔儿、克烈、蔑儿乞、乃蛮和蒙古五大部均统一在铁木真的旗帜下。铁木真遂在斡难河（今鄂嫩河）之源举行大聚会。众人一致推举铁木真为全蒙古的大汗，尊称他为成吉思汗。"成吉思"有"大海"和"强大"的意思。随即，铁木真开始制定军事、政治、法律、生产等各项制度。

成吉思汗统一漠北以后，便打着为祖先报仇的旗号，首先把矛头指向西夏。西夏的附近有一些小国，富裕的人喜欢给牙齿装上金壳，吃东西时脱下来，吃好后再小心地装上。他们觉得金光闪闪的牙齿既是财富的象征，也是美丽的饰品。他们听说成吉思汗出兵后，很快就投降了。附属小国的投降，扫除了成吉思汗出征的障碍。蒙古大军一路快进，很快占领了西夏边境的几座城池，直逼兀剌海城。兀剌海城是西夏边防的重要关隘，一旦丢失，蒙古兵便会长驱直入。这里的守将是西夏皇子李承祯及大都督府令高逸，他们手下有五万人马。

一天早上，蒙古军发动猛烈进攻。因西夏军处于弱势，所以很快就出现军心涣散的局面，五万守兵全军覆没。大都督府令高逸坚持战斗，连杀蒙古兵十数人，自己也身受重伤。正当他要举刀自尽时，成吉思汗一箭射中他的手腕。高逸被俘，后来因为不屈服被杀。蒙古军还俘获了西夏的太傅西壁讹答，并最终占领了兀剌海城，使西夏的门户大开。

蒙古军快速进军，不料在贺兰山遇到了麻烦。贺兰山有一道险要的关口叫克夷门。它是西夏首都中兴府的外卫，两山对峙，崖壁峭立，是"一夫当关，万夫莫开"的险隘。守将嵬名令公是西夏的名将，他针对蒙古兵擅长骑射的特点，在两山布置重兵，居高临下坚守。蒙古骑兵连攻两月，死伤无数，仍难以攻克克夷门。成吉思汗想了很久，也没想到好的对策。一天，他听到有人说"擒贼先擒王"，马上有了主意。农历七月，蒙古兵在关口外设下了埋伏，派两员大将向嵬名令公挑战，大声叫骂，言语不堪入耳。嵬名令公不能忍受，挺枪跃出关，追杀蒙古大将。蒙古大将假装败退，把他引进了埋伏圈。忽然，两边蒙古伏兵齐出，将嵬名令公围在中心。他左冲右突难以脱身，最终被擒。西夏兵群龙无首，树倒猢狲散，克夷门不攻自破。

　　蒙古大军趁胜进军，围住了中兴府。西夏人顿时乱作一团。西夏皇帝派人向金国求救。金国皇帝不懂唇亡齿寒的道理，还自作聪明地说："敌人互相攻打，我们正好渔翁得利，这是金国的福分啊！"最终，铁木真决定用黄河水淹中兴府。但是外堤决口，大水向蒙古军方向汹涌而至，铁木真不得不向后撤军。随后，蒙古派之前俘获的西壁讹答到中兴府与西夏国进行谈判。西夏襄宗无奈，将女儿送给铁木真求和，西夏国成了蒙古的附属国。这就解除了铁木真的后顾之忧，为攻打金国做好了准备。

　　成吉思汗征服了西夏之后，把矛头直指金国。金国的皇帝完颜永济懦弱无能，优柔寡断，做事没有主见。成吉思汗很藐视他，曾对着金国的方向吐口水说："我以为中原的皇帝是神人，结果这种懦夫竟也能做君主！"成吉思汗大军压境时，这个懦弱的皇帝整天魂不守舍，提心吊胆，竟吓得不敢临朝。

　　公元1211年农历二月，蒙古发兵攻金，在首战中，一举击败金将定薛统领的军队，占领了大水泊、丰利等地。当年农历九月，居庸关的金国守将弃城逃跑。铁木真率领大军顺利入关，并在逼近中都的过程中，接连获胜。后来蒙古军带着掠夺来的大批物品返回草原。公元1211年农历七月，成吉思汗率领的一支军队以哲别为先锋，攻克了乌沙堡。秋天，哲别奉命攻打东京城（位于今河南开封），但大军到了东京城却不围城。蒙古军放出风声说，后援跟不上，军粮和马料都不足了。然后，蒙古军就慢慢撤退了。这个消息传进了东京城，城里军民都认为蒙古军队已经回去了。守军渐渐松懈了下来。哲别是个有智有勇的人，他退了五十里之后，估计守军已确信蒙古军队退远了，便留下粮草辎重，挑了些精兵骏马，日夜兼程，直扑东京城，出其不意地一举攻下东京城。此时，东京城的守兵还在香甜的梦中，稀里糊涂地束手就擒。

公元1212年农历八月，成吉思汗强攻金国重兵扼守的野狐岭。开战前，他先派人装成樵夫混入岭内察看虚实，发现金兵不像是久经沙场的劲旅，便下令进军。当下两边金鼓齐鸣，喊杀声四起。金兵凭借地理优势，从岭上不断放火箭。蒙古兵一边从正面应战，一边派人从两侧攻入岭内。结果，金兵惨败，死者蔽野塞川，血流成河。这一仗，金兵的大部分精锐部队被歼，元气大伤。蒙古大军长驱直入，很快就来到了西京城外。铁木真在领兵攻城时，被流矢射中，蒙古军不得不撤军返回。

公元1213年农历七月，休整后的蒙古大军直指居庸关。金兵为了保住自己中都的前卫，在关外布下百余里的铁蒺藜，并用铁水焊死了关门，置重兵守城。蒙古马不能在铁蒺藜上奔驰，成吉思汗便避实就虚，留下部将在关前与金兵对峙，造成正面进攻的假象，另派一队精骑抄小路日夜兼程奇袭紫荆关。紫荆关守兵正在梦中，还没来得及应战便被俘虏了。蒙古兵便由紫荆口入关，三路人马把中都团团围住。

金国有一位美丽的歧国公主，不但容貌美，而且有胆气。金宣宗篡位，杀死了她的父皇。而这场宫廷政变的策划者——大臣胡沙虎逼她嫁给自己，还以老皇帝的死相威胁。成吉思汗早就钦慕公主。这个时候金国主动与蒙古议和，成吉思汗答应了金国的议和条件，但是附加了一条：娶歧国公主为妃，否则决不退兵！胡沙虎慑于成吉思汗的威名，只好交出了歧国公主。歧国公主答应嫁给成吉思汗，但提出了一个条件：成吉思汗要杀了胡沙虎与金宣宗，否则她就不嫁。成吉思汗正愁没借口攻打金国取悦美人之时，中都附近突然发生兵变，蒙古军立刻挥师南下，再次包围中都。

这个时候，中都守将为福兴丞相，他临危不惧，死守城池。成吉思汗因答应了公主的请求，便一直不撤兵，将中都围困了近一年。这时城中的粮草已尽，福兴派人突围出城运粮。成吉思汗探得消息后，在各个关口埋伏下人马，在半道抢了全部粮草。中都内无粮草，外无援军，饿死的人不计其数。福兴感叹大势已去，自己已经回天乏力，最终在绝望中服毒自杀。随后中都沦陷。成吉思汗终于如愿以偿地迎娶了歧国公主。成吉思汗帐下美女如云，但他真正宠爱的只有五个女人，歧国公主是其中之一。

经过长时间的征战，成吉思汗开始休兵养士，发展经济。成吉思汗很重视与中亚的贸易交往，他曾在公元1218年组织蒙古商队出使中亚地区。当商队到达花剌子模国边境讹答剌城时，被该城的长官诬为间谍。在国王的许可下，该城长官杀死全部的商人，所带货物一律没收。只有一个替商人赶骆驼的人逃脱了厄运，被割掉耳朵和鼻子后失魂落魄地逃回了蒙古。成吉思汗闻讯大怒。他独自登上雪山祈祷："这次惨案不是我所造成的。长生天给我力量吧，让我去复仇吧！"过了三天三夜，他才回到大营。在这场血腥的战争爆发之前，成吉思汗又派出了三个使者，谴责花剌子模王摩诃末背信弃义的行为。摩诃末竟当场杀死了一个使者，又将另外两个人的耳朵割掉后逐回。这成为蒙古国的奇耻大辱。于是，成吉思汗就将花剌子模国当作自己首要攻打的目标。

当时的花剌子模实力很强大，他们的国王摩诃末苏丹，号称"世界征服者"。中东和欧洲与之相邻的诸国都十分惧怕他，连斡罗思的不少公国，也常常被他们袭扰。摩诃末不可一世，他除了忌惮自己的母后，其他人全不放在眼里。对于蒙古人，开始他知之甚少，直到他第一次在西辽边境同哲别率领的蒙古小股部队遭遇的时候，才领略了蒙古人的战斗力。

公元1219年秋，蒙古军队基本扫除了进军花剌子模道路上的障碍，于是，成吉思汗亲率十五万大军远征花剌子模。成吉思汗将大军分成四路进攻。在出征之前，成吉思汗对部下说："人生最大的乐趣，就是战败敌人，把他们的一切都夺过来，看着他们的亲人以泪洗面，夺了他们的战马，把他们的妻子拥抱在怀中。"察合台奉命围攻讹答剌城，双方展开了拉锯战。蒙古兵在城外断绝了给城内的任何供应，并切断城里的水源。激战五个月后，城里渐渐不支。察合台身先士卒，呐喊向前，第一个冲上城头。蒙古兵士气大振，勇猛向前攻下城堡。成吉思汗下令洗劫城堡，并杀死了抵抗到最后的守将海儿汗。因为忒尔迷城的人们最初未投降，所以攻克忒耳迷城后，蒙古人将居民一起驱赶到野外，全部杀死。

花剌子模国内有个奇人——"千里眼"匝儿花，她的视力非常敏锐。每次蒙古军到来，她都能在老远的地方就分辨出敌人，让大家提前作好准备。后来，蒙古军想了个好办法，让每个骑兵都拖着一棵树前进。匝儿花看到后，惊讶地对身边的人说："怪事！有一片树林正向这里移动！"附近的人都笑她说："你的眼睛有问题了吧？树林怎么会动呢？"随后，他们就不听她的话了，放松了戒备。结果蒙古人很快就攻进来了。蒙古军活捉了匝儿花，并杀死了她。

摩诃末国王面对蒙古大军的进攻，拒绝集中兵力进行决战，而采取了分兵把关、各自为战的错误战略。当蒙古大军日益逼近时，他又放弃首都，放弃天险，率众逃跑，从未组织过一次真正意义上的抵抗。成吉思汗下令让哲别、速不台率军追击摩诃末。成吉思汗要求他们要紧追不放，即使敌人躲入山林、海岛，也要追上去。躲入山林的秃儿罕王后被迫投降了，逃往海岛的摩诃末也悲惨地死去。摩诃末死后，哲别、速不台又挥军北上，进入钦察草原与斡罗思地区。因术赤与察合台意见不合，玉龙杰赤久攻不下。成吉思汗命令窝阔台为前线指挥，最后才攻下玉龙杰赤城。不可一世的花剌子模被消灭了。

花剌子模的王子札兰丁率领残部进行抵抗，在八鲁弯之战中消灭了近三万蒙古兵。但是，花剌子模大势已去。后来札兰丁被成吉思汗围困在申河边上，陷入了绝境，但他仍勇猛地冲杀，镇定自若地应付。成吉思汗起了爱才之心，下令活捉他。札兰丁见大势已去，不愿被活捉，就用盾牌护住后背，跳下悬崖，策马泅水过河而去，最后突围逃往印度。蒙古军想继续追杀，却被成吉思汗阻止了。

成吉思汗征服了花剌子模，完成了自己的心愿，然后班师回朝。在半路上，成吉思汗接见了中国北方道教全真派掌门丘处机。成吉思汗待丘处机如同待朋友一般。丘处机则劝告成吉思汗人是不能长生不老的，只能养生；还告诉他一条治国之道，劝他要清静无为，不要滥杀无辜等。丘处机与成吉思汗的相处时间不长，但是对成吉思汗影响较大。

为了最终灭亡西夏，成吉思汗于公元1225年秋天再次亲率大军出征。但是，大队人马出发后，成吉思汗的坐骑因受惊而将他抛到了地上，他因此受了重伤，并因为感染而高烧不退。但他仍不退兵，忍着病痛指挥军队继续攻打西夏。西夏王被迫派使者求降。由于天气酷热，成吉思汗受伤的身体再度染病。他感到自己不久于人世，就将儿子们叫到跟前，交代了三件事：将汗位传给窝阔台；让他们利用宋金世仇，借道宋境，联宋灭金；自己死后不发丧、举哀，封锁自己逝世的消息。

公元1227年秋，成吉思汗死于六盘山附近的清水县。他虽然未能在自己的有生之年灭掉西夏，更未能征服中原，却为自己的子孙留下了灭夏、灭金的方略。史书记载，成吉思汗的尸骨被埋葬在斡难、怯绿连、土兀剌三河之源不儿罕山的起辇谷。蒙古族的习俗是：葬后不留坟冢。成吉思汗的坟冢被将士们的万匹战马踏平。成吉思汗陵中只存放了成吉思汗的部分遗物。

成吉思汗是古今中外著名的历史人物，同时又是最有争议的人物。

几百年来，中外各国的政治家、军事家从不同角度研究和探讨他。孙中山先生说："亚洲早期最强大的民族之中，元朝蒙古人居首位。""元朝时期几乎整个欧洲被元朝所占领，远比中国最强盛的时期更强大。"毛泽东称成吉思汗为"一代天骄"，将他与秦始皇、汉武帝、唐太宗相提并论。印度前总理尼赫鲁称赞他："成吉思汗即使不是世界上唯一的、最伟大的统帅，也是世界上最伟大的统帅之一。"

当过放牛娃的开国皇帝朱元璋

朱元璋的出世和大多数封建皇帝一样，被人为地增加了几分传奇色彩。《明史》记载：朱元璋的母亲怀孕时，曾经梦见有个神仙给了她一粒仙药，她拿在手中闪闪发光，于是便吃了下去。她醒来之后，仍感觉满口余香。朱元璋出生时，正值夜晚，当时满屋红光，并且红光还从屋中射了出来。附近的邻居看见红光后，都以为着火了，慌忙赶来救火，当来到门口时才知道是虚惊一场。

朱元璋在元末的乱世之中逐渐成长。公元1351年，以韩山童、刘福通为首的白莲教在颍州（位于今安徽阜阳）起义，当年农历八月，彭莹玉、徐寿辉率军在蕲水（位于今湖北浠水）起义。各路起义军全部用红巾裹头，所以又称为红巾军。公元1352年初，郭子兴和孙德崖在濠州（位于今安徽凤阳）兴兵起义。这时的朱元璋已经长大，因为吃不上饭到皇觉寺当了和尚。起义的消息不断传到朱元璋的耳朵里，他感到机会来临，于是就去投奔郭子兴。

一天晚上，濠州的红巾军正在巡逻。忽然城外来了一个青年和尚，说要投奔红巾军。守门的兵士怀疑他是元军派来刺探军情的奸细，先把他绑了起来，然后派人去给郭子兴报告。郭子兴一听，心想也许真是投奔他的好汉，亲自骑马到城门察看，只见是个被捆绑起来的和尚，身材魁梧，浓眉大眼，衣服穿得破破烂烂。郭子兴比较喜欢这个小伙子，马上命令兵士给他松了绑，把他带回元帅府。

朱元璋的投军并非一时的兴之所至，他从小就表现出了鲜明的反抗性格。在给地主家放牛的过程中，朱元璋结识了徐达、汤和、周德兴等人，并成为要好的朋友。日后，徐达、汤和、周德兴等人南征北战，为建立明朝立下了功勋。朱元璋聪明，还读过几天书，所以主意也最多。他经常和小伙伴一起玩扮皇帝的游戏，他自己装模作样称皇帝，还让伙伴每人捡来一块木块，用双手捧着，三跪九叩，并高呼万岁。

朱元璋当放牛娃的日子非常难，经常吃不饱，而且还要遭到主人的打骂，常常要饿着肚子放牛。有一天，朱元璋和徐达、汤和、周德兴在放牛时，都感觉肚子饿。这时，朱元璋想到了一个自认为很好的点子，他将一只小牛犊杀掉，让大家烤着吃。很快，那只小牛就只剩下了牛皮、骨头和一条较完整的牛尾巴。肉是吃完了，但是回去之后怎么交代呢？大家犯起愁来，于是便开始相互埋怨。这个时候，朱元璋想到了办法，他让大家把牛骨和牛皮全部埋起来，并将地上的血迹掩盖好，然后拿着牛尾巴插到山上的岩缝里，就说小牛钻进了山洞，大家都拉不出来。小伙伴们都称赞这是好主意。可是，这个天真的想法怎能瞒过地主？朱元璋因此遭到了一顿毒打，然后被赶回了家，而他杀死小牛的债务又落到了自己父亲身上。这件事情过后，由于朱元璋敢做敢当，而深得伙伴们的信任。

公元1343年，濠州地区因为长时间没有下雨，出现了旱灾。第二年春天，当地又发生了严重的蝗灾，地里的庄稼被蝗虫吃得一干二净。接下来，又发生了瘟疫，并且大肆蔓延。这场突如其来的瘟疫夺走了朱元璋父母的性命，他的大哥也因染病而去世。朱元璋独自一人在外流浪，在走投无路的情况下，到皇觉寺出家，最后投奔郭子兴。

郭子兴带朱元璋来到元帅府，与他交谈之后，发觉他口齿伶俐，十分赏识，马上叫他脱下破烂的袈裟，换上兵士服装，把他留在身边当了个亲兵长。一天，元军来攻城，朱元璋正带了一小队人在城头巡逻，忽见一个元帅府的仆人迎面跑来，并对他说："张夫人有急事相商！"朱元璋心里一怔，立即去见郭子兴的夫人。他进入内室后，只见张夫人已哭得泪人儿一般，郭子兴的义女马氏也在一旁流泪。朱元璋连问三声"什么事"，张夫人呜呜咽咽，说不清楚什么事。马氏帮她说："义父已被孙德崖骗去，生死不明，你快想想办法救他！"

孙德崖原本是与郭子兴一起举事起义的人，现在勾结了赵均用，将郭子兴骗去，企图害了他，夺取他的主帅位置。朱元璋不及问明底细，转身跑出内室，大叫道："快跟我来，郭帅有难！——卢大勇，你骑马去报告彭将军，让他火速带兵到孙家去！"朱元璋带了一小队亲兵，赶到了孙德崖家，但门卒挡住他不让进。朱元璋命令手下人一齐上。众兵士三拳两脚将门卒打散了。朱元璋抢先闯进客厅，孙德崖与赵均用正凑在一起商量什么。他们见朱元璋闯进来，知道他是来救郭子兴的，急忙站起，故意问："你来干什么？"朱元璋说："元军兵临城下，并连日攻城。两位将军不去杀敌，反而骗来主帅，你们准备做什么？"孙德崖说："我们邀请主帅商议军机大事，你快去守城吧！"朱元璋问："主帅现在在哪里？"孙德崖回答："你是下属，应该懂点规矩才是。主帅的事也是你应该管的？"

朱元璋大怒，正要动手，只听见背后一阵脚步声，原来是彭大带了一大队兵冲了进来，并大喊："赵均用，你胆敢谋害主帅？"孙德崖见自己人少，怕吃了眼前亏，忙说："主帅早已回府去了！"朱元璋不信，他说："你能让我在府上搜一搜吗？"彭大说："为什么搜不得？来人，给我里里外外全搜仔细了！"众人一哄进内室去了。朱元璋闯进内室，四处寻觅，忽听见厅后有声。他循声走去，只见一间矮屋关得严严实实的。他一脚踢开门，见屋里有一个人被铁链锁着，仔细一看，认出是郭子兴。他跨步上前，砍断铁链，命士卒将他背了出来。自此以后，郭子兴更加重用朱元璋了，并将义女马氏许配给他为妻。

朱元璋见起义军的将领争权夺利，矛盾重重，便决心依靠自己来开创新局面。他主动向郭子兴请示，然后回到老家，招兵买马。他回到家乡后，少年时候的伙伴徐达、汤和，听说朱元璋做了红巾军的将领，都来投奔，不到十天，就招募了七百人。朱元璋率领众人回到濠州后，郭子兴非常高兴，当即提升朱元璋为镇抚。朱元璋见濠州城内的人半年没有出城，于是率领徐达、汤和等二十四名心腹向定远方向走去。在途中，朱元璋先将张家堡驴牌寨地主武装三千人收到自己麾下。后来，朱元璋袭击了元军，从降军中挑选出两万名精壮汉人，编入自己的队伍。朱元璋得了大批生力军后，便整顿纪律，加紧训练，把手下的军队训练成一支战斗力很强的队伍。

朱元璋因此威名大震，不少能人前来投靠。定远的名人李善长也前来求见。李善长熟读兵书，善于推测人们的心理活动，并且是定远一带有名的大财主。他见韩山童、郭子兴等人成不了大器，便没有出头。他听说朱元璋的一系列行为后，便当机立断，前来投靠。两人促膝长谈，朱元璋问李善长说："现在全国到处都在打仗，什么时候才能太平呢？"李善长回答说："秦朝末年，也这样大乱过。汉高祖是平民出身，因为他气量大，能够用人才，又不乱杀人，只花了五年时间，就统一天下。现在元朝政治这样混乱，天下土崩瓦解，您何不向汉高祖学习呢？只要能知人善任，定能平定天下。"朱元璋见他说得很有道理，就将李善长留在自己身边，嘱咐他好好协调众将领间的关系。

朱元璋的势力不断壮大，郭子兴那边的日子却不好过。彭大和赵均用争权，彭大被赵均用射死。后来，赵均用屯兵泗州，把郭子兴扣留。

朱元璋得知消息后，就拿了许多金银去贿赂赵均用的左右，让他们放了郭子兴。郭子兴被放出来后，带了妻子儿女及朱元璋的妻子马氏，一起到滁州投奔朱元璋。朱元璋见到郭子兴后，当即交出兵权。郭子兴一下子得到了纪律严明，军容肃整的三万名士兵，非常高兴。可是，郭子兴这人很糊涂，耳根又软，来到滁州后仍以主帅自居，并听信他两个儿子的挑唆，冷淡朱元璋。

一天，郭子兴的两个儿子邀请朱元璋到郊外野餐。马氏很了解这两位义兄的心思，她偷偷告诉朱元璋："他们两个心胸狭隘，夫君要多生一个心眼。他们邀你吃酒必定没好事，切记！"朱元璋笑道："谅这两个小子也不能拿我怎么样。我自当设法避祸，夫人放心就是。"

朱元璋与郭子兴的两个儿子骑马一起朝城外跑去。跑到半路，朱元璋突然勒住马，一跃而下，然后双手抱拳，仰面对天，喃喃说话，好像在对什么人讲话。过了一会儿，他才一跃上马，缓缓骑马走向郭子兴的两个儿子。郭子兴的两个儿子吃惊地说道："你为什么下马？"朱元璋脸上变色，道："我什么地方对不起你们了？你们为什么要想方设法来害我？刚才神明指示我，说你们在我喝的酒里下了毒药！"说完他就调转马头，飞驰回城了。郭子兴的两个儿子额头汗水涔涔而下，悄声说："酒里下毒，只有我们两人知道，他怎会知道得这么清楚？莫非他真的有神明相助？"自此，两人再也不敢加害朱元璋了。

公元1353年，朱元璋率军一举攻占了和州。消息传来，郭子兴当即任命朱元璋为总兵官，到和州镇守。没过多久，郭子兴病逝，韩山童的儿子韩林儿被拥立为小明王，国号宋。小明王任命郭子兴的儿子郭天叙为都元帅，张天、朱元璋为副元帅。虽然朱元璋的地位比较低，但是他有勇有谋，手下又有人才，再加上军队中的大部分士兵都是朱元璋收编的，可以说朱元璋才是这支队伍的真正主帅。没多久，郭天叙在攻打集庆的时候，被叛徒杀死，张天也战死了，朱元璋就成了名副其实的元帅。朱元璋独掌兵权以后，率领大军大破元朝水军，渡江攻打集庆。集庆五十多万军民投降。朱元璋进了集庆，出榜安民，把集庆改名应天府。自那时候起，朱元璋就以应天府为根据地，向江南一带发展。

朱元璋向南扩展自己的势力时，遇到了一个强敌陈友谅。陈友谅原本在徐寿辉手下大将倪文俊的帐下听令，后来他用计杀死了倪文俊，又于公元1360年谋杀了徐寿辉，自立为王，国号叫汉。他占据江西、湖南和湖北一带，地广兵多，建立了一个强大的割据政权。公元1360年，陈友谅率领强大的水军，从采石沿江东下，进攻应天府。陈友谅与张士诚协商东西夹击应天，平分朱元璋领地的消息传来，应天守军大惊。朱元璋赶忙召集部下商量对付汉军的办法。有的说，跟汉军的力量相差太大，不如趁早投降；有的主张逃到钟山死守；也有人主张拼一死战，如果失败了，那时候再逃。大家七嘴八舌，议论纷纷，只有谋士刘基在旁边默不作声。朱元璋知道刘基素有谋略，于是把他单独留下来，问他有什么主意。

朱元璋问刘基："先生有什么办法打败敌人？"刘基说："实力最强的敌人就是陈友谅，所以必须集中力量彻底消灭他。他杀君自立，众将难以同心。而且敌人远道来侵犯，我们以逸待劳，还怕不能取胜？您如果多用财物赏赐将士，再用一点伏兵，抓住汉军的弱点痛击，定能取胜。"朱元璋听了刘基的话，满心欢喜。两个人又商量了一阵，把计策定了下来。

朱元璋的部将康茂才跟陈友谅是老相识。朱元璋找来康茂才，对他说："这次陈友谅来进攻，我想引他上钩，只有你能帮上忙。请你写封信给陈友谅，假装投降，答应做他的内应；再给他一点假情报，要他兵分三路攻打应天，分散他的兵力。"康茂才说："这件事好办。我家有个守门的老仆人，给陈友谅当过差。我派他送信去，陈友谅准不会怀疑。"

康茂才按照朱元璋的吩咐写了信，连夜叫老仆人送到采石，求见陈友谅。陈友谅见了老仆人送来的信，果然并不怀疑，问老仆说："康公现在哪里？"老仆人回答："他现在带了一支人马，驻守江东桥，专等大王。"陈友谅又问："江东桥是什么样子？"老仆人说："是座木桥，很容易认。"陈友谅跟老仆人交谈了一阵，吩咐左右摆上酒菜，让他饱饱地吃了一顿，才打发他回去。老仆人临走的时候，陈友谅对他说："你回去跟康公说，我很快就去江东桥。到了桥边，我叫几声'老康'，请他马上接应。"老仆人回去后，把陈友谅的话全向康茂才汇报了，康茂才又将情况禀告给朱元璋。朱元璋连声叫好，当夜派人把江东的木桥拆掉，改成一座石桥。

朱元璋抓了几个陈友谅的逃兵，弄清楚他们进攻的路线，就让大将徐达、常遇春等分几路在沿江几个重要关口埋伏了人马。朱元璋亲自统率大军守在卢龙山，让兵士准备好红黄旗帜，并且做好约定：举起红旗就是敌人已经到来；举起黄旗就是伏兵出击。一切都准备好了，只等陈友谅自投罗网。

陈友谅从老仆人走后，就下令全体水军出发，由他亲自带领，直驶江东桥。陈友谅到了约定地点，发现没木桥，只有一座石桥。陈友谅的部将们都起了疑心，但是陈友谅却不管这些，一心想找到康茂才。他来到石桥旁边，一连喊了几声"老康"，也没人答应。陈友谅这才想到自己上了当，急忙命令船队撤退。

朱元璋发现敌人中计，立刻命令兵士举起黄旗，发动进攻。霎时间，战鼓齐鸣，朱元璋的伏兵群起猛攻，水港里的水军也加入战斗。陈友谅大军受到突袭，一下子就乱套了，被杀死的和淹死的数也数不清，两万兵士、一百多艘战船被朱元璋的将士俘获。陈友谅在部将保护下，抢了一条小船，才得以逃脱。朱元璋乘胜收复太平，占领信州、安庆。陈友谅节节败退，只好逃到九江。

经过这一仗，陈友谅大伤元气，朱元璋的声势越来越大。陈友谅输得很不甘心，他养精蓄锐，决心要报这个仇。三年后，他带领六十万大军，进攻洪都（位于今江西南昌）。朱元璋亲自带领二十万大军援救洪都，陈友谅才撤去包围，把水军全部撤到鄱阳湖。朱元璋把鄱阳湖出口封锁起来，堵住敌人，决定跟陈友谅在湖里决战。

陈友谅的水军有大批高大的战船，挨个排开有十几里长；朱元璋的水军只有一些小船。双方连续激战三天，朱元璋的水军都失败了。郭兴向朱元璋提议："双方的兵力相差太远，硬拼肯定不行，用火攻最好。"朱元璋立刻下令用七条小船，装载着火药。一天傍晚，正好刮起了东北风，朱元璋派了一支敢死队驾驶这七条小船，乘风点火，直冲陈友谅船队。很快，陈友谅的大船就全部燃烧起来，火焰腾空，他的手下不是被烧死，就是被俘虏。陈友谅带着残部向鄱阳湖口突围，可是湖口早已被朱元璋堵住，陈友谅在突围时被乱箭射死。

朱元璋消灭了陈友谅的势力后，张士诚就开始成为他的下一个目标。公元1366年，朱元璋以徐达、常遇春为正、副统帅，率领二十万大军，进攻张士诚所辖城镇。很快，杭州、湖州先后投降了朱元璋，张士诚就只剩下平江这座孤城了。于是朱元璋以重兵将平江团团包围，发动了平江战役。张士诚死守孤城，外无援兵，内无粮草，突围又失败了。朱元璋一再派人劝降，张士诚坚决拒绝，还下令死守平江，没有粮草时，他们就以老鼠、枯草为食。平江城破后，张士诚亲率士兵巷战，最后一把火烧死了家属，自己在上吊自杀时被部将解救而被俘。被俘后，李善长问张士诚话，他就破口谩骂。朱元璋问话时，张士诚闭眼不理，也不进食，气得朱元璋命人一顿乱棍把他打死，把尸骨也烧成了灰。

朱元璋消灭了陈友谅、张士诚两大劲敌后，一跃成为群雄之首。接着，朱元璋把小明王接到应天，在他们渡江时，有人悄悄将船底凿漏，小明王死于江中。在平定了南方的割据势力之后，朱元璋以徐达为征虏大将军，统率全军，以常遇春为副将军，另以参将冯胜、右丞薛显、参将傅友德各领一军，准备北伐。朱元璋还制订了先取山东，再占河南，回攻潼关，然后再进攻大都的作战计划。

北伐大军出发前，朱元璋一再申明军纪，告诫众位将士，此次北伐不是为了攻占领地，而是为了平定中原、推翻元朝统治、将人民从痛苦中解救出来。随后，他还发布了宋濂起草的告北方官吏和人民的檄文，文中提出"驱逐胡虏，恢复中华，立纲陈纪，救济斯民"的口号，这对广大汉族人民具有很强的号召力；檄文还表示，如果蒙古人和色目人愿意当新皇朝的臣民，将与中原人民一样看待。

北伐军队接连获胜，很快攻占了山东诸郡以及开封，然后挥师潼关。公元1368年农历八月，元朝首都大都（位于今北京）被攻克，元顺帝慌忙带着后妃及子女出城逃向了漠北。至此，元朝灭亡。

在南征北伐不断取得胜利的情况下，公元1368年正月，四十岁的朱元璋告祀天地，于应天南郊登基，国号大明，改元洪武，定都南京。朱元璋经过十六年的征战，终于实现了自己的梦想，从一个放牛娃一跃成为明朝的开国皇帝。公元1398年农历五月，朱元璋在皇宫病逝，终年七十一岁。他死后葬于孝陵，谥号"圣神文武钦明启运俊德成功统天大孝高皇帝"，庙号"太祖"。

文韬武略康熙大帝

　　康熙的一生波澜壮阔，除鳌拜，平三藩，东收台湾，北定疆界，与蒙古诸王结盟，西征噶尔丹，汲取汉文化，发展经济，推行富国强民的政策措施，完成了统一全国的大业。

　　康熙即位时，由于年龄太小，顺治驾崩前曾指派索尼、苏克萨哈、遏必隆和鳌拜四位大臣共同辅政。四位大臣曾在顺治的跟前立誓：竭尽忠诚，不谋私利，不结党羽，不受贿赂，忠心回报皇恩，全力辅佐君主。顺治之所以选拔四位异姓大臣，是为了让他们相互制约，防止有人专权。顺治驾崩后，皇太后亲自主持登基大典，年仅八岁的爱新觉罗·玄烨即位，并将第二年（公元1662年）年定为康熙元年。

　　四位辅佐大臣中，索尼地位最高、年纪最大，但体弱多病，徒有辅佐皇上之名；遏必隆怯懦没有主见，勾结鳌拜，事事听其命令；鳌拜是"巴图鲁"（满族语"勇士"），号称"满洲第一勇士"，脾气暴躁，为人武勇，野心勃勃，又善于玩弄权术；苏克萨哈与其他三人的关系生疏，处于孤立无援的境地。这样一来，共同辅政的局面很快就被打破，朝中大权都落到了辅政大臣鳌拜手里。他在朝堂上更是专横跋扈、盛气凌人，无一点人臣之礼。别的大臣和他意见不合，就遭到排挤打击。他欺负康熙年幼，经常当众与康熙大声争论，乃至训斥康熙，直到康熙让步为止。

一次，辅政大臣苏克萨哈和鳌拜发生争执。鳌拜怀恨在心，不久就对苏克萨哈下手了。鳌拜勾结同党诬告苏克萨哈犯了大罪，奏请康熙将苏克萨哈凌迟处死。康熙认为苏克萨哈无罪，不肯批准，鳌拜就在朝堂上与康熙争执。康熙仍是不许，鳌拜竟捋起衣袖，拔出拳头，准备上前打康熙。康熙十分生气，但是想到鳌拜势力很大，只好暂时忍耐，由着他处斩辅政大臣苏克萨哈及其全部子孙，没收他的家产。这样，朝廷之上就只有鳌拜一党了。他把持了朝廷大权以后，独断专横，大肆捕杀异己。

　　公元1667年，康熙十四岁，按照当时的规定，他可以亲政了。辅政大臣索尼等人上奏，恳请康熙亲政。康熙在祖母的许可下，准索尼所奏。但是，鳌拜专权，康熙无法真正亲政。辅政大臣索尼病逝，鳌拜已经成为首席辅政大臣，他独掌朝政，公然抗旨、拦截奏章。康熙表现出非同寻常的胆识。他决定除掉鳌拜，掌握实权，然后再作他图。当时，鳌拜掌握军权，如果直接下令提拿，必定会引起叛乱，那样不仅捉拿不到鳌拜，连康熙自己也将危险。朝中的正直大臣，甚至太皇太后都对此一筹莫展。

　　一次，鳌拜故意称病不上朝。康熙亲自去看望他。鳌拜躺在床上，卫士见他的神色有异，急忙上前检查。他们揭开被子，发现鳌拜的身下藏着一把极其锋利的匕首。鳌拜当时很紧张，卫士也不知如何处置，康熙却突然插话道："随身携刀是满族人的风俗，不必大惊小怪。"康熙在不动声色之中稳住了鳌拜。

　　康熙为了擒杀鳌拜，在暗中积极准备。他先挑选了几十名少年组成善扑营，做自己的侍卫，由索尼之子索额图统领，让他们在宫中练习摔跤。这些人练了一年有余，技艺大为长进，康熙也不时到摔跤房去练习。宫廷中的王公大臣以及后妃太监尽知此事，但都觉得这是少年贪玩，没有人怀疑康熙有什么其他的动机。鳌拜也经常进宫，看到这些少年吵吵嚷嚷在御花园里摔跤，以为是孩子们闹着玩，一点也不在意。在这期间，康熙为了稳住鳌拜，使他放松戒备，连连给鳌拜升官，鳌拜父子先后被升为一等公和二等公，再先后加上太师和少师的封号；他还下旨将鳌拜的部分党羽派往各地办事，以分散其力量。

康熙十六岁时的一天，康熙派人请鳌拜进宫商议国家大事。鳌拜像平常一样大模大样进宫。康熙先夸赞鳌拜，说国家的事情全指着他来打理，同时发出暗号。忽然一群少年一拥而上，围住了鳌拜，有的拧胳膊，有的拖大腿，登时把鳌拜掀翻在地，死命按住。鳌拜虽然是武将出身，力气也大。可是这些少年人多，又都是练过摔跤的，鳌拜敌不过他们，一下子就被掀翻在地。任凭他大声叫喊，也没有人搭救他。就这样，康熙捉拿了鳌拜，把他投入了监狱。

康熙捉住了鳌拜之后，立即宣布了他的十三大罪状，并组织人审判鳌拜。大臣们认为，鳌拜专横跋扈，滥杀无辜，罪行累累，应该处死。但康熙却看在他为国家立有显赫战功的份上，免了他的死罪，只是判他终身监禁。鳌拜最后死在狱中，他的同党也都被打入大牢，按所犯的罪行给予相应的处罚。此后，康熙又为受鳌拜迫害和打击的人平反昭雪，发还了被鳌拜霸占的民田。这样处理，不仅一举清除了鳌拜及其同党，而且稳住了镶黄旗。康熙的整个部署非常周密，应对沉着机智，处理得当，不失分寸。

康熙除掉鳌拜后，开始亲自执政，他大力整顿朝政，改革农业生产，惩办贪官污吏，使清朝的国库逐渐充盈，百姓的生活也好了起来。当时，南明政权虽然已经灭亡，但是南方的三个藩王——平西王吴三桂、靖南王耿精忠（耿仲明之孙）和平南王尚可喜，占据着军事要地，手下拥有重兵，叫康熙帝十分担心。

三藩中以吴三桂实力最强。从顺治朝开始，他的军费开支浩大，每年入不敷出。以公元1660年为例，国家正赋收入白银八百七十五万两，而云南一省就要支出白银九百多万两，竭全国之财力，尚不足吴三桂之用。到了康熙初年，财政困难局面虽稍微好转，但国家钱粮的大半都要用于三藩。三藩在自己的独立王国里，增加多种繁重的赋役，强迫百姓交租纳税；将许多平民定为奴隶或佃户；还私自设卡征税，将盐井、金矿、铜山等收到自己手中，以此牟取暴利。吴三桂还自行选派官员，称为"西选"，根本不把清朝廷放在眼里。

康熙要统一政令，三藩是最大的障碍。因此，他的态度很明确，坚决削藩。公元1673年，平南王尚可喜上奏章，请求告老还乡，自己的王位由其子尚之信承袭。康熙批准尚可喜告老，但是不让他儿子接替平南王爵位。当时，吴三桂的儿子吴应熊在北京，得知这一消息后，立即派人回云南禀告吴三桂。消息很快也传到了福建的耿精忠耳中。吴、耿均感惊慌，因为他们害怕撤藩。在幕僚的劝说之下，吴三桂与耿精忠为了试探康熙的态度，均于这年的农历十月奏请求撤藩。

康熙看了这些奏章，召集朝臣商议。许多大臣认为吴三桂他们要求撤藩是假的，如果批准他们的请求，他们一定会造反。围绕着是否撤藩这一问题，朝中大臣展开了激烈的争论。朝中大臣的意见发生分歧，多数人都反对撤藩，认为下旨撤藩，必将引起兵变。只有刑部尚书莫洛、兵部尚书明珠等少数人主张撤藩。几次讨论，都未取得共识。这时，康熙力排众议，他指出："三藩久握重兵，蓄谋已久，撤藩，他们要反；不撤，他们迟早也要反。与其晚撤，不如早撤。只是一边撤藩，一边准备应战罢了。"于是，康熙就同意了吴三桂和耿精忠所奏，下令撤藩。他还派出使者，催促三藩快撤。

诏令一下，吴三桂果然气急败坏，跟广东的尚之信和福建的耿精忠联系，约他们一起起兵谋反。叛乱的形势如康熙估计的一样，吴三桂在

第一章 功业篇

西南的势力大，叛军开始打得很顺利，一直打到湖南。三藩一乱，国内潜伏的各种势力也开始蠢蠢欲动，京城里有杨起隆举事，察哈尔有阿尔尼叛乱，四川、广西一带的文、武官员也附和响应，半个中国都燃起了叛乱的战火。此时，京师发生大地震，太和殿出现火灾。朝里与朝外，外叛与内变，雷火与地震，天灾与人祸，一起出现。一时间人心惶惶，京师不少官员甚至把家眷送归江南乡里。

这个时候，原来主张不可撤藩的大学士索额图、户部侍郎魏象枢等，提出要处斩建议撤藩的大臣。康熙不同意，他说："撤藩出自朕意，他们何罪之有？"这就坚定了主张平叛的大臣的决心。他下诏削夺吴三桂的官爵，公布其罪状。不久又将留居京师的吴三桂之子吴应熊、孙世霖等逮捕处死。这样，官员知道朝廷再也没有退路，只有同吴三桂等叛军决一死战，清廷因此统一了思想。康熙为了安定惊恐的军心和民心，每天游景山，观骑射，以示胸有成竹。有人进行讽谏，康熙置若罔闻。事后他说："当时我要是表现出一丝惊恐来，就会人心动摇，说不定会出现意外的情况！"

吴三桂打了一些胜仗，但康熙帝并没有被吓倒，他开始调整策略。他认为三藩之乱以吴三桂为首，其余多是胁从，若能击败吴三桂，其余叛军不难攻破或是收服。他采取招抚的手法笼络其他叛乱分子，取消撤耿、尚二藩的决定，集中优势兵力打击吴三桂。清兵越来越多，越打越强，吴三桂的力量渐渐削弱，后被分化瓦解，困在了湖南，处境十分孤立。

公元1678年，清军收复了浏阳等地，吴三桂匆忙称帝。同年农历八月，吴三桂生了一场大病，不久身亡。随后，他的孙子吴世璠即位，退居云南。公元1680年，清军分兵三路进军云南，向苟延残喘的叛军发动总攻。第一路大军由章泰率领攻打贵阳；第二路大军由赖培率领进兵云南，同第一路大军会合后，攻打昆明；第三路大军由赵良栋率领攻打四川。随后，三路大军猛攻昆明。吴世璠服毒自杀，其头颅被割下送往京城，吴三桂被掘坟折骨。耿精忠、尚之信等人也早已被杀，川陕等地也已平定。经过长达八年的艰苦征战，祸及大半个中国的三藩之乱终于平定。

康熙平定三藩之后，开始着手统一台湾。明朝天启年间，荷兰人侵占台湾。公元1661年，民族英雄郑成功从荷兰人手中收复台湾。郑成功病逝后，他的儿子郑经继位，继续治理台湾，与清王朝分庭抗礼。康熙帝多次招抚不成，便下决心武力解决台湾问题。

公元1681年，郑经突然病故，他的儿子郑克塽继任王位，郑氏王朝内部发生内讧。康熙帝认为时机成熟了，决定起用施琅攻台。施琅原为郑成功的得意爱将，后来背郑降清。公元1663年，康熙帝曾命其出任福建水师提督，征讨台湾。他两次出海，均遇台风，无功而返。朝内一些大臣对他产生怀疑，但康熙力排众议，仍然对施琅委以重任。

公元1683年，施琅率领两百多艘战船、两万多名将士向澎湖、台湾进发。大战之初，清军陷入重围，施琅率领士兵拼死突出重围。经过短暂的休整后，清军在澎湖海面发动反攻，战斗从清晨持续到傍晚，郑家军全面败退，慌忙逃回台湾。施琅在对待俘虏上采取优待政策，优待所有被俘的郑军将士，医治负伤兵卒，愿意回台湾的可以派船送回。这一政策实施后，郑家军很快军心涣散，许多将领主张投降清朝。无奈之下，郑克塽派人向清军送上降表。收到降表后，康熙谕准郑军投诚，并决定对投诚的官员加恩予以安置。当年农历十月，施琅接管台湾，自此，台湾正式纳入清朝版图。康熙在台湾设台湾府，隶属于福建，台湾府下设三县——台湾县（今台南）、凤山县（今高雄）、诸罗县（今嘉义），派总兵官一员率官兵八千，驻防台湾，加强中央对台湾的管辖。

正在朝野庆祝的时候，东北边境传来沙皇俄国侵犯边境的消息。康熙为了弄清敌情，亲自到盛京，一面派将军彭春、郎谈以打猎为名到边

第一章 功业篇

境侦察；一面要当地官员修造战船，建立城堡，做好应战准备。

公元1683年农历九月，康熙决定采取武装手段，驱逐沙俄侵略者，保卫边疆安宁。他先派人送信给雅克萨的俄军头目托尔布津，命令他退出雅克萨。沙俄军不但不肯退出，反而向雅克萨增兵。于是，康熙就发布进军的命令。公元1685年，康熙帝派彭春为都统，率领陆军水军一万五千人，浩浩荡荡开到雅克萨城下，把雅克萨围了起来。

沙俄军队修的城堡十分牢固，彭春命人在城南筑起土山，让兵士站在土山上往城里放弩箭。城里的俄军以为清兵要在城南进攻，就把兵力拉到城南。结果，清军在城北放了火炮，趁城北敌人防守空虚，突然开炮。沙俄军死伤惨重，在无力抵抗的时候，托尔布津派人出城和谈，同意撤离雅克萨。按照康熙的事前嘱咐，彭春释放了俄军。彭春命将士们拆毁雅克萨城后，留下少部分士兵驻守，大队人马回到瑷珲城。但是，遭到惨败的俄军并没有死心，他们打听到清军撤出的消息，又带兵回到雅克萨。

康熙得知这个消息后，决定把侵略军彻底消灭。第二年夏天，黑龙江将军萨布素再一次进军雅克萨。清军将士想到从他们手里放走的敌人又来了，恨不得马上把他们消灭。这一次，清军的炮火更加猛烈，俄兵几次出城反扑，都被清军打了回去。守城头目托尔布津中弹死去，俄军伤亡很大，但他们仍在小头目的带领下继续顽抗。战争持续到秋天，清军储藏了足够的粮食，打算长期围困雅克萨，并且彻底切断城内守敌的外援。清军围困雅克萨期间，曾打败多支前来增援的沙俄军队。最后雅克萨城内的侵略军病的病，死的死，只剩下几十人。沙俄政府慌忙派使者赶到北京，要求议和，请求清朝撤围。康熙答应后，雅克萨的几十名俄军撤回了尼布楚。

公元1689年，中国政府派出代表索额图，沙俄政府也派出戈洛文做代表，在尼布楚举行和谈，规定了中俄两国的东段边界，从法律上划定了以额尔古纳河、格尔毕齐河和外兴安岭为界，整个外兴安岭以南、黑龙江和乌苏里江流域（包括库页岛）都是中国的领土。这就是著名的《尼布楚条约》。

沙俄政府在雅克萨被打败后，并不甘心，在《尼布楚条约》签订的第二年，唆使准噶尔部（蒙古族的一支）的首领噶尔丹进攻漠北蒙古各部落。当时，蒙古分为漠南蒙古、漠北蒙古和漠西蒙古，漠南蒙古早已归属清朝，其他两部也都臣服了清朝。准噶尔是漠西蒙古的一支，在伊犁一带过着游牧生活。噶尔丹统治准噶尔部以后，他先兼并了漠西蒙古的其他部落，又向东进攻漠北蒙古。漠北蒙古被打败后，几十万人逃到漠南，请求清朝保护。康熙帝派使者出使噶尔丹，让他归还漠北蒙古的地盘。噶尔丹因为有沙俄的撑腰，十分骄横，不但不肯退兵，还以追击漠北蒙古为名，大举进犯漠南。

康熙很快决定要攻打噶尔丹，他召集大臣宣布自己要亲征噶尔丹。他认为噶尔丹气势汹汹，野心不小，非反击不可。公元1690年，康熙分兵两路：左路由抚远大将军福全率领，出古北口；右路由安北大将军常宁率领，出喜峰口，康熙帝亲自带兵在后面指挥和接应。噶尔丹军因为长期征战，经验丰富，清朝的右路大军在与噶尔丹军的交战中被打败了。噶尔丹率军乘胜追击，一直打到离北京只有七百里的乌兰布通。噶尔丹不断取胜，开始骄傲自满，他派使者向清军要求交出他们的仇人。此时，康熙命令福全进行反击。两军在大红山下相遇，噶尔丹把几万骑兵集中在大红山下的树林，前面有河流阻挡。他把上万只骆驼，缚住四脚躺在地上，驼背上加上箱子，用湿毡毯裹住，摆成一个长长的驼城。叛军就在箱垛中间射箭放枪，阻止清军进攻。清军用火炮火枪对准驼城的一段，集中进行轰击。在炮声隆隆中，驼城被炸开了缺口。清军的步兵骑兵一起冲杀过去，福全又派兵绕到山后夹击，把叛军杀得七零八落。噶尔丹见形势不利，为了获得喘息的机会，赶快派喇嘛到清营求和。福全一面停止追击，一面派人向康熙请示怎么办。康熙下令："快进军追击！别中了贼人的缓兵之计。"果然，噶尔丹求和只是缓兵之计，等清军奉命追击时，噶尔丹已经带了残兵逃到漠北去了。

噶尔丹回到漠北，表面向清朝表示屈服，暗地里重新招兵买马。公元1694年，康熙约噶尔丹会见，订立盟约。噶尔丹不来，暗地派人到漠南煽动叛乱。噶尔丹还四处散播消息：他们已经向沙俄政府借到六万枪兵，在克鲁伦河畔发动叛乱。内蒙古各部亲王纷纷向康熙告发。公元1696年，康熙第二次亲征，兵分三路出击：黑龙江将军萨布素从东路进兵；大将军费扬古率陕西、甘肃的兵，从西路出兵，截击噶尔丹的后路；康熙帝亲自带中路军，从独石口出发。康熙的中路军到了科图，遇到了敌军前锋，但东西两路还没有到达。这时候，有人说沙俄将要出兵帮助噶尔丹。随行的一些大臣就害怕起来，劝康熙班师回京。康熙说："我这次出征，没有见到叛贼就退兵，怎么向天下人交代；我中路一退军，叛军全力对付西路，西路不是危险了吗？"康熙没有退缩，立即指挥军队向克鲁伦河行进，并且派使者去见噶尔丹，告诉他康熙亲征的消息。噶尔丹在山头一望，见清军中飘扬着黄旗，而且军容整齐，心中胆怯，连夜率军撤退。

康熙一面领兵追击，一面通知西路军大将费扬古，要他们在半路上进行截击。噶尔丹带兵逃了五天五夜，到了昭莫多（位于今蒙古国乌兰巴托东南）正好遇到费扬古的大军。昭莫多原是一座大树林，前面有一个开阔地带，费扬古按照康熙的部署，在小山的树林茂密地方设下埋伏，先派四百人进行诱战，边战边退，把叛军引到埋伏的地方。噶尔丹进入埋伏后，清军迅速出击，利用有利的地势，对叛军发动猛烈的进攻。在激战中，费扬古又派一支人马袭击了叛军的辎重，然后对其实行前后夹击。叛军伤亡惨重，只有噶尔丹带领几十名骑兵脱逃。两次大战，消耗了噶尔丹的绝大部分兵力，使他无力再战，但是他却拒不投降。噶尔丹先是投奔沙俄，遭拒绝后，他又开招兵买马。

噶尔丹叛乱集团经过两次大战，土崩瓦解。为了杜绝后患，隔了一年，康熙又带兵渡过黄河亲征。这时候，噶尔丹的老巢已经被他侄儿策妄阿那布坦占领，他的左右亲信听说清军来到，也纷纷投降，争着做清军的向导。噶尔丹在走投无路的情况下，服毒自杀。自此，清朝重新控制了阿尔泰山以东的漠北蒙古。后清朝在乌里雅苏台设立将军，统辖漠北蒙古。努尔哈赤和皇太极解决了漠南蒙古问题，康熙则解决了漠西蒙古和漠北蒙古的问题，使蒙古成为清朝北部坚固的长城。康熙曾说："昔秦兴土石之工，修筑长城。我朝施恩于喀尔喀，使之防备朔方，较长城更为坚固。"

后来，噶尔丹的侄儿策妄阿那布坦攻占西藏。公元1720年，康熙又派兵远征西藏，驱逐了策妄阿那布坦，护送达赖喇嘛六世进藏。清朝还在拉萨设置驻藏大臣，代表朝廷同达赖、班禅共同管理西藏。

公元1722年农历十一月，康熙身染重病，经过太医的诊治，有所好转。农历十一月十三日，康熙突然过世，终年六十九岁，在位六十一年。康熙八岁即位，十六岁开始亲政。他外御侵略，内平叛乱，整饬吏治，用自己的文韬武略亲手勾画了清帝国辽阔的版图。康熙时的大清，成为当时世界上幅员最辽阔、人口最多、经济最富庶、文化最繁荣、国力最强盛的帝国。那时清朝的疆域，东起大海，西至葱岭，南达曾母暗沙，北跨外兴安岭，西北到巴尔喀什湖，东北到库页岛。康熙奠定了清朝兴盛的根基，开创出康熙盛世的局面。

第二章　驭臣篇

秦始皇智驭权臣

秦始皇嬴政即位时才十三岁，还不能独自处理国家事务，秦国的朝政大权大多落在丞相吕不韦手里，嬴政的母亲赵太后则掌握秦国后宫的大权。

吕不韦原本是阳翟的大商人，他在各地低价买进，高价卖出，积累了雄厚的家产。公元前267年，秦国太子去世。公元前265年，秦昭王把二儿子安国君立为太子。安国君有二十多个儿子，但他非常宠爱的华阳夫人却没有儿子。安国君有个儿子叫子楚，因为地位比较低，被选为秦国的人质送到赵国。秦国多次攻打赵国，赵国对子楚也不以礼相待。

子楚在赵国当人质，生活过得很困窘。吕不韦到邯郸做生意，见到子楚后，非常喜欢，他对别人说："子楚就像一件珍奇的货物，可以囤积起来，待高价售出。"于是，他专程去拜访子楚，表示愿意拿出千金来为子楚西去秦国游说，侍奉安国君和华阳夫人，让他们立他为太子。子楚拜谢道："如果实现了您的计划，我愿意分秦国的土地和您共享。"

吕不韦拿出五百金送给子楚，作为日常生活和交结宾客之用；又拿出五百金买珍奇玩物，自己去秦国进行游说。吕不韦很熟悉秦国的内幕，知道安国君最宠爱华阳夫人，但她却没有儿子，便打定主意要让华阳夫人过继子楚为子。这样安国君即位后，子楚就是太子了，到时自己可以利用特殊的政治资本赚来无数的钱财。吕不韦先拜见华阳夫人的姐姐，把带来的东西统统献给华阳夫人。他常常在华阳夫人跟前谈及子楚聪明贤能，所结交的宾客遍及天下，说子楚把华阳夫人看成天一般，日夜哭泣思念太子和夫人。结果，安国君和华阳夫人送了好多礼物给子楚，并请吕不韦当他的老师。此后，吕不韦便长住在了邯郸，和子楚一起广交天下宾客，因此子楚的名声在诸侯中越来越大。吕不韦为了更好地笼络子楚，还给子楚送去一个擅长歌舞的美女赵姬。后来，赵姬给子楚生下了一个儿子，取名嬴政。

公元前215年，秦昭王去世，安国君继位，即秦孝文王。华阳夫人因此成为王后，子楚成为太子。赵国护送子楚的夫人和儿子嬴政回到秦国。秦孝文王继位一年之后就去世了，太子子楚继位，即秦庄襄王。庄襄王尊奉华阳王后为华阳太后，生母夏姬为夏太后，任命吕不韦为丞相，封为文信侯，将河南洛阳十万户作为他的食邑。

庄襄王继位三年之后就死了。公元前247年，十三岁的太子嬴政继位，尊奉吕不韦为相国，称他为"仲父"。在随后的几年中，吕不韦的权势更大了，并且取得了"仲父"的称号，食邑十万户，还拥有上万名仆人，家中的财富足可敌国。吕不韦为了扩大自己的地位和影响力，还召集很多的门客，编辑了一本《吕氏春秋》。

秦国虽然连丧国君，但军事和经济实力仍然很雄厚，并且不断对六国发动战争。六国惶惶不可终日，特别是韩国。嬴政父亲在位的时候，秦韩两国就多次交战，韩国屡战屡败，被迫向秦国割让了成皋、上党。后来，魏国公子信陵君率领韩国等国组成的五国联军，才击败了秦国。秦国经常扬言要找韩国报这个仇。韩国君臣整天在商量抗秦良策，可就是想不出好办法。后来，一个名叫郑国的人提出自己可以出使秦国，游说秦王嬴政引泾水东注北洛水为渠，然后用凿渠这种大工程来削弱秦国国力，使他们无力征伐。

郑国到秦国后，对秦王说："蒙大王收容之恩，臣愿以治水的小技，报效大王。关中八百里，若是能解决水的问题，强秦王天下指日可待！"秦王采纳了郑国的建议，命其开凿引泾渠道。秦国在这项工程上投入了大量的人力、物力和财力。工程进行了一年，秦国花掉了备战的钱财，军饷也被调往治水工地使用。秦国原来准备攻打韩国的计划，也只好搁置下来。丞相吕不韦对这项水利工程不太赞成，但是秦王很支持，他就没多说什么。工程进行了一年时间，花费实在太大，吕不韦开始怀疑郑国，于是派人暗中进行调查，最终才知道郑国是韩国派遣到秦国来的。郑国的计划就是用这项水利工程拖住秦国，使秦国没有财力和物力攻打韩国。最后，郑国再让这项工程失败，消耗掉秦国的国力，韩国再联合其他国家攻打秦国，置秦国于死地。

　　吕不韦捉了郑国后，郑国坦诚地说："我开始时，确实是间谍，然而渠道修成之后，对秦的确有极大的利益。"吕不韦将这件事告诉秦王后，秦王说要亲自审问郑国。吕不韦把郑国押解到秦王面前。秦王立刻叫人给郑国解绑，并且让他坐下，秦王对他说："先生是韩国的臣子，忠于韩王是应该的。先生受韩王之托，忠韩王之事，不惜以生命冒险，这样的精神，我十分敬佩。先生在秦国犯下了死罪，可以说是用生命报答了韩王。但是，我不杀先生，先生现在的生命已经与韩王无关，我求先生今后能像对韩王那样对我秦国，我决不会亏待先生。"郑国听了秦王的话，立刻跪倒，他对秦王说："我知道韩国的气数将尽，一切措施也只能助韩国苟延残喘，绝对改变不了秦国一统天下的趋势。现在大王不杀我，我的余生就属于大王，一定以死替大王效力！"秦王扶起郑国，对他说："水渠修成之后，就以先生的名字命名，叫郑国渠。"

　　秦王让郑国走了之后，吕不韦对秦王说："大王对郑国未免太宽大，恐怕于法度上说不过去吧？"秦王说："我们在修水渠上耗了无数的人力、财力，秦国没有个懂水利的人，现在杀了郑国，也没人能取代他。这一来，我们的时间、财力、人力全付诸东流。我不杀郑国，让他把水渠修成，这样关中可以永远解决缺水的问题，这正是王天下的坚实基础。"吕不韦说："大王看得比我深远，就怕郑国……"秦王说："韩王对郑国只有俸禄之恩，郑国就替韩王卖命，我对郑国有活命之恩，且俸禄又高于韩国，郑国一定不会负我。"

后来，事实证明秦王对郑国的处理是英明的。郑国再次被委任主持修建渠堰工程。整个工程历时十余年，整条渠全长三百公里，可以灌溉田地四万余顷（折今一百一十万亩）。水渠修成之后，关中成为沃野，粮食产量大幅提高。这大大增强了秦国的实力，为秦统一六国奠定了基础。秦王也没有食言，最终将水渠命名为"郑国渠"。

秦王擅计谋，做事果断并且有主张。他清除了想谋反的弟弟和一些大臣，巩固了自己的权力，使秦国内部的矛盾暂时缓和了些，接下来他就要解决自己与太后之间的矛盾。

秦王登上王位后因年纪还小，太后常常干预朝政。一些想做官的人就讨好太后，太后就向秦王推荐这些人，秦王总是接受，这样在朝廷内形成了一股强大的太后势力。太后势力的代表人物是大太监嫪毐，此人深受太后的信任。

公元前239年，秦王封嫪毐为长信侯，把山阳作为他的封地，又以河西、太原郡为其封田，宫室车马、衣物、苑囿等任凭嫪毐享用，政事无论大小皆由嫪毐决定。嫪毐门下有家僮数千人，宾客千余人。吕不韦见嫪毐权势渐重，十分妒忌。当时，两家宾客经常发生摩擦，但是太后总是袒护嫪毐。嫪毐因此日益跋扈。当时，魏国甚至有人劝魏王助嫪毐对抗吕不韦。

公元前238年农历四月，年满二十一岁的秦王举行加冕仪式，从此，丞相吕不韦要向秦王交出一切权力，太后也不得干预政事。秦王先到祖庙叩拜祖先，然后再拜太后，由太后给秦王戴上王冠，佩上宝剑，这就意味着秦王将独掌秦国的大权。加冕仪式结束后，秦王回到自己的王宫，不久有人前来向秦王揭发嫪毐并非宦官，且与太后私通。

秦王强压怒火，还是按计划至雍城蕲年宫举行加冠礼。嫪毐早已经得知事已败露，便趁秦王举行冠礼时，矫用秦王和太后的印玺，征调县卒、卫卒、官练和舍人等发动政变，并准备进攻蕲年宫。秦王得到消息后，叫人传旨给昌平君、昌文君，叫他们火速领兵回来救驾，同时又叫自己宫中的侍卫整装待命。秦王的旨意刚刚传出，嫪毐已经带领人马将秦王住的王宫围住。

秦王站在楼台上质问嫪毐。嫪毐却说："大王宫中有贼，奉太后的旨前来捉拿。"秦王指着嫪毐说："宫中确实有贼，那就是你！"听秦王这么说，嫪毐带的军队中起了一阵小小的骚动。嫪毐取出太后的诏书，对众人说："我是奉命捉贼，有太后诏书在！"待众人冲进宫门时，秦王大喊："生擒嫪毐赏金百万，杀死嫪毐赏金五十万！"嫪毐队伍中的人听到有这样的重赏，立刻就有人倒戈。这时，昌平君、昌文君领兵赶来救驾。嫪毐率领的乌合之众被大军打得七零八落，嫪毐也被活捉了。后来，嫪毐经审讯后被车裂于东门之外，并被诛灭三族。其死党二十人被枭首示众，就连没有参与其事的嫪毐的食客也被流放到巴蜀。

秦王平定嫪毐的叛乱之后，立即开始处置丞相吕不韦。因为嫪毐便是吕不韦推荐的，这正好给秦王以口实。秦王知道，只有除掉吕不韦，才能保住自己的权力。秦王以嫪毐叛乱与吕不韦有关为由罢免了他的相国职位，并将其赶出咸阳，让他回到自己的封地洛阳。

过了一年多，各诸侯国的使者络绎不绝地来找吕不韦。秦王怕吕不韦和其他国家串通作乱，就派人给吕不韦送去书信。他在信中对吕不韦大加斥责："你对秦国有什么功劳？秦国封你在河南，食邑十万户。你与秦王有什么血缘关系而号称仲父？你与家属都迁到蜀地去居住！"吕不韦看了这封信之后，知道自己难免一死了，无奈之下，只好服毒自杀。吕不韦死后，秦王又下令：凡参加吕不韦葬礼的官员，一律免职，流放他乡。没有参加葬礼，但与吕不韦生前关系密切的官员，保留官职，流放他乡。吕不韦的后代，永远不得在秦国做官。

秦王铲除了吕不韦之后，又大胆起用新人。李斯原本是楚国人，后来投奔到秦国，因为有才能，受到了秦王的重用。他的《谏逐客疏》对秦王的用人政策产生了重大影响。六国中有不少学有专长的人，纷纷到秦国来，想一展才华。魏国有一个叫尉缭的人，名气很大，但魏国国君却不重用他，他一气之下投奔了秦国。

秦王以贵宾的礼节接待尉缭，对他说："先生来到秦国，有何指教？"尉缭说："向大王献上破诸侯、得天下的方法。"秦国与六国经常开战，十战九胜，版图逐渐扩大，但是真想消灭哪个国家，又比较困难。所以，"破诸侯、得天下"是秦王朝思暮想的事。尉缭接着说："先王采用连横的办法，拉拢一些国家，进攻个别国家，这种以强攻弱的方法虽然有效，但是关东各国反复无常，今日与我结盟，明日与我为敌，无法信任。"秦王问："那怎么办才好呢？"尉缭笑了，向秦王献计："一用兵攻，二用钱买。特别是要用重金收买关东六国有权的大臣，只要买通几个国家的权臣作为内应，关东六国马上就陷于混乱。"秦王采纳了尉缭的计策，派人分头带重金去收买各国大臣。这个方法果然有效，关东诸侯之间再也不像以前那样团结了。

尉缭在秦国待了很长时间，目睹了许多事情，他觉得秦王太急功近利了。一次，尉缭喝醉了，对人说："秦王用我是为了得天下，一旦得到天下，我的结果不会好的。"尉缭酒醒后，知道自己的失言会惹祸，于是不辞而别。秦王当天就得到了报告，说尉缭在背后骂秦王。秦王听了后，说："我待尉先生如上宾，他决不会背后骂我。你肯定听错了。"来报告的人原想邀功，没想到反而碰了一鼻子灰。第二天，有人向秦王报告说尉缭不辞而别。秦王说："那肯定是有人伺候不周，尉先生才走的，赶紧派人追回来！"很快，尉缭被追了回来，他认为自己必死无疑。可是没想到的，秦王亲自出宫迎接他，还拉着他手说："是寡人失察，望尉先生原谅。"尉缭感动得双膝跪下说："臣愿效忠大王。"秦王就封尉缭为太尉，掌管全国军事。

尉缭受到秦王的重用，也使六国的人才受到更大的鼓舞，更多的能人志士来到秦国寻求发展，他们中不少都成了秦王的文武大臣。

汉高祖刘邦兔死狗烹

公元前202年正月，刘邦根据先前的承诺，将韩信和彭越封为楚王、越王。韩信和彭越商议后便联合燕王臧荼、赵王张敖等人共同上书，请刘邦即位称帝。刚开始时，刘邦假意推辞，后来在韩信等人的极力劝说下，装作很勉强地说："既然你们认为我称帝有利于天下百姓，那就照你们说的办吧。"当年的二月初三，刘邦在山东定陶举行了登基大典，定都洛阳，国号为汉。他的原配妻子吕氏被封为皇后，儿子刘盈被立为太子。

五月，刘邦在洛阳的南宫开庆功宴，他和众人总结楚汉战争的经验教训。大臣们说之所以能战胜项羽，就是因为皇上能与大家同甘共苦，共患难，而项羽却自私自利。刘邦觉得大家没有说到点子上，他说："在运筹帷幄方面，我不如张良；在抚慰百姓供应粮草方面，我不如萧何；论领兵打仗，我不如韩信。但是，我做到了知人善用，充分发挥他们的才干，这才是我们取得胜利的真正原因。项羽虽有范增可用，但对他猜疑，这才是他最后失败的主要原因。"刘邦的清醒认识可谓难得。

刘邦建立汉朝之后，曾和韩信等群臣议论过各位将领的才能。刘邦问韩信说："你看我能不能统率百万大军？"韩信说："不能。"刘邦又问："能否统率十万军队呢？"韩信说："不能。"刘邦生气地说："依你说，我能带多少兵？"韩信说："能带一万就不错了！"刘邦反问道："那么，你能带多少兵呢？"韩信毫不客气地回答说："至于我吗，越多越好。"刘邦既不解，又气愤地问："既然这样，为什么我做皇帝，你只能做将军呢？"韩信回答说："陛下虽不善将兵，却善将将。"可见韩信也认识到了刘邦善于用人。

后来，一个叫娄敬的人从山东赶来见刘邦，说刘邦得天下和先前的周朝不一样，所以不应该像周朝那样以洛阳为都城。关中地势险要，进可攻退可守，应该到关中的长安定都。刘邦将他的意见说给众大臣讨论，但遭到许多人的反对。但是，张良同意娄敬的建议，他说关中是"金城千里，天府之国"。刘邦听了表示同意，于是很快将都城迁到了长安。

刘邦建立汉朝后实行的规章制度基本上都是继承秦朝的，比如三公九卿和郡县制。不过，在汉朝的乡一级机构中和秦朝有一点不同，即在各乡的三老中，又选出一个作为县的三老，负责和县级的官吏联系，沟通上下的关系。汉朝除了实行郡县制，还实行封国制，即分封诸侯王到地方建立诸侯国。最初，刘邦分封的都是异姓王，如韩信等人，主要是为了团结众将，让他们为自己卖命。后来，刘邦又封了九个同姓王，他们都是刘邦的儿子、侄子和兄弟。刘邦认为他们是自己人，封王有利于巩固政权。封同姓王的同时，刘邦还立下了规矩：诸侯王国的地位和郡相同，辅佐诸侯王的相国和太傅都要由中央政府任命，是中央的官吏，不准依附诸侯王对抗中央，否则就要以"阿党附益"（就是诸侯有罪时不举报，反而依附诸侯结成死党）的罪名处罚。

刘邦虽然做了皇帝，但不敢掉以轻心，依然在不断想办法巩固自己的皇权。刘邦最不放心的就是在各地的异姓王，担心他们中有人三心二意。他还担心其他一些将领，这些将领为功劳大小和赏赐的多少争斗不止，如果安抚不当，可能就会投奔那些异姓王作乱。在中央，丞相的权力对他也构成了威胁。刘邦从做了皇帝，到最后病死，大多精力用在了解决这些让他不放心的问题上。

刘邦称帝半年后，燕王臧荼首先发动叛乱。刘邦亲自领兵征讨，经过两个月的奋战，俘获了臧荼。此后，归降的项羽部将在颍川谋反，刘邦又率军前去平叛。刘邦回到长安后，就准备解决异姓王的问题，他把首要目标定为韩信。项羽战死后，其部将钟离眛、季布四处逃亡。刘邦曾诏令全国通缉他们。钟离眛与韩信是同乡，关系很好，他走投无路后，便去投奔韩信。韩信顾念旧情，就收留了他，将他藏在楚王府中。后来，此事被人密报了刘邦。刘邦一直在提防韩信，恐其为乱，现在韩信又收留钟离眛，刘邦怀疑有反心。于是，他颁下诏书，命韩信把钟离眛送入都城。韩信接到诏书，不忍将钟离眛献出，于是撒谎说钟离眛并不在这里，请使者回报了刘邦。刘邦接到回报，内心仍存疑惑，于是派人暗中探察。韩信出出入入常带着兵马，车马喧嚣，声势显赫。来人就把这些密报刘邦，说韩信兵多将广，恐怕迟早会造反。

刘邦立即召集众将领，商讨对付韩信的办法。很多人主张讨伐韩信，向刘邦进言："韩信造反，请陛下发兵征讨。"刘邦听后，没有讲话。后来，陈平来见刘邦，刘邦便向他请教应该怎么办。陈平对韩信是否真的要造反，还在怀疑，但刘邦已经问自己了，又不能不答，于是就问："诸将态度如何？"刘邦说："都劝我发兵征讨。"陈平问："陛下怎么知道韩信要造反？"刘邦说："有人密书奏报。"陈平问道："除了上书人，还有没有人知道韩信要反？"刘邦说："没有人知道了。"陈平又问："韩信可知道有人上书？"刘邦说："他不知。"陈平问："陛下现在的士卒，能胜过韩信的楚兵？"刘邦摇头说："不能。"陈平又问："陛下的将军能比得上韩信？"刘邦又说："不能。"陈平说："现在兵不如楚精，将也不如韩信，如果发兵征讨，恐怕韩信不反也要反了。"刘邦听了他的这一番话，觉得十分有道理，于是问："那该怎么办呢？"陈平沉思了片刻，说："臣有一计，请陛下考虑。古代天子巡狩，必定大会诸侯。我听说南方有云梦泽，是游览的胜地。陛下可假意称出游云梦，遍召诸侯，会集陈地。陈与楚西境相接。楚王韩信闻陛下无事出游，一定前来拜见，趁他拜见之时，用伏兵将他拿下，这不是唾手可得吗？"刘邦同意了他的计策，当即通知各路诸侯在十二月时到陈县会合。

韩信接到诏令后，有些为难，他曾被刘邦两次夺去兵权，深知刘邦性格多疑，这次刘邦突然游云梦，如果不去迎驾，就有失君臣之礼；如果去迎驾，又恐出意外。属将见他迟疑不决，有人进言："大王并无过失，不过就是收留了钟离昧，违犯了君命，不如斩了钟离昧，献于陛下，陛下一定会十分高兴，如此一来，您还怕什么呢？"韩信觉得有理，便找到钟离昧，话中露出了为难的意思。钟离昧说："汉所以不敢攻楚，是怕我与你联合造反，同心抗汉。如果你把我献给刘邦，那我今日死，你明日必亡。"说完后，见韩信毫无反应，便拔剑自刎而死。韩信见钟离昧已死，便命人割下他的头，带着前往陈地，去拜见皇帝。

韩信在陈县等候了数日，刘邦才到，他当即呈上钟离昧的首级。刘邦却厉声喊道："给我拿下韩信！"话音刚落，从车队中涌出许多武士，将韩信绑起来。韩信并不惊讶，说："果如人言，狡兔死，走狗烹，飞鸟尽，良弓藏，敌国破，谋臣亡，天下已定，我固当烹。"刘邦道："有人告你谋反，所以擒你。"说着，下令将韩信放置在后车上，即刻返回都城去了。

刘邦返回都城后，并没有立即杀掉韩信。他知道韩信功多过少，说他谋反也没有实据，于是就撤除了他的王号，改封他为淮阴侯。韩信的确不简单，只用了几句话就策反了刘邦最信任的将领陈豨，让他在外地反叛。韩信想等刘邦亲自去平叛后自己在都城袭击太子和吕后。陈豨造反后，刘邦果然亲自去平叛，可是韩信还没举事，就被家奴告发了。吕后与丞相萧何共同设计诱骗韩信入长乐宫后将其处死。当初力荐韩信的是萧何，如今出计杀韩信的还是萧何，正可谓"成也萧何，败也萧何"。吕后还将韩信的家属全部处死。

刘邦为了安抚其他将领，也颇费心机。开始，刘邦分封了萧何等二十余人官职，众将因为互不服气，不断争功，刘邦就没有封官。一次，刘邦看见众将坐在沙地上说什么，于是他就问身边的张良这是怎么回事，张良说他们在谋反。刘邦问为什么，张良说怕皇上以后不会封他们高官了。刘邦问张良该怎么办，张良问皇上最恨的人是谁，刘邦说是雍齿，因为他虽然功劳多，但为人张狂，自己曾经想把他杀了。张良听了后，就建议刘邦封雍齿为侯。这样，大家觉得被刘邦记恨的雍齿都能受封，他们就更不用着急了。于是，刘邦摆好庆功宴，封雍齿为什邡侯，还命丞相抓紧时间草拟论功行赏分封的名单。结果众将的心都安定了。

刘邦为了抑制丞相手中的权力，想把萧何下狱来削弱相权，但需要一个较好的借口。刘邦想起平定了英布的叛乱后，萧何曾提议将上林苑开放，让百姓们前去耕种。刘邦趁机说萧何收受贿赂，所以才替商人们说话，于是把萧何逮捕后关进了监狱。当大臣们问丞相犯有何罪时，刘邦狡辩说："丞相萧何接受商人的贿赂，替他们说话，求我开放上林苑，以此收买人心。所以我才要治他的罪。"刘邦打击元老功臣萧何，极大地削弱了相权，使皇帝的权力得到了提高。

经历了春秋、战国和秦末战争，当时的人们还保持着"士无常君，国无定臣"的思想，这样的局面不利于皇权的巩固。刘邦不能任由这一情形蔓延下去，于是他决定以身作则。为了向大家表示自己孝顺，刘邦始终和父亲太公住在一起，并且每五天前去拜见一次。太公也习惯了，觉得没什么。但服侍太公的官员却觉得不太合适，于是就对太公说：
"俗话说，天无二日，国无二主，虽然皇帝是您的儿子，但他也是国家
的主子。您虽然是他的父亲，但也是他的臣民。如果让他以主人的身份
拜见您这个大臣，不合礼仪。再者说，这样怎能显出皇帝的威严。"于
是当刘邦再次拜见父亲时，太公就提前出门相迎，然后倒退着和刘邦共
同进屋，始终不给刘邦行礼的机会。刘邦很惊讶，太公便说："你贵为
人主，不能因为我而破坏了国家的礼法。"于是，刘邦便下诏，称太公
为太上皇，这样他就可以顺理成章地前去拜见父亲了。

　　刘邦为了进一步在群臣中确立"忠君"思想，特意用不同的方式来
对待投降的季布和丁公。刘邦和项羽争天下时，季布和丁公都是项羽手
下的大将。季布曾几次将刘邦打败，丁公也领兵追击过刘邦，但最后放
过了他。刘邦为了警示大家要做忠臣，将打败自己的季布封为郎中，而
将放过自己的丁公抓了起来。刘邦对众人说："丁公在做项羽的将领时
不忠，就是他这样的人才使项王不但丧失了天下，而且丢掉了性命。"
随后下令处死了丁公，并在军中示众，让将士们不要学丁公。

　　刘邦在平定英布叛乱时中了箭伤，加上他的年龄太大，到了长安病
情加重。吕后找来名医为刘邦治病。刘邦问名医自己的病情，医生说能
治。刘邦一听他的口气，就知道自己好不了了，于是大骂医生："我只
不过是一个百姓，靠手中的三尺长剑得到天下，这乃是天命。现在天要
亡我，就是再好的神医也是没有用的！"说完，赏赐给医生五十金，
打发他走了。刘邦弥留之际时，吕后问他死后人事的安排："萧相国死
后，由谁来接替呢？"刘邦说曹参。吕后问曹参之后是谁，刘邦说：
"王陵可以在曹参之后接任，但王陵智谋不足，可以由陈平辅佐。陈平
虽然有智谋，但不能决断大事。周勃虽然不擅言谈，但为人忠厚，日后
安定刘氏江山为国立功的肯定是他，用他做太尉吧。"吕后又追问以后

怎么办，刘邦有气无力地说："以后的事就不知道了。"

公元前195年农历四月二十五日，刘邦病死，时年六十二岁，葬于长陵，谥号为高皇帝，庙号是太祖。

圣母神皇武则天，用酷吏选贤臣

　　武则天虽然出身低微，但是手段高明，最终成了唐高宗的皇后，实现了她掌权的第一步。这时她才二十八岁。武则天当上皇后之后，开始不断攫取权力。原来的皇后一党被武则天整肃殆尽。她把王皇后、萧淑妃禁死于冷宫，把褚遂良贬至爱州，逼死长孙无忌和韩瑗，杀了柳奭。长孙无忌的权力集团被彻底摧垮，从此朝政归中宫把持。

　　史书记载，唐高宗性格懦弱，做事优柔寡断，而且身体也不好，经常头晕目眩，不能理事，所以把政事都交给皇后武则天处理。"上初苦风眩头重，目不能视，百司奏事，上或使皇后决定之。后性敏捷，涉猎文史，处事皆称旨，由是始委以政事，权与人主侔矣。"说她的权力与唐高宗相等，那是错的，其实朝廷的实权都握在武则天的手里。特别是显庆年以后，武则天与唐高宗并称"二圣"，与皇帝无异。唐高宗对此十分生气，他授意宰相上官仪起草诏书，要废掉武则天。上官仪欣然从命。

　　有人将此事禀告给武则天，她当即跑到唐高宗那里，"动之以情，晓之以理"，居然说服了唐高宗。唐高宗还对武则天说，自己本无此意，是宰相上官仪先提出要废后的。于是，武则天就使人诬告上官仪与过去的太子李忠一起谋反。最终，上官仪、上官庭芝父子被处死，上官庭芝的妻子及女儿上官婉儿被没入宫廷为奴。从此以后，每当唐高宗上朝，武则天总是垂帘听政，黜陟、生杀大权皆归她管，唐高宗成了摆设。

公元674年农历八月，"皇帝称天皇，皇后称天后"。至此，长达十几年的皇后、太子之争，以武则天的胜利而告终结。

几个月后，武则天向高宗提出了十二条政治建议，史称"建言十二事"：一、发展农业，减轻赋税和徭役；二、对于京城附近的百姓，免除租税和徭役；三、停止对外用兵，以道德教化天下；四、普天下无分南北，不论宫内宫外，一律禁止浮华谣巧；五、避免大兴土木，节省开支和劳动力；六、广开言路；七、杜绝谗言；八、王公以下都要学习老子的《道德经》；九、父在母亡，为母守孝三年；十、上元前，有功劳发给委状的，无须再进行考核；十一、京官八品以上增加俸禄；十二、文武百官任已久，才能高而职位低的，可以越级晋升。"建言十二事"严重打击了门阀士族，关陇门阀士族则完全丧失了凭祖先留下的族望而升官的政治优势；大批出身于寒门的庶族知识分子走上政治舞台，给当时的政治、经济和文化带来了一股生气。

唐高宗疾病缠身，随着年龄的增长，病情越来越重，他想把皇位传给太子李弘。为了避免与自己争权，武则天用毒酒药死了亲生儿子李弘。公元675年农历四月十三日，李弘与父皇、母后共进午餐时，身体不适。饭后不久，他便死于合璧宫倚云殿。李弘死后第二天，唐高宗提出要退位，因宰相强烈反对才作罢，武则天则废朝三日。

公元683年，唐高宗病死，太子李显即位，即唐中宗。唐高宗临终遗诏说："军国大事有不决者，兼取天后进止。"武则天以皇太后的身份临朝称制。一次，唐中宗想让岳父韦玄贞为宰相，并授给乳母的儿子一个五品官，宰相裴炎认为不妥，就与中宗起了争执。唐中宗年轻气盛，怒斥："我把天下交给韦玄贞，又能什么样？"裴炎很害怕，就跑去告诉了武则天。武则天则下诏废掉中宗，让他做庐陵王，改由其四子豫王李旦为皇上，即唐睿宗。但是，唐睿宗住在另一个地方，不得参与政事。

武则天对反对自己的人绝不手软。周王李哲的王妃赵氏说起来还是她的儿媳,赵氏的母亲长乐公主是唐高宗的姑母。由于她常和母亲安慰唐高宗,难免说出不满武则天的话,结果被武则天下令废掉,活活饿死。武则天清除了一切反对自己的势力,为登基称帝做准备。

公元688年,武则天的侄子武承嗣见武则天登基称帝的时机已经成熟,就暗地里派人在一块白石上凿上"圣母临人,永圣帝业"的字,并使雍州人唐同泰奉表献上,谎称是在洛水获得的。武则天闻讯大喜,当即下诏把这块石头称为"宝石图",并于当年农历五月选择吉日,亲临洛水拜受宝石。武则天还把唐同泰提拔为游击将军,让他参与办理此事。到了选定的日期,武则天"告谢昊天,礼毕御明堂,朝群臣",不久即正式加尊号曰"圣母神皇",并开始自称"陛下"。

李唐宗室十分清楚,武则天实际上已经是皇帝了,至于名义上的登基改号,只是一个时间问题。李唐宗室怕遭到一场灭顶之灾。出于自我保全之计,他们纷纷起兵。首先,李唐宗室以"迎还中宗""救拔睿宗"为旗号号召众人,但因范阳王李霭出首,密谋败露。仓促之间,韩王李元嘉首先起兵,继而琅琊王李冲在博州起兵,越王李员在豫州起兵,霍王李元轨在青州起兵,鲁王李灵夔在邢州起兵。但是,这些军队皆没有斗志,武则天的兵马一到,纷纷弃城投降或者逃走,根本不堪一击。在很短的时间内,李唐宗室的这次叛乱就被武则天轻而易举地镇压下去了。

公元690年,洛阳魏国寺的法明和尚,利用武则天要称皇帝的心理,作了《大云经》献上。《大云经》中牵强附会地说武则天是弥勒佛下凡,她要代替李唐做皇帝,一统天下,当今大臣百姓都应向神皇尽忠,方可子孙昌炽;如有背叛,天理难容。武则天立即命人将经颁布天下,并令各州都建立大云寺,收藏《大云经》,由僧人向百姓宣讲。

同年，侍御史傅游艺带领关中的百姓九百多人站在皇宫外请求改国号为"周"，赐皇帝姓武。武则天假装不同意，却又提升傅游艺为给事中。此后，文武百官及李唐宗室、远近百姓、四夷酋长、沙门、道士等各界人士六万余人组成一支极其庞大的请愿队伍，要求皇帝改李姓为武姓，改唐为周。

这年农历九月，武则天见"民意不可违"，表示同意皇帝李旦和百官的请求，穿上龙袍，登上则天楼，宣布改唐为周，尊号"圣神皇帝"，以李旦为继承人，赐武姓。她身穿皇帝服饰，光彩奕奕，在洛阳登上了大周皇帝的宝座。中国历史上唯一的一位女皇，就此正式诞生了。武则天时年六十七岁。

在武则天临朝称帝后的第七个月，扬州的徐敬业叛乱，朝中宰相裴炎也与之相勾结，这时候真是内忧外困。但是，武则天临危不乱，她先斩除了裴炎、程务挺等人，然后急调三十万大军平乱，在不到五十天的时间里平定了徐敬业之乱。

武则天平息了叛乱，又开始清除潜在的威胁。她在乾元殿召集群臣聚会，会上没有轻歌曼舞，没有美酒佳肴。她对群臣说："朕亲政以来，自以为无负众卿，无负于天下，众卿知否？"群臣齐声应诺："陛下功高德厚，天下尽知。"她接着说："朕奉事先帝二十余载，一直是至忠至勤，忧心天下。各位公卿的富贵，都是我给你们的；天下安定，百姓康乐，也是我促成的。先帝去世，把天下托付于我，我不爱惜自己而爱惜百姓。对臣下是爱之如子，恩宠有加，可是现在叛乱的人都是出自将相，你们为什么这样忘恩负义呢？你们这些元老重臣之中，难道有人比裴炎还倔强吗？纠结亡命之徒率众征战有超过徐敬业的吗？在宿将之中，有超过程务挺的吗？这三个人都很有声望的，但他们与朕为敌，朕就杀了他们。你们有比这三人更厉害的，有异图者请早点动手，不然的话，就该洗心革面，老老实实，免得身败名裂，贻笑天下！"武则天言辞犀利，情绪激昂，满朝文武吓得趴在地上不敢动。他们心惊肉跳地说："陛下天威，臣愿效犬马之劳。"

武则天为了清除身边的敌对势力，采取了三条措施：一是鼓励告密，二是严刑逼供，三是任用酷吏。武则天在朝堂上设立了一个铜制的告密箱，专门用来接收告密的文书，并下令，无论什么人都可以面见皇帝，告发机密；凡是告密之事，任何人不得盘查、阻拦；外地来京告密者，不论职位高低，哪怕是农夫樵子，也一律按五品官员的标准供应食宿，到京后可住官家客馆。最绝的是，如果告密是真，那就破格封官；如果告密失实，也不追究责任。于是，全国各地告密者蜂拥而至，告密者日益增多，积案如山。

武则天还提拔周兴、来俊臣、索元礼等酷吏，让他们专门负责处理告密案件，秘密观察李氏宗族、王公大臣的行迹，如果有可乘之机，就立即逮捕，酷刑逼供，诬其谋反。这些酷吏狡诈残忍、惯于陷害无辜，是一帮杀人不眨眼的刽子手。他们使用非常残酷的刑罚，帮助武则天镇压异己。周兴、来俊臣、索元礼等酷吏还编写了《告密罗织经》，教授门徒，以便罗织害人，并创制出很多酷刑和刑具。这些酷吏每人都杀了数千人，其中以来俊臣为最，一破获"谋反"案就牵连及千余家，最终导致大臣被杀者数百家，李唐宗室被杀者达数百人，刺史以下官吏被杀者不计其数。就这样，武则天借助告密和酷吏极大地削弱了李唐宗室的势力，朝野上下人人自危。

杀了李唐宗室很多人之后，武则天与李氏的矛盾逐渐淡化下来，这个时候她必须要解决因滥杀而造成的她与大臣之间的矛盾。武则天要解决与大臣之间的矛盾，那批酷吏就成了替罪羊。因为酷吏的横行肆虐，导致世风败坏，人心惶恐，冤狱遍地，满朝文武怨声载道，这说明使用酷吏已经十分不得人心。武则天为了安定民心，稳定政局，下令限制告密，并向酷吏开刀。武则天禁锢了滥告滥杀的二十七名酷吏，并且杀了以善于制造"谋反"罪而著称的酷吏周兴和来俊臣。

周兴是个杀人不眨眼的恶魔，被他陷害者有数千人。公元691年，酷吏丘神勣因罪被杀，有人告发周兴与丘神勣通谋。武则天令来俊臣审理此案，来俊臣先不问案子，而是请周兴去家中饮酒。在酒席间，来俊臣向周兴请教："兄弟遇到一个案子，罪犯拒不承认，怎么办呢？"周兴说："我有一个妙计。取一大瓮，用柴火烧热，把犯人放进瓮中，不怕他不开口。"来俊臣听了之后，连称妙极，立即命人抬来一个大瓮，四周点起大火，拉周兴到瓮边说："请君入瓮。"周兴虽未入瓮，但在流放岭南途中被仇人杀死。公元697年，来俊臣被杀，弃尸于市，当时的人无不拍手称快，并且争抢着吃他的肉。

武则天早些年借酷吏之手，扫荡政敌，而今又杀了酷吏，清洗自身，缓和危机。由此可见，武则天权谋之高明。到了武则天晚年时期，政治气氛还是比较宽松自由的，她的统治也很稳固。

武则天称帝后，制定和实施了一系列治国安邦的策略。她的第一项重大策略是广招贤才，她认为这个策略是治国之本，因此，在全国广泛招贤纳士，选才任能。武则天选才的方法是：一、自荐。规定内外九品以上的官吏都可以自荐，根据自己的才能要求升官或做某官。二、试官。下令各级官吏举荐人才，亲自接见。先让其试做某官，然后提拔重用或罢免。三、员外官。这是有职无权的官，但同样领取俸禄。四、殿试贡生。亲自考贡生、亲自录取，发展完善了科举制度。五、武举，选拔有军事才能和武艺的人。这种不计门第，不讲地位，不论资排辈的选拔方法，可以广泛地选拔到有才能的人。

武则天用人不计门第，不避仇怨。上官婉儿的祖父上官仪和父亲上官庭芝都被她杀了，上官婉儿被罚做宫里的奴婢。武则天发现上官婉儿有才华，就把她带在身边，加以重用，让她批阅奏章，起草诏令。武则天要宰相狄仁杰推荐有才能的人，狄仁杰给她推荐了张柬之，说："这人虽然老了，但有宰相的才能。"后来，武则天又要狄仁杰推荐贤才，狄仁杰说："我之前推荐的张柬之，陛下也还没用呀！"武则天说："朕已任命他为司马了！"狄仁杰说："我推荐张柬之是让其当宰相，不是当司马的。"不久，张柬之被提升为宰相。

武则天当政时期，搜访了不少有才能而且正直的人，诸如郝处俊、杜景俭、徐有功、魏玄同、魏元忠、姚崇、裴行本、娄师德、王孝杰、唐休景、狄仁杰、王及善、朱敬则等，他们都是当时有才能的文武大臣。虽然，其中一些人被武则天杀了，但这些大臣的共同特点是不趋炎附势、阿谀奉承，为人正派，敢于直谏。

武则天很爱惜贤才。狄仁杰、任知古、裴行本、魏元忠等人曾被酷吏陷害，投入牢狱。来俊臣审问狄仁杰时，他满口承认，但事后从自己的衣服上撕下一块布，写明冤情，放在棉袄中，借天气转热，请狱官交给家人拆洗成单衣。狄仁杰的儿子拿到这个布状上告至武则天处，武则天责问来俊臣。来俊臣说："假如没有事实，狄仁杰怎么会肯承认谋反？"武则天有些怀疑，派通事舍人周綝去查。来俊臣假造了一张狄仁杰的《请死表》，让周綝转交武则天。武则天看了《请死表》，还是不相信，便亲自召见狄仁杰，问："你为什么承认谋反？"狄仁杰说："臣如果不承认，早就被打死了！"武则天问："那你为什么要作《请死表》？"狄仁杰说："臣没有写过。"武则天拿出《请死表》让狄仁杰看，才发现原来是来俊臣伪造的。后来，狄仁杰成为宰相。武则天非常信任他，每次称呼不叫名字，而称"国老"。狄仁杰进见时，武则天也不让他下拜，她还说："每见你下拜，我就感到全身疼痛。"狄仁杰死后，武则天哭泣说："朝堂空了。"

武则天不仅爱护狄仁杰，也爱护徐有功。徐有功不滥用刑罚，不枉杀无辜的官吏。他有时候为了案件，敢与武则天争论。武则天也敬畏其三分。徐有功被人诬告，武则天责问他："你审讯的案子，办错的为什么这么多？"徐有功却回答说："错案对做臣子的来说，不过是人臣之小过；不乱杀人，才是圣人之大德。"徐有功的回答使武则天闭口无言。武则天知徐有功为人正直，便提升他为殿中侍御史。

武则天还效法唐太宗，广开言路，兼听直谏。老臣刘仁轨刚正不阿，上疏以吕后祸国事让武则天逊位，她却并不计较。朱敬则上书要武则天免除严刑峻法，施以仁政，广布恩德，使天下臣民消除恐惧和顾虑，得到武则天褒扬，被任以正谏大夫兼修国史。刘知几进言"赦令不可太滥，不要随便提升官吏，裁汰多余官员，节制恩赏及官员不可调动频繁"等意见，中肯而切时弊，均被采纳。

武则天还推行均田制，发展农业生产，抑制豪强和土地兼并，奖励垦荒。她重视边防，改善同少数民族的周边关系，对于维护国家统一做出了贡献。武则天执政期间，还有一个重要功绩就是打击吐蕃、突厥等的进犯，安定了边疆。公元692年，武则天以王寿杰为将打击吐蕃，获得全胜，在很长一段时间内，西部边防平安。武则天恢复了原有的安西四镇，原来中断的丝绸之路得以再次开通。

武则天统治期间，社会安定，经济发展，人口增长，边疆稳固，国家统一，为"开元盛世"奠定了坚实而雄厚的基础。

朱元璋以"杀"治国

每位开国皇帝在立国之后，都会采取很多措施限制功臣的权力，有的甚至不惜大肆杀戮功臣。在历史上，朱元璋是一个残杀功臣最狠的皇帝。他在位期间的胡惟庸谋反案和蓝党大狱，不仅是明朝的两次大狱，也是中国历史上少有的大狱。这两次大狱共杀死了四五万人，不仅开国功臣几乎被诛戮殆尽，朝廷官员也损失了近乎一半。

在建立明朝的过程中，随朱元璋四处征战，立下赫赫战功的，既有武将，也有文臣。武将中，以徐达、常遇春功劳最大；文臣中，李善长和刘基的功劳最大。刘基善于洞察世事，他知道朱元璋生性多疑，很难容人，跟他长久共事，就会有杀身之祸。因此，朱元璋封赏他官职时，他多次拜辞不受。李善长被朱元璋任命为右丞相，封韩国公，有骄矜之态。朱元璋对李善长渐感不满，想换掉他，让刘基为右相。刘基说："善长是有功的老臣，能够调和各将的人际关系，不宜换掉他。"朱元璋问他："善长多次说你的坏话，你怎么还替善长说话？我想让你做右相，不知怎样？"刘基却说："换相就如同换殿中的柱子，要用大的木材，如果用小的木材，不折断也必定仆倒。我就是那种小材，怎能当右相呢？"朱元璋问："杨宪如何？"刘基说："有相材，无相器。"朱元璋又问："汪广洋如何？"刘基答："器量偏浅，比宪不如。"朱元璋问："胡惟庸如何？"刘基摇头说："不可！不可！区区小犊，一经重用，必至辕裂犁破，祸且不浅了！"

不久，刘基就辞官回乡了。果然和刘基所说的一样，杨宪因诬陷人而被处死，李善长又被罢去相职。朱元璋没有听刘基的话，将胡惟庸升为丞相。胡惟庸听说了刘基对自己的评价，对他怀恨在心，指使人诬陷刘基。刘基只好到京师来向朱元璋谢罪。他到京城后，胡惟庸就前去看望。第二天，刘基就得了重病，被朱元璋派人护送回青田，不久去世。

刘基死后，胡惟庸更加肆无忌惮，他恃权自专，朝中生杀陟黜，不待奏闻，就自行决断。胡惟庸对送来的奏章，先行拆阅，凡不利于自己的，就藏匿不报。朝廷势利之徒，争先恐后攀附他，胡家珍宝金帛，积聚无数。魏国公徐达看不顺眼，就给朱元璋上了密本，说胡惟庸是个奸臣，应除掉。朱元璋没有相信徐达的话，反而给胡惟庸讲了这件事。因此，胡惟庸对徐达怀恨在心。于是，胡惟庸私下里买通了徐达府上的看门人，让他诬告徐达。谁知弄巧不成，这计谋被自己的守门人报告给了徐达，他反而遭到了朱元璋的怀疑，每天上朝都提心吊胆，恐怕遭到不测之祸。等了几天，他见朱元璋没有找他的麻烦，这才逐渐放下心来。

胡惟庸胆大妄为，落下不少把柄，为了自保，他决定给自己找个牢靠的靠山——李善长。李善长虽然已经不是丞相了，但是朱元璋还是十分看重他，经常请他到宫里去。胡惟庸请人做媒，把女儿嫁给了李善长的侄子。有了李善长这个靠山，胡惟庸就更加趾高气扬来。正巧，胡惟庸在定远的老家宅中的井里忽然长出了竹笋，高及数尺，一群趋炎附势的人都对他说这是极大的吉兆。有人说胡家的祖坟上有红光照耀，远及数里。胡惟庸听了，更觉得是吉兆，越发得意。

在这个时候，德庆侯廖永忠因擅自使用皇帝的龙凤仪仗，被朱元璋赐死。平遥训导叶伯巨上书劝谏朱元璋，说他分封太多，用刑太过，求治天下之心太迫切，结果惹怒了朱元璋，把他捕入狱中，活活饿死。安吉侯陆仲亭擅乘驿车，平凉侯费聚招抚蒙古无功，都被朱元璋严厉责罚了。汪广洋被罢相多年，因为胡惟庸推荐，重登相位。不久，他又因刘基案被贬谪。汪广洋知道胡惟庸的不法行为，但一直替他隐瞒，在第二次被罢相后不久，就被朱元璋赐死。

汪广洋被赐死，使胡惟庸大为震动，他觉得朱元璋迟早要惩治自己，于是就下定了反叛的决心。胡惟庸把那些遭到朱元璋惩治而心怀不满的官吏争取过来，结成党羽，然后又托亲家到李善长那里探口风。李善长知道谋反是灭九族的事，起初不肯应允，经弟弟再三说明利害，最后说："吾老矣，吾死，汝等自为之。"算是默许了。胡惟庸知道了李善长的态度后，得到了极大的鼓舞，加紧了谋反的准备。胡惟庸把一些亡命之徒结为心腹，又招募了一些勇士组成卫队，并把天下兵力部署情况了解得一清二楚，还结交了一些掌握兵权的人，准备一旦事发，就让他们起兵响应。胡惟庸还派人去东南沿海一带联络倭寇，引其为外援，并且打算万一事败，就逃往海外。

胡惟庸准备好一切之后，向朱元璋说自己家的井中出了一眼甜泉，是大吉大利之兆，请朱元璋前去观看。朱元璋信了他的话，准备前往。车驾从西华门出发时，内使云奇突然闯入跸道，拦住了朱元璋的去路，并且劝阻朱元璋不可前往。由于情势太急，云奇说得很急，不能说明白意思。朱元璋十分生气，以为云奇放荡不敬，就喝命左右打他。云奇被打断了胳膊，倒在地上喘息，但却用手指着胡惟庸宅第的方向。这时，朱元璋忽然有悟，他登上高处望向胡惟庸的宅第，见宅中有些反常。朱元璋立即派羽林军前去胡府。羽林军很快就将胡惟庸及埋伏的甲士捉拿归案。经人对质，胡惟庸无法抵赖，只得承认自己谋反的罪行。胡惟庸被牵至市曹，凌迟处死。

朱元璋当然不肯罢休，他派出官吏，四处拷掠，把胡惟庸的新账旧账一同清算，由擅权枉法到私通倭寇，再到串通李善长等人谋反，由此牵连到的胡惟庸的亲族、同乡、故旧、僚属以及其他关系的人皆被连坐。有三万多人因与此案有牵连而被杀，就连七十七岁的李善长也受牵连，导致他的全家被杀。

十二年后，又出现了蓝党大狱。蓝玉本是明朝的开国大将，为人桀骜不驯。朱元璋登基后，封他为凉国公。蓝玉与太子朱标有亲戚关系，所以往来很亲密。蓝玉在北征时看到燕王朱棣的行止，深感不安，回来对太子说："我看燕王在他的封地太威风了，其行止不亚于皇帝。我还听说燕地有天子气，愿殿下细心防备，免生不测。"太子为人忠厚，他对蓝玉说："燕王对我十分恭顺，绝不会有这样的事。"蓝玉见太子不信，只好自找台阶说："我蒙受殿下的恩惠，所以才秘密地告诉你涉及利害的大事。愿我说的都不对，也不愿被我言中。"

后来，太子朱标病死，朱元璋觉得燕王朱棣为人沉稳，很像自己，想立他为太子。但是，朝中很多大臣反对，觉得不合古礼，也对其他皇子无法交代。朱元璋只得立了朱标的儿子做皇太孙。燕王朱棣见太子死了，没人替蓝玉撑腰，于是在入朝奏事的时候，对朱元璋说："在朝诸公，有人纵恣不法，如不处置，将来恐成尾大不掉之势。"朱棣虽未明指蓝玉，但大家心里都清楚，蓝玉曾在太子面前说过朱棣的坏话，朱棣现在要报复了，再加上"纵恣不法"四字，更是确指蓝玉。

在这种情况下，蓝玉仍然率性而为，一点不约束自己。四川建昌发生叛乱，朱元璋命蓝玉出兵讨伐。大军临行前，朱元璋想单独同蓝玉协商相关事宜，他接连三次命令其他将领退下，竟没有一人动身，而蓝玉轻轻一挥手，那些将领却立即退下了。朱元璋见状，心中十分不满。蓝玉西征，捉住了建昌卫的叛帅，自以为功劳很大，就更加得意了。蓝玉以为回朝后会有封赏，没想到朱元璋根本就不理他。到册立皇太孙时，他以为朱元璋会让自己做太子太师，没想到自己还是太子太傅，反倒是冯胜、傅有德两人做了太子太师。蓝玉很愤怒，扯起袖子大吵："难道我做不得太子太师吗？"他这一闹腾，使得朱元璋很不高兴。此后，蓝玉上朝奏事，没有一件能够获准，但蓝玉还不知收敛，即使陪朱元璋吃饭，也出言不逊。一次，他见朱元璋乘舆远远经过，便指着说："那个乘舆的人已经怀疑我了！"

蓝玉的这句话，给自己惹来了大祸。其实，他没有像胡惟庸那样谋逆，但是锦衣卫听到这句话后，立刻告蓝玉谋反，并说他与鹤庆侯张翼、普定侯陈垣、景川侯曹震、舳舻侯朱寿、东莞伯河荣、吏部尚书詹徽、户部侍郎傅友文等人设计起事，欲劫皇上车驾。朱元璋正想杀蓝玉却找不到借口，听到这件事后便不问青红皂白，将他们一齐拿到朝廷，并亲自审问，再由刑部审问，最后以假作真，全部杀死。

之后，凡是与蓝玉有书信问候或者交往的人，都被株连，朝廷中的勋旧，几乎被一扫而空。此次前后共杀一万五千余人。

蓝党之狱过后一年多，颍国公傅友德奏请土地，朱元璋不仅不准，反予赐死。宋国公冯胜，在缸上设板，用碌碡打稻谷，以作打谷场，声响远震数里，有人便状告冯胜私藏兵器。朱元璋把冯胜召入内廷，赐以酒食，说自己不相信这些谣言。冯胜喜不自禁，谁知刚刚回到家里，便毒发而死。定远侯王弼，在家里曾叹息说："皇上喜怒无常，我辈恐怕很难活下去了！"因为这一句话，他被朱元璋赐死。

这样一来，开国功臣已所剩无几，即便有几个，也早已远离朝廷，不涉政事了。徐达、常遇春、李文忠、邓愈几个人都死在胡、蓝大狱之前。沐英镇守云南，因为偏远，所以没有祸事。汤和绝顶聪明，他解甲归田，绝口不谈政事，享年七十多岁，得以寿终正寝。

朱元璋杀戮功臣已经成了他晚年的主要事情，很多官员上朝都提心

第二章　驭臣篇

吊胆，生怕自己被什么案件牵扯而丧命。据说，官员们每次上朝，都要先看朱元璋的玉带，如果玉带卡在肚子以下，就表明皇帝当天要杀人；如果玉带挂在肚子上面，说明皇帝今天情绪不错，不会杀人。

朱元璋不仅大开杀戒，杀掉许多功臣，而且在刑罚上也很残酷。《明律》就是朱元璋的杰作，其中许多规定十分残酷。例如：凡奸邪进谗言使人未犯死罪而致死的处斩；有人犯了死罪，有人用巧言进谏，使之免于死罪的，进言者也要被处斩；即使是掌管刑律的官员，如果听从了上司的主使，减轻或是加重了罪犯的刑罚，也要被处死，并将其妻子充作官奴，家产没入官府。

朱元璋严惩贪污，他认为贪污直接关系到政治风气乃至国家的生死存亡。他说："吏治之弊，莫过于贪墨。"认为此弊不除，欲行善政，绝无可能。《明律》规定，官吏必须廉洁奉公，即使因公出差乘坐公车，也不能捎带私人财物，附载衣服等不得超过十斤，每超过五斤打十鞭，超过十斤就罪加一等，直至笞至六十。凡贪污者，至轻之罪也要发配到北方边地；如果贪污数额折价超过六十两银子，处以枭首、剥皮、实草之刑。尽管如此，还是有些官吏以身试法。公元1385年，有人告发北平布政、按察二司官员与户部侍郎郭桓勾结贪污，朱元璋迅速查勘，追出赃粮七百万石。朱元璋把六部左右侍郎以下的官吏全部处死。此事还牵连了许多人，最后杀了数万人。

中国历代皇帝都对官吏实行特务统治，但朱元璋把这一手段应用到了极致。为此他专门设立了"诏狱"和"廷杖"。

"诏狱"原是由皇帝直接指挥的特务组织锦衣卫，后来又增设相同性质的东厂、西厂和内厂等，由皇帝最亲信的宦官主持。最初，这些特务组织主要负责监视百官，调查及逮捕谋反的大奸大恶之人，后来发展到专门用于迫害在政治斗争中的失败者。这些特务组织相互交错，密如蛛网，遍布全国。这样，早上街头巷尾的一举一动，晚上就到了皇帝耳中。大学士宋濂对朱元璋十分忠心，但朱元璋还不放心，经常派特务监视他。一天，宋濂在家请客，特务把赴宴的人和菜肴全都列出来，汇报给了朱元璋。第二天上朝，朱元璋问宋濂请客及菜肴的情况，宋濂把客人和菜肴情况据实回答。朱元璋听了之后，十分高兴，他说："宋学士所说皆实，没有骗我！"一天，国子监祭酒宋讷在家生闷气，特务认为他是对皇上不满，就偷偷地把他生气的样子画了下来，交给了朱元璋。第二天上朝，朱元璋问宋讷为什么生气，宋讷进行了解释。朱元璋知道他生闷气与朝事无关，才不追究。宋讷奇怪地问朱元璋怎么知道他的家事。朱元璋就把那张画像拿出来给宋讷，宋讷一看差点惊倒。

"廷杖"则是在大庭广众之下，用木棍打罪犯的屁股。这是一种痛苦难忍的刑罚。在众目睽睽之下，暴露下身并呼天抢地，是一个有自尊心的人无法接受的羞辱。在廷杖制度下，上自王公大臣，下至平民百姓，没有人能维持自己的尊严。

为什么要诛杀、污辱大臣？朱元璋曾经给出了一个经典的"棘杖"之喻。史书记载，朱元璋要赐死李善长时，太子朱标曾向朱元璋进谏："皇父诛戮过滥，恐怕有伤和气。"朱元璋听后，当时没有说话。第二天，太子前来拜见时，朱元璋故意在地上放了一枝长满刺的荆棘，并命太子将其捡起。朱标怕刺手，没有马上去捡。朱元璋便说："你怕刺手不敢去捡，等我把这些刺都去掉，再交给你，这难道不好吗？我杀的这些人，都将会对国家造成危险，现在除去他们，你才能坐稳江山。"没想到朱标却说："有什么样的皇上，就有什么样的臣民。"朱元璋一听大怒，站起来，拿起几案就击打太子。幸亏太子在惊慌中抛出《负子图》，使朱元璋忆起了与马皇后背负太子同陈友谅作战的艰难岁月，太子才免遭杀戮。

朱元璋还对政治体制进行了诸多改动，采取了一系列巩固皇权的措施。首先是废除行省制。公元1376年，朱元璋宣布废除行中书省，设立承宣布政使司、都指挥使司和提刑按察使司，分别担负行中书省的职责，三者分立又互相牵制，防止了地方权力过重。在军事上，朱元璋废除了管理全国军事的大都督府，将其分为中、左、前、后、右五军都督府，并和兵部互相牵制。兵部有权颁发命令，但是不直接统帅军队；都督府掌管军队的管理和训练，但是没有调遣军队的权力。这样，军权便集于他一人手中。

雍正的恐怖与贤明

在民间的演义故事中，雍正是一个暴君，著名的血滴子故事就与他有关。演义中描述的血滴子外面用革为囊，里面藏着好多小刀，遇着仇人，把革囊罩他头上，开动机关，人头便断入囊中，再用一些化骨水，人头就会化成血水。这血滴子就是雍正从几位绿林豪杰手里得来的利器。而这些绿林豪杰的头子，便是年羹尧。年羹尧是富家之子，脾气乖张，喜好耍枪弄棍。他的父亲请了好几个先生教他读书，都被他赶走了。后来，他父亲给他请了一个能文能武的老师，才把年羹尧制服，学了一身本领。临别时老师赠言——"就才敛范"。年羹尧起初谨遵师训，后与皇四子胤禛结交，招来几个好汉结为异姓兄弟，帮助皇四子。皇四子向康熙保荐年羹尧，说他有大用。康熙召见他，见是一个威风凛凛的人物，遂连次超擢，从百总、千总起，直升至四川总督。后来，皇四子外恃年羹尧，内仗隆科多，最终得到皇位。他恐人心不服，就起用了绿林豪杰，让他们飞檐走壁，刺探消息。

一年的新年，雍正皇帝升殿，接受朝拜，然后连下十一道谕旨，训饬督抚提镇以下文武各官，要求他们守法奉公，整躬率物，如果做出违法之事，定当严惩。次日早朝，雍正问百官："昨日是新年，卿等在家是如何消遣的？"众官员依次回答，或说饮酒，或说围棋，或说是闲着无事。一个侍郎听众人都已经回答了，就老老实实地说："微臣知罪，昨晚与妻妾们玩了一回牌。"雍正笑道："玩牌原本是违禁，但是昨日是新年，你只与家中人消遣，不算有罪。朕念你秉性诚实，毫无欺言，特赏你一物，你拿回去给你的妻妾看看。"说完，雍正掷下小纸包一个。侍郎拾在手中，谢恩而退。他回到家中拆开纸包，妻妾一瞧，个个吓得伸舌。他们将昨天玩过的纸牌，仔细一检查，恰恰少一张，而这正是昨天丢失的一张纸牌。一位妾说："昨日的纸牌不知是如何被皇帝拿去一张，难道圣上是长手佛下凡吗？"侍郎道："不要多嘴。"他说完，走出门外，四周瞧了一番，方才关上门，对妻妾说："我今日还算走运，圣上问我昨天的事，我连忙老实说了，圣上方恕我的罪，赐我这张纸牌。如果我当时撒谎，那不是杀头，便是革职！"妻妾吓得都不敢言语。侍郎接着说："当今皇上做皇子时，曾结交无数好汉，替他当差办事。这些人手里有一种杀人的利器，名叫血滴子。"说到此处，忽然屋顶上一声微响，侍郎大惊失色，连忙把头抱住。妻妾中有几个胆小的，忙躲入桌下。突然，一物从帐中跳出来，大家一看，是一只狸猫，不觉失笑。妻妾经此一吓，此后再也不敢问血滴子了。

那么，历史上的雍正真的是用"血滴子"来控制大臣的吗？其实，并非如此，历史上的雍正是一个勇于革新、勤于理政的政治家。

康熙平定三藩，统一台湾，稳定边疆，开创了太平盛世。到了晚年，他在处理朝政的时候，秉承多一事不如少一事的原则，结果朝中虚诈、迎合、粉饰、浮夸、腐败等不正之风泛滥。于是，惩治腐败、整顿官场风气的重担就落在了雍正的肩上。

雍正刚一即位，就开始整顿吏治，他直截了当地告诉文武百官："朕生平最憎'虚诈'二字。"公元1724年，河南巡抚石文焯奏报，河南各州县的蝗虫灾害已扑灭十之八九。雍正觉得石文焯的奏报不是实情，于是查问河南的其他官员，果然奏报是假的，于是他就批评石文焯："如果不是你在欺骗朕,那就是你本人被下属欺骗了!"石文焯调任甘肃巡抚之后,老毛病难改。公元1726年的夏天,甘肃大旱,农历七月只下了一场小雨,石文焯就奏报说:丰收在望了,这都是皇上敬天爱民的结果。雍正看了很不耐烦,挥笔批道:"经此一旱,何得可望丰收?似此粉饰之言,朕实厌观。"雍正对拍马屁的大臣从来是毫不客气。

一些大臣善于迎合,对皇上不敢说半个不字,并且想方设法地讨好皇上,雍正就不喜欢这种人。山东兖州知府吴关杰曾接到一道谕旨,内容是要求他实心任事,为政勤慎。吴关杰把皇上的谕旨奉为至宝,先是"悬挂堂中",朝夕瞻仰,后来又找工匠把谕训刻在府衙大堂的屏门上。他还把自己如何尊奉圣旨的举动奏报给雍正,想以此博得皇上的欢心。他还请雍正命令文武官员,一律在衙门的屏门上刻谕旨。雍正当即就教训吴关杰,说他本不是什么超群之才,料理好分内的事就可以了,"此等迎合之举皆不必""此等多事朕皆不喜"。

一些大臣的奏章,说事笼统含糊,雍正也不放过。公元1732年农历四月,直隶总督刘于义奏报说,所属地方三月份雨水充足。雍正览后批评他"所奏甚属含糊""不明不实",要求他将各州县雨水情况细加分别上报,不可上报一笔糊涂账。江西巡抚谢旻上过两个折子,一个说冬雪颇足,春雨亦调;一个说麦收情况不如往年。雍正仔细看过批复道:"既然雨水一直充足,麦收为何减产,二者必有一处不实,着明白回奏。"

雍正很讨厌官员说一些虚伪不实、诿过卸责的空文,反感大臣自称"庸陋""愚昧"。一次,安徽巡抚在一件奏折上写"臣深觉见识愚昧",雍正在"愚昧"二字旁画了一道红线,批道:"此二字,朕深恶之,非由衷之言也。"刘应鼎升任四川布政使后写折子谢恩,说自己性情愚昧,见识短浅。雍正批道:"似此心口相违之空文,朕实厌而恶之。"雍正认为这种过分恭顺谦虚的言辞,都是言不由衷的套话。公元

1729年冬天，陕西降雪，巡抚没有及时奏报。雍正追问时，巡抚回奏说："臣等愚昧，实难辞咎。"雍正用朱笔将"愚昧"二字画去，训斥："朕深恶此等虚诈俗谈！若把你这个愚昧之人用为封疆大臣，那么朕的愚昧又怎样讲？还是诚实一些好，这样的空文再也不要有了！"

康熙晚年，朝中大臣对皇帝指令商议的事件，只一味附和，并不拿主意。雍正即位后，指令朝中大臣在商议事件时要各抒己见，不得观望附和。当时，有个御史叫李元直，敢讲真话，雍正很赏识他。一次，李元直递上一道奏折，说："现今一些大臣为保全官位一味迎合，皇上认为可以，没有一个敢说不可以；皇上若认为不可以，则没有一个敢说可以。"李元直说这种陋习在六部随处可见。雍正认为李元直说中了要害，把他召入内廷面谈，还一起吃荔枝，鼓励他以后要大胆直言。

雍正对内外百官的根本要求是实心任事，他颁谕给各省封疆大臣：朕望天下总督、巡抚大员，"屏弃虚文，敦尚实政"。雍正为了让官员们都能"公忠诚勤，实心任事"，还特意树立了几个榜样。雍正赏识的几位重臣，如田文镜、鄂尔泰、李卫等，都是以直言不讳、据实办事而得到信任和重用的。

田文镜原来只是一个官位不高的内阁侍读学士。他祭告华山回京复命时，在雍正跟前把山西全省闹灾荒，财政亏欠的情形，一一如实奏报给雍正。雍正认为他直言无隐，是一个忠君爱民的人，于是就任命他为山西布政使。在以后的几年时间里，田文镜官职累迁。田文镜受宠而不迎合，凡事直言，更被雍正看中。有一年，朝中大臣商议在全国各州县的乡村设立"讲约所"，每月初一召集农民宣讲《圣谕广训》。雍正批示"依议"，令各地推行。这个时候田文镜任河南山东两省总督，他接到这一谕令，据实陈奏不同意见，说农事繁忙，按月宣讲，不符合实际。而且在各省乡村设讲约所，每年费用要数十万两银子，实属浪费。

他建议在春仲、秋末、冬初农闲时酌情召民宣讲。在这件事上，田文镜未因此事已经经过朝臣商议并得到皇帝谕准，而迎合顺从。田文镜的奏折上来之后，雍正批道："此奏可嘉处不胜批谕。"欣然采纳了田文镜的建议。

浙江总督李卫以严猛著称，他不苟同于官场积习，勇于任事，不徇私情，不避权贵，得罪了不少大官，却深得雍正信任。被李卫得罪的人联名向雍正告状，雍正却说："李卫粗率狂纵，人所共知，但他却是刚正之人。朕赏识李卫，就是因为他操守廉洁，实心任事。"

雍正还在政治方面进行了很多改革：创立军机处，推广奏折制度。明代权力集于内阁，故有权相产生。雍正为了把权力进一步集中在皇帝手中，创立军机处。军机处位于紫禁城隆宗门内北侧。军机大臣没有固定名额限制，有时多，有时少，依具体情况而定。军机大臣的主要职责是每日觐见皇帝，商议处理军政事务，并起草公文，对各部门做出指示。军机大臣直接与各地、各部打交道，了解地方情形，传达皇帝意旨。此机构存在了两百年，直至清末。

雍正还推广奏折制度。奏折的内容广泛，几乎无所不包，比如，天气状况、官场隐私、百姓家事、社会局势等。以前的官文书批转手续繁复，且经多人阅看，时间拖延，更难于保密，而奏折则向皇帝直接呈送，直达皇帝本人。此外，皇帝可以通过奏折直接与官员对话，方便皇帝更加准确全面地了解实际情况，以便采取相应的政策。因奏折有着特殊的运转处理程序，官员之间不能互相得知，从而避开了不必要的人为干预，有利于各个官员之间互相监督、互相告密。

雍正在处理国事上可称为勤政，像雍正这样勤勤恳恳处理朝政的皇上，历史都很少有，他在位十三年，十三年如一日，亲理政务。他白天无一刻清闲，上朝研究政事，聆听大臣面奏，商讨各种建议，处理突发事件；晚间则要批阅批不完的奏章。他自己也从没有出外巡幸、游猎过。公元1735年农历八月，雍正突然在圆明园去世，终年五十八岁，葬于河北易县的泰陵。

第三章　荒淫暴虐篇

荒淫暴虐的商纣王

商纣王是历史上有名的暴君。《封神演义》将他的暴虐行径描绘得淋漓尽致，虽然有些夸大，但是和史实相去不远。

许多人都说纣王的暴虐，始于妲己。一次，商朝攻打有苏氏，有苏氏为了和商议和，就让大臣们到全国选美女。妲己就是这样被选出来，作为礼品献给纣王的。纣王第一次看到妲己的时候就想，我有了这样的女人，商朝的江山对我还有什么意义。妲己长得漂亮，又会作娇媚之态，令纣王着迷。

纣王自从有了妲己之后，朝朝宴乐，夜夜欢娱，而且对妲己言听计从。同时，纣王还把殷都向南扩大到朝歌（位于今河南淇县），向北扩大到邯郸、沙丘（位于今河北平乡东北），在这广阔的区域修建离宫别馆、苑囿台榭。他花了七年时间，在首都朝歌建了一座占地方圆三里、高达数尺的鹿台。鹿台上有高耸的摘星楼、精致的亭阁，它比夏桀的瑶台还要壮观。他命乐师师涓作靡靡之乐，与妲己通宵达旦地饮酒作乐，不理朝政。

妲己的脾气比较古怪，纣王为了取得她的欢心，建造了酒池肉林。他命人挖了一个大池子，里面倒满了酒，池子周围移植有很多树木，树枝上挂着肉块，然后让许多青年男女在酒池里洗澡，相互追逐嬉乐。谁能从酒池里跃身而起咬到树枝上挂的肉，还可以得到奖赏。

一天，纣王与妲己在鹿台上宴饮，宫中的嫔御聚集在鹿台下，纣王命令她们脱去裙衫，赤身裸体地唱歌跳舞。可是，刚刚被杀的姜王后宫中的嫔御，却不肯裸体歌舞。妲己看到了就对纣王说："这是姜王后身边的宫女，她们怨恨大王杀了姜后，所以违抗大王的命令。大王应当对她们施以严刑，好使其他人不敢违抗大王的命令！"纣王问："用什么严刑呢？"妲己说："在摘星楼前挖一个方圆数百步，深高五丈的大坑，然后将蛇蝎蜂虿丢进去，再将这些宫女投入坑里，让蛇虫噬咬，这叫作虿盆之刑。"

纣王按照妲己说的做了一个虿盆，将七十二名宫女一齐投进去。他和妲己在台上看着下面的惨状，大笑着饮酒作乐。太子殷郊听说了这件事，忙去鹿台对纣王说："刑罚是为有罪之人而设的，这些人并没有谋逆之罪，却用这样的刑罚，这都是妲己蛊惑大王，致使天下百姓知道父王是无道之君。请斩妲己，以正朝纲！"妲己说："太子与众妾同谋，诋毁小妾，请大王做主。"纣王当即喝令侍卫锤杀殷郊。比干劝阻说："太子是国家的根本，不可随意加刑。"纣王这才放过了太子，但把他贬谪到了荒远的地方。

纣王常采用残酷的手段镇压大臣，谁不听他的话，就会人头落地。妲己则怂恿纣王设计出种种令人触目惊心的残忍酷刑，以欣赏别人被折磨的情景。妲己与纣王发明了一种酷刑——"炮烙"。这种酷刑是将人绑在一根空心的铜柱子上，然后在空心铜柱子中烧火，把铜柱烧得通红，这样被绑的人就会被活活烤死。

梅伯觐见纣王说："太子无罪被贬谪。请大王召回太子，臣愿代太子死！"同时，他不顾自身安危，劝说纣王取消炮烙这种酷刑。妲己却对纣王说："梅伯是太子的同党，因此才狼狈为奸。"纣王问："那怎么对付他？"妲己说："臣子轻侮大王的尊严，都是因为刑法太轻薄，所以应该让他也尝尝炮烙之刑！"纣王立刻依言而行，叫宫殿卫士把梅伯绑在空心铜柱上，然后烧火。梅伯被烧红的铜柱烤得撕心裂肺地惨叫。

纣王对梅伯说："怎么样，不像你想的那么残酷吧？"说完，又叫人把梅伯放下来。梅伯对纣王说："大王，炮烙太残酷了。君王应当仁慈，您这样简直是罪大恶极！这样下去，百姓都会反叛您的，商朝的江山就要断送在您手里了。"纣王听了，勃然大怒，让卫士再把梅伯绑到铜柱上继续烤。这时，在朝的大臣也都一起跪下替梅伯求情。纣王对众大臣说："好吧，看在大家的面子上，免去梅伯的炮烙之刑，把他砍头，然后再剁成肉酱，你们都尝尝这肉酱的味道。记住梅伯的教训，今后不能随便诽谤我。"卫士把梅伯的尸体剁成了肉酱，盛在盘子里，分给大臣们吃。在纣王面前，众大臣不敢违抗命令，只好闭上眼吃肉酱。

梅伯之死，吓得众大臣再也不敢劝说纣王了。

后来，姐己又出了一个主意："制造一个铜斗，在里面加火。罪轻而不至于处死的，就让他们手持熨斗，手足焦烂方可放下。"姐己听到犯人的惨叫声，就像听到刺激感官的音乐一样发笑。纣王为了博得姐己一笑，越发滥用重刑。纣王立铜柱、铜斗各数十，置于殿前，凡有罪的大臣，即加此刑。姐己喜欢看受刑人的痛苦挣扎，纣王为了取悦姐己，每天都寻找理由杀人。

纣王为了使大大小小的附属国都慑服商朝，把姬昌、九侯、鄂侯三位诸侯首领召进朝歌，让这三个人分管全国各地的诸侯。这三个人的官衔叫"方伯"。如果有哪个诸侯造反，就由方伯领兵去镇压。三位方伯带着家眷住进朝歌不久，纣王到九侯家去玩，见九侯的女儿长得漂亮，就让九侯把女儿送进宫作妃子。九侯不敢抗命，只好把女儿送进宫。九侯的女儿早就知道纣王是个昏君，进宫后整天面带愁容，也不怎么搭理纣王。一次，纣王下令要她笑，不然就把她杀了。她对纣王说："杀了我吧，我在大王身边比死还痛苦。"纣王一气之下，就将她杀了。

九侯得到女儿死亡的消息，大哭一场。这件事被纣王安插在九侯身边的费仲知道了，立即向纣王告密。纣王召九侯、鄂侯和姬昌三位方伯上朝。姬昌预感到这次召见凶多吉少，便推说有病，不能上朝。九侯、鄂侯和众大臣都上朝了，大殿上的气氛十分紧张。纣王对九侯说："我杀死了你的女儿，你大哭，这岂不是对我不满吗？"九侯分辩说："大王，我死了女儿，大哭一场，这是人之常情啊！"纣王说："你就知道人之常情，那你还记得君臣之礼吗？看来你目无君主，来人，把他推下去斩了！"鄂侯替九侯求情："大王，九侯哭女儿是人之常情，求大王看在老臣的分上，免九侯一死。"纣王听了鄂侯的话，反而更加生气，他咆哮着说："反了，全反了。你竟然敢替叛逆者求情，拉下去一并斩了！"纣王杀了九侯和鄂侯，又把他们的尸体剁成肉酱，派人送到各个诸侯国，并下令："以后谁敢违命，就与他们两个的下场一样。"诸侯们一个个噤若寒蝉，谁也不敢再向纣王进一言了。

纣王更加昏庸了。他的兄长微子苦劝纣王而不得，只好逃离都城，隐居民间。纣王的叔父箕子因为不满暴政，但是又无力改变，就装成疯子，混在奴隶之中。纣王发现后，命武士将其囚禁起来。纣王的叔父比干见微子隐居，箕子装疯非常伤感。比干觉得自己要尽到人臣的责任，于是冒死进谏。他接连三日苦苦劝谏纣王，不肯离开一步。纣王恼羞成怒，要杀了比干。妲己说："妾听说圣人的心有七窍，比干自诩为圣人，可以剖开比干的心看看。"于是，纣王就将比干的心剖了出来。大臣见纣王对自己的亲人都如此残暴，更加恐惧，纣王的两个乐官——太师疵和少师强抱了宗庙中祭祀时使用的乐器逃出商都，投奔了周。

商纣王搜括民财，还从老百姓手中掠夺粮食。百姓生活在水深火热之中，于是纷纷起来反抗。一有反抗，纣王就派大兵去镇压，百姓成群结队逃亡，到周去寻找活路。这样一来，反而使周逐渐强盛起来。

西伯姬昌看到纣王的残暴行为，叹息了几声，便被纣王囚禁在羑里监狱，一关就是好几年。纣王还将周文王的长子伯邑考杀死并剁碎，和在食物中送给文王吃，还得意扬扬地说："谁说西伯是圣人？吃了自己儿子的肉还不知道呢！"西伯姬昌的儿子姬发为了救父亲，买了好马、宝石和玉器，又选了许多美人，派周国的大臣闳夭把这些敬献给纣王，并向纣王表达了忠心。纣王收下礼品，将西伯姬昌从牢里放出来。姬昌出狱后，当天就跟闳夭一起回周国去了。

西伯姬昌回到周国后，抓紧训练军队，发展农牧业。周国的国力逐渐强大起来，很多小国也都纷纷归顺了周国。周国逐渐强大，已经有力量与商朝分庭抗礼了。这个时候，商朝东部的一些部族，见商朝的国力已经衰弱，便不断挑起事端，侵犯商朝。商朝的西边有强大的周国，东有部族侵犯，处于东西夹击的危险之中。

纣王为了稳定国内形势，调集了所有的兵力，准备征伐东部一些部族。纣王在出征前，派人跟西部的周国约定，在商朝发动东部战争时周国要采取中立。可是，纣王在东部征战时，周国也向商朝发动进攻，使商朝两面受敌。这时候，西伯姬昌已经去世，他的儿子姬发继位。姬昌打着替父报仇的旗号，挥兵向东挺进，攻打商朝。

不久，周武王就率兵渡过了黄河，向商朝的都城逼近，并且很快就打到离朝歌仅仅七十里的牧野。这个时候，纣王想把东部战场上的军队调回来，已经来不及了。他只好把战俘和犯人都放出来，临时拼凑了七十万人马，由他亲自率领，与周国的军队交战。他以为自己的七十万人很容易击败周武王的五万人。可是，这七十万商军中大多数人平日受尽了纣王的压迫和虐待，不想为纣王卖命。

周军与商军在牧野交战。当周军发动进攻的时候，商军就掉转矛头，纷纷倒戈，转过身来，与押送他们的王宫卫队厮杀，反而成了周国部队的先锋。这样，七十万商军一败涂地。太公望指挥周军，趁势追击，一直追到商都朝歌。

商纣王兵败逃回朝歌，眼看大势已去，知道商王朝的命运已经结束了。当天晚上，纣王来到贮存珠宝的鹿台上，穿上宝衣自焚而死。

断送秦朝的二世胡亥

秦朝的灭亡并非是秦二世胡亥一个人的过错，其实从秦始皇开始，就已经埋下了灭国的祸患。秦始皇统一六国后，没有让百姓休养生息，而是崇尚武力和法制，他认为只有以严苛的法制和暴力的手段奴役百姓，才能获得稳定的统治。他制定了残酷的刑法，往往一人犯法，罪及三族，一家犯法，则邻里连坐；他征发大批劳力，大兴土木，新建离宫别馆达七百多所；为了防止匈奴的骚扰，秦始皇征调大批壮丁修筑长城，导致田地无人耕种，百姓无衣无食，生活在水深火热之中。到了秦始皇统治的后期，各地已经出现了农民起义，秦始皇的万世帝王梦，已经出现了破灭的迹象。

秦始皇虽然暴虐，但是他还不算昏庸，而他的儿子胡亥只继承了他暴力的一面。胡亥即位后，想高枕无忧，就必须剷除异己。对胡亥做皇帝起了关键作用的赵高也清楚这一点，于是给胡亥列出了铲除异己的计划：除掉始皇帝任命的大臣，更换成亲信；消灭大臣，疏远骨肉。胡亥还修改了刑法，使法律更苛刻、更严酷，让犯罪的人连坐受诛，乃至灭族。于是，一场血腥屠杀随之展开，大秦帝国也拉开了灭亡的大幕。

胡亥即位以后，觉得扶苏死了，可以赦免蒙恬和他的弟弟蒙毅，让这两兄弟为自己保卫边疆。但是，赵高与蒙毅有过节，蒙毅曾经审理过他的案件，使他几乎送命。如果蒙恬和蒙毅被赦免，手上握有大权，对自己的前程会非常不利，于是他在胡亥面前挑拨离间："听说先帝曾经想不以长子为尊，而立贤者为太子，蒙毅却出来谏阻。所以，依臣之见，不如杀了他。"胡亥听了赵高的话勃然大怒，立即下令拘捕蒙毅。公子子婴向二世求情说："蒙毅是秦国的名臣，对国家有功，现在把他杀了，恐怕会使群臣离心。"胡亥不听劝告，派人对蒙毅说："当初先帝曾经想立我为太子，而你出来阻拦，实在是不忠，按你的罪本应灭宗。朕于心不忍，念你曾有功，现在赐你一个人死。"蒙毅再三申辩，最后还是被杀。

胡亥派使者去见蒙恬，并告诉他，你和你的弟弟都犯有大罪，必须伏法。蒙恬向使者争辩："我们蒙家三代都有功于国家，我现在拥兵三十多万，完全可以反叛，但是我却不敢违背祖宗的教诲。臣对秦国忠心耿耿，这肯定是逆臣扰乱朝政，请你回去转告皇帝，让他三思。"使者听了，无奈地说："我只是受诏执法，不敢把将军的话回报给皇帝。"蒙恬喟然长叹，吞药自杀。此后，胡亥听从赵高的建议，把朝廷中敢于反对他的大臣也一个个杀掉了。

胡亥杀害了功臣后，并没有就此罢休，他又将手伸向了自己的同胞骨肉。胡亥害死了自己的哥哥扶苏才登上了帝位，心里不踏实，也怕别的兄弟对帝位有想法，于是干脆一不做，二不休，找了几个借口把几个哥哥和姐姐全部杀掉了。六公子戮死于杜；公子十二人僇死咸阳市；十公主矺死于杜；公子将闾兄弟三人被杀；公子高欲避祸，又怕连累家人，只好上书二世要求陪葬始皇帝陵。

后来，胡亥又在赵高的唆使下，开始杀戮地方官吏。胡亥为了威震海内，在继位的第二年初，就开始效法秦始皇巡游天下。他巡游时南到会稽，北至碣石（位于今河北昌黎北），然后由辽东（位于今辽宁辽阳）返回，农历四月回到咸阳。在巡游途中，赵高对胡亥说："现在陛下出巡，应该趁机诛杀一批郡县官吏，既可排除异己，又可威震天下。"胡亥说：
"好！"于是，就诛杀了很多官吏，导致地方官吏人人自危。

胡亥当政之后，老百姓所受之苦比秦始皇时更深。胡亥为了加强京师的军事力量，征调十五万人屯卫咸阳；又向全国征集各种动物，供自己享乐玩赏。京师的军队、修建宫殿的民工和宫廷内部的消费，使京师的物资变得很紧缺。胡亥为了维持宫廷消费和军队的日常供给，命令咸阳周围三百里以内的百姓都不得吃自己自种的谷物，要把它们全都献出来供给京师。同时他还下令全国各地郡县，要百姓自备粮食，把谷物运送到咸阳。

胡亥为了安葬秦始皇，将兴建阿房宫的工程停了下来，把大量劳力抽调到骊山建造陵墓。等陵墓建成以后，胡亥将后宫没有生育子女的宫女全部杀死，为秦始皇陪葬，参与陵墓建造的工匠也被活埋在墓中。然后，他把人力又抽调回来，继续建造阿房宫。胡亥为了满足自己享乐的需要，不断从老百姓手中搜刮钱财，他曾对赵高说："人生短暂，做了皇帝就应该随心所欲，尽情享受，你看呢？"赵高点头称是。胡亥又对李斯说："韩非子说过，尧治理天下的时候，住茅草房，吃野菜汤，冬天裹鹿皮御寒，夏天穿麻衣度日。大禹治水时，更是劳累不堪，最后客死他乡。如果做帝王的都是这样，恐怕就没人愿意了吧？做帝王的如果没有好处，怎么有心思治理天下呢？我就是想永远享乐，你怎么看？"李斯唯恐自己失宠，还给胡亥写了《行督责之术》，教他如何独断专权、酷法治民的治国方法。有了李斯的宝典，胡亥更是穷奢极欲。

陈胜在大泽乡起义后，队伍不断壮大。起义大军进攻函谷的时候，赵高就指使人指责李斯，说他位居丞相，却对盗贼视而不见，最终才造成了危局。胡亥也对李斯有很大意见，认为他不能够满足自己穷奢极侈的欲望，没有安定天下的妙策。赵高乘机向胡亥进谗言："丞相的儿子李由是三川郡守，而参与叛乱的陈胜等人就是李斯故乡的人。正是因为李斯是丞相，楚地的盗贼才没有人敢约束，以至于发展到了现在这种局面。臣还听说，叛乱军到达三川城的时候，李由不但不出击，还与盗贼有书信来往。"胡亥是一个不能明辨是非的人，听了这些话，对李斯更加不满。

起义军越来越多，李斯等人觉得对于起义军不能一味地镇压。李斯向胡亥建议，停止兴建阿房宫，以减少四方边境的屯戍和运输任务。他说："关东盗贼群起造反，朝廷出兵讨伐，到现在还没有平息。盗贼之所以兴起，都是因为屯戍运输和土木兴作等各种杂役，使得百姓赋税太重，生活过于劳苦。望皇上体察民情。"胡亥听了大怒，说："先帝起于诸侯，兼并天下。对外抗御四方夷狄，使边境安宁；兴修宫殿，显示国家富强。如今我在位还不到两年，盗贼不断出现，你不但不能消灭他们，还想废除先帝已经决定要做的事情。你身为丞相，既不能报答先帝，又对朕不尽忠竭力，你已经不能担任丞相了。"胡亥下令将李斯下狱，并交给赵高审察治罪。

赵高一直都把李斯看作眼中钉，这次自然不肯放过这个难得的机会。他对李斯用尽了酷刑，逼李斯认罪。李斯无法忍受酷刑折磨，屈打成招。赵高拿着李斯的供词上报给胡亥。胡亥下令判李斯族刑，夷灭三族。李斯在咸阳受刑，先黥面、割鼻、断去左右脚趾，再拦腰斩为两段，最后剁成肉酱。李斯族人也全部被杀。

后来，有人用这样的诗来感慨李斯的悔恨：

上蔡东门狡兔肥，李斯何事忘南归。

功成不解谋身退，直待云阳血染衣。

李斯死后，胡亥任命赵高为丞相。赵高为了能够完全掌控朝政大权，建议胡亥退居宫中，他说："先帝在位的时间很长，那时群臣都不敢为非作歹。现在陛下还年轻，又即位不久，如果在朝廷上和公卿大臣一起议事，出现了什么差错，就会暴露自己的短处。这可不是向臣子显示皇上圣明的办法。天子只要臣下听到他的声音，而不需要和臣下见面。如果陛下居住在后宫，由我和其他精通政务的臣子来协助陛下处理，那大臣们就都不敢再欺瞒陛下了，天下的臣民也都会认为陛下是圣明的君主。"胡亥也乐于居住在后宫，就听从了赵高的建议，不再与群臣会面，自己深居禁宫，日日寻欢作乐。

胡亥和权臣赵高的种种倒行逆施，使本已很深的社会矛盾迅速激化，农民起义浪潮迅速席卷全国，最终摧毁了始皇帝辛苦建立起来的大秦王朝。

孙皓昏暴，三国一统

从孙权晚年开始，东吴的政治形势就开始动荡不安。孙权的大儿子和二儿子早死，三儿子孙和与四儿子孙霸因争夺皇位自相残杀。最终孙权废孙和，赐死孙霸，立少子孙亮为太子。孙权死时，年仅十岁的孙亮继承皇位。孙亮的皇位也没有坐稳，很快就被废掉。随后，孙休被迎立为帝。到孙休去世时，他的儿子还很年幼。大臣鉴于蜀国之亡，认为主少国危，想立一个年长的皇帝，于是孙皓便被拥立为帝。

孙皓即位的时候，蜀国已经被魏国灭了，吴国处于西、北两面受夹攻的劣势。开始时，孙皓还像个明君一样体恤士民，开仓放粮赈济贫民；释放宫女，准许她们嫁人；宫中留养供玩赏的禽兽也都被放生。可是不久后，孙皓就变了。他整日沉湎于酒色之中，性情粗暴，猜疑心很重。曾经拥戴他即位的丞相濮阳兴、左将军张布都后悔了，认为选错了君主。孙皓知道这两个人的抱怨后，毫不犹豫地就将这两个人给杀了。

一次，孙皓举行宴会，他兴致很高，于是下令："百官必须尽情饮酒。"许多没有酒量的官员都暗暗叫苦，但是也不敢违抗旨意。散骑常侍王蕃，为人刚直，不善饮酒，才饮了数盅，就已经满脸通红，走了几步路，就跌倒在地，醉得不省人事。孙皓看到了，很不高兴，就命人把他抬出去了。过了没多久，王蕃清醒了一些。他想起自己刚才在大殿上的行为，很是羞愧，慌慌张张地站了起来，一边扶正衣帽，一边往殿里面冲。孙皓见王蕃走进来，便认为他刚才是故意装痴卖傻，借酒装疯，是欺君之罪，于是命人把王蕃喂了野狼。

孙皓每次大宴群臣，座客至少得饮酒七升，虽然不完全喝进嘴里，也都要斟上并亮盏说干。东吴有位叫韦曜的著名学者，酒量不过二升。孙皓对他特别优待，担心他不胜酒力出洋相，便暗中赐给他茶来代替酒。但孙皓改不了残暴好杀的品性。当他对韦曜颇为欣赏时，可以在酒席之间暗中作弊，偷偷地用茶换下韦曜的酒，使之得过"酒关"。但是韦曜为人耿直磊落，他可以在酒宴上暗地里玩些"偷梁换柱""暗渡陈仓"的把戏，但一旦事关国事，则一是一，二是二，实事求是。他在奉命记录关于孙皓之父南阳王孙和的事迹时，因秉笔直书了一些孙和所做的见不得人的事，触怒了孙皓，也同样送了命。

孙皓除了脾气坏，还有一个怪毛病：不许别人看他，只要敢看他就要治罪。因此上朝的时候，文武百官个个低着头，看着脚尖，没有人敢仰起脑袋。他虽然不喜欢臣子看自己，却喜欢偷偷窥视臣子们的一言一行。在朝廷上，他派了十名小宦官分立左右，观察每一位臣子的举动，称之为"司过"。

孙皓喜欢人吹捧，所以很宠那些献媚的奸佞之人。何定是孙权的一个侍从，后来出宫做了一个小小的地方官。孙皓即位时，何定自称是先帝的旧人，要求回京做内侍。何定为了讨好孙皓，要人进贡好的猎狗，有的狗竟然价值数千匹布。他将这些狗分给士兵，每个士兵一条狗，然后让他们带狗去狩猎，抓来猎物供孙皓食用。许多大臣看不惯何定，连老百姓都认为何定应该被杀头。但是，孙皓却认为何定是个忠勤之人，赐何定列侯之爵。何定依仗着孙皓的宠幸，在京城作威作福。少府李勖有个漂亮的女儿，何定想让她嫁给自己的儿子。李勖看不惯何定的作为，就没有答应。此后，何定怀恨在心，不断在孙皓面前诋毁李勖。孙皓听信何定的话，下令杀了李勖，还将他的尸体烧了。

孙皓不仅宠幸奸臣，还乱用手中的权力，只要大臣说的话不合孙皓的意思，就会被杀掉。会稽太守车浚，请求赈济旱灾，孙皓认为他是借此树立自己的威信，派人将他斩首；楼玄是持刀侍卫，因为有人说他与别人见面时耳语大笑，谤讪政事，孙皓就逼其自杀；左典军、中书令、太子太傅贺邵中风了，不能说话，孙皓却怀疑他装病，将其杀害；孙皓的爱妾指使手下人抢劫百姓财物，司市中郎将陈声将这些人杀了，孙皓找了个借口将陈声治罪，还把他的头锯下来抛到野外；尚书熊睦见孙皓乱用皇权，偶有劝谏之词，便惹来杀身之祸。

孙皓心胸狭窄，嫉妒比自己强的人。侍中、中书令张尚能言善辩，口才很好，孙皓却对他恨之入骨。一次，孙皓问张尚："我的酒量可以和谁相比？"张尚回答说："陛下能饮百觚。"因为古谚语中有"尧饮千钟，孔子百觚"之说。孙皓说："你明明知道孔丘没有当过君主，还要拿我与他相比。"于是就下令把张尚抓了起来。公卿以下的官吏一百多人都到宫中替张尚求情，张尚才得以免死，被遣送到建安去造船。不久，孙皓还是命人把他杀了。

张俶特别喜欢诬陷别人，孙皓非常宠信他，将其任为司直中郎将，还封其为侯。张俶的父亲在山阴县当差，知道张俶不是善良之辈，便上书孙皓："任用张俶为司直，他犯罪了，请陛下不要牵连我。"孙皓答应了。不久，张俶的罪行暴露，被车裂，他的父亲也被车裂。孙皓如此滥杀大臣，导致文臣武将人人自危，惶惶如惊弓之鸟。

孙皓在后宫同样施行暴政，他只要看哪个姬妾不顺眼，就立刻将其杀掉，扔进水中。有的宫人甚至脸皮被剥下，眼睛被挖掉。

孙皓为了享乐，大量役使民力修筑宫殿。孙皓居住在武昌，百姓要逆流而上供应物资，非常劳苦。陆凯有很高的名望，他向孙皓解释武昌地势高险，土质薄，多山石，不适宜作都城，并引"宁饮建业水，不食武昌鱼；守还建业死，不在武昌居"的童谣，劝说孙皓迁都回建业。孙皓这才把国都迁回建业。

孙皓兴建昭明宫，要求俸禄两千石以下的官吏都要亲自进山督促伐木。他还大规模地开辟苑囿，兴建土山、楼台，工程及劳役的花费巨大。陆凯进谏，中书丞华核上疏，很多大臣劝阻，都没有用。这样也导致吴国民风更为奢侈。于是，华核又上疏："现在事情多而劳役繁，百姓贫苦而民俗奢侈，各种工匠制作无用的器物，妇女的打扮华丽浮艳，互相仿效，唯独没有羞耻之心。兵士、平民之家，也在追逐流俗，家里没有一锅米、一石粮的储蓄，出门却穿着丝织的鲜丽服装，上没有尊卑等级的差别，下却有耗财费力的损耗，想得到富足，岂能实现？"孙皓对此却一概不采纳。

孙皓为了充实后宫，广采嫔妃，不仅在民间采选，还在臣子的女儿中采选。孙皓规定两千石大臣的子女，必须年年到宫里报道，十六岁以上女子，只有他没选上的，才能出嫁。孙皓在宫中聚集了数万宫人，这在三国时代的皇帝里面是绝无仅有的。孙皓日日在宫里荒淫嬉乐，根本没有心思来治理国家。

孙皓还是一个迷信鬼神的昏君。当时国中有传言说"黄旗紫盖见于东南，终有天下者，荆、扬之君乎！"又有人传，寿春城有"吴天子当上"的童谣。孙皓一听，以为这是天命。立刻携其老幼家眷及后宫数千人西上，以从顺天命。途中遇到大雪，兵士们冻得受不了，都不满地说："如果遇到敌军，我们便倒戈。"孙皓见此情况，才下令回去。后来，民间突然传起了一句流言："吴之败，兵起南裔，亡吴者公孙也。"孙皓听说后，便将大臣和士兵中姓公孙的全迁徙到广州。

历阳县有座临水的石山，传说山上有石印，石印封发，则天下当享太平。当时的历阳县令上表说石印发，孙皓立即遣人祭祀。使者登上高梯看印文，回来向孙皓报告说："山石纹理中显出二十个字——楚九州渚，吴九州都，扬州士，得天子，四世治，太平始。"孙皓听后，十分高兴，还真以为自己就是太平天子了！

晋灭蜀国之后，晋将王濬在蜀地造船，准备从上游顺流而下进攻吴国。制造船只的木片顺流漂下，被东吴的守军捡到。守军据此报告孙皓，称晋必定要攻打吴国，吴国应该再加强建平的防守，只要建平不失守，晋军就不敢渡江。孙皓却没有给建平增兵，而是找人来进行占卜。占卜的结果是："吉。庚子岁，青盖当入洛阳。"孙皓非常相信占卜，他甚至还想着将来入主洛阳。一个皇帝不思朝政，用占卜来决定朝中大事，那这个皇朝离覆灭也不远了。

公元279年冬，晋武帝司马炎发兵二十万，分六路大举伐吴。吴国在江碛要害的地方，设置了铁锁截断江路，还铸造了许多巨大的铁锥沉入江底，以此阻挡晋国水军的进攻。晋军早就得到了这些消息，他们在战船出发之前，先派出善于游泳的士兵驾驶几十只大筏，在上面绑缚草人，被甲持杖。结果，吴军设置的铁锥都插在了筏子上。晋军大船的船头还设置有十多丈长的灌满麻油的火炬，遇到那些铁锁链，就将火炬点燃，熊熊的大火很快就将铁链熔化了。晋军一路杀来，吴军跑的跑、降的降，防线很快土崩瓦解。晋军顺利地攻占了西陵、宜都、荆门、夷道，行进到武昌城下。

守卫武昌的吴军将领陶浚赶回建业求见孙皓。孙皓马上就接见了陶浚，向他询问晋军的情况。陶浚说："晋军的船都很小，我只要二万兵马，乘坐大船与他们作战，就能将他们打败。"孙皓听了，赶紧集合吴军，交给陶浚指挥。但是，吴军士兵早已经失去了信心，他们听说马上就要出发上前线后，当夜就全部逃散了。很快，晋军攻克武昌，然后沿江而下。孙皓接着派遣游击将军张象率领一万多人马进行抵抗。但张象遇到晋军后，没有经过交战就投降了。公元280年，各路晋军会合在一起，浩浩荡荡地逼近吴国都城建业。

很快，孙皓决定投降。孙皓投降后，晋军派人将孙皓一家送到洛阳。这一次，孙皓终于如愿以偿地到了洛阳，但是他不是去洛阳做皇帝，而是作为俘虏去洛阳乞求不死。据说晋武帝见了孙皓说："我早就在殿上设下这个座位等你了。"孙皓面不改色地回答："我在南方也设了这个位置等你。"晋武帝没有杀这位已经投降的暴君，而是赐他为归命侯。四年后，孙皓在洛阳去世。

独眼暴君苻生淫醉而亡

西晋皇族司马睿将都城迁移到长江岸边的建康，建立起东晋，而北方先后出现了多个封建政权，历史上称为十六国。十六国中有个前秦，苻生是前秦第二代国君。苻生生来就只有一只眼是好的，他最忌恨别人说他的缺陷，恨不得天底下所有的人都像他一样成独眼龙才好。

苻生八岁时，跟随祖父苻洪到花园里玩耍。苻洪说："我听说一只眼的孩子哭的时候只淌一行眼泪，不知是真是假？"随从回答是的。苻生听了，十分生气，他拔出随身带的佩刀，对准自己那只瞎眼就刺了一下，一股鲜血顺着脸颊流下来。苻洪吓坏了。苻生却大吼道："这也是一行泪吗？"苻洪气得七窍生烟，举起马鞭狠狠地抽打他。苻洪原以为揍他几下，他逃走也就算了。谁知苻生不哭也不叫，像钉子一样站在那里，眼里射出阴冷冷的光，并且大喊："生来不怕刀刺，岂能受不了鞭打！"

苻洪便对苻生的父亲苻健说，这孩子如此狂暴，干脆趁早杀了，免得将来惹出大祸。苻健同意了，但终究是父子情深，不忍下手。苻健的弟弟苻雄劝阻说："待小孩子长成，自然会改过，何必无故加诛。"苻雄又向父亲苻洪求情，苻生才得以不死。

苻生长大后身体魁梧，强壮有力。他天天习武，武艺一天比一天高强。他力大无比，曾徒手活捉过一头金钱豹，受到人们的赞扬。东晋桓温率十万兵北略秦，苻生单骑执刀杀入晋军，夺旗斩将数十次，如入无人之境。此后，晋兵一见苻生便十分害怕。

苻洪死后的第二年，他儿子苻健占据关中，建都长安，定国号为
"秦"，也就是十六国中的前秦。苻健是一位较为开明的君主，他关心
民间疾苦，减轻赋税，搜罗人才。太子苻苌在桓温入关时，被流矢射中
而死。苻健因谶文中有"三羊五眼"的话，怀疑苻生应谶，于是立他为
太子。不久，苻健重病，不能视事。平昌王苻菁阴谋自立，遂派兵入东
宫杀太子。恰好苻生在皇宫侍疾，苻菁无从搜寻，索性移攻东掖门，讹
称苻健已死，太子暴虐，不堪为君，借此煽惑军心。不料，苻健抱病出
宫，下令军士速诛苻菁，其余人无罪。苻菁部下见苻健还活着，都丢下
兵器逃走了。苻菁准备逃走时，被士兵抓住，后来被斩首了。

几天后，苻健病情加剧。苻健知道苻生粗暴，临死前怕他不能保全
家业，就留下遗命，要鱼遵、雷弱儿、毛贵、王堕、梁楞、梁安、段
纯、辛劳等八大臣辅助苻生。苻健交代完大臣后，又把苻生叫到病榻
前，对他耳语道："六夷酋帅及掌权的大臣，如果不遵从你的命令，那
就立即杀了他们。"三日后，苻健病死，时年三十九岁。太子苻生当日
即位，改元寿光。尊其母强氏为皇太后，立其妻梁氏为皇后。群臣进谏
说："先帝刚驾崩，不应当日改元。"苻生勃然大怒，斥退群臣，令嬖
臣追究出议主，发现是大臣段纯首先提出这个问题的，立即把段纯抓来
杀死！

苻生喜欢饮酒游猎，每次上朝总带着硬弓利刃接见文武大臣。大臣
们看着苻生座位旁边的刀具，在朝堂上两腿打战，生怕得罪了这个皇
上，落得碎尸万段的下场。

大将强怀于桓温之战中死去，其子强延没有来得及受封，苻健就病
死了。一次苻生在外闲游，看见一个穿白孝服的妇人跪伏在道旁，对方
自称为强怀的妻子樊氏，请苻生封赏自己的儿子。苻生问："你儿子有

何功绩，敢邀封典？"妇人说："我丈夫强怀，与晋军作战而亡，未蒙抚恤。今陛下新登大位，赦罪铭功，我的儿子尚在向隅，所以特来求恩。"苻生大骂："封典是由我来考虑的，岂是你可以求的？"那妇人不肯退去，还伏在地上泣诉亡夫忠烈。苻生大怒，取弓搭箭，一箭将妇人射死。

苻生迁嬖臣右仆射赵韶为左仆射、中护军赵诲为司隶校尉。这两人都因阿谀苻生，构陷大臣得到升迁。他们的从兄名叫赵俱，为洛州刺史。苻生原本打算召赵俱为尚书令，被赵俱托病固辞。赵俱对赵韶、赵诲说："你们不顾祖宗，竟敢做此灭门事吗？毛梁何罪诛死？我有何功，乃得升相？我情愿速死，也不忍看你们夷灭。"不久赵俱忧愤而死。丞相雷弱儿为人刚直敢言，苻生因之杀死雷弱儿以及他的九个儿子和多个孙子。

中书监胡文、中书令王鱼入奏说："近日有客星孛于大角，荧惑入东井，大角为帝坐，东井秦之分野，不出三年，国有大丧，大臣戮死。愿陛下远追周文，修德以禳之，惠和群臣，以成康成之美。"苻生说："皇后与朕对临天下，足以应付大丧之变。毛太傅、梁车骑、梁仆射受遗命辅政，可谓大臣也。"胡文、王鱼还以为他胡言乱语。谁知过了数日，苻生竟持着利刃，趋入中宫。梁皇后起身相迎，还未来得及说话，刀刃已砍在颈上。苻生杀死梁皇后后，立即传谕拘捕太傅毛贵、车骑将军梁楞、左仆射梁安，不加审问，立刻将他们斩首。没过多久，一直不与赵韶、董荣等幸臣同流合污的司空王堕，也被杀死！苻健留下的八个大臣只有两人了！

重阳节时，苻生在太极殿大摆宴席，指定尚书令辛牢为酒监，让群臣陪他喝酒取乐。开始时大家都强颜欢笑，一杯杯灌酒。酒过三巡，一个个喝得面红耳赤，渐渐忘了害怕，开始高兴起来。辛牢使出浑身解数，为众人劝酒。一些人喝醉了，倒在座席上，几个年老的大臣干脆装着醉倒，还有许多人硬撑着坐在那儿。苻生见还有人没喝醉，气得把酒杯往地上一摔，大声斥责辛牢："为什么不给这些人多灌些酒？怎么还让他们坐着不倒？"苻生说完，拉开弓，搭上箭，对准辛牢一箭射去，那箭正好射在辛牢的肚子上。辛牢顿时倒在席上，过了一会儿就死了。不过一年，先皇留下的辅佐大臣，就只有鱼遵一人了！

苻生对大臣下令："继续喝！"那些没有喝醉的大臣眼见此景，个个吓得灵魂出窍，谁还敢用酒杯，干脆捧起了大碗，有人竟然抱着酒坛咕嘟嘟直往肚里灌。很快，这些人都烂醉如泥，瘫倒在地，有的帽子掉了，有的衣服上吐得一塌糊涂，有的赤脚乱跳。苻生看看这个，瞧瞧那个，高兴得手舞足蹈，呵呵大笑。苻生也喝了很多，直到他觉得今天这酒喝得过瘾了，才返回寝宫。

宫中讹传有贼自相惊扰，宫门白天也紧紧关闭。五天后，苻生查得造谣的几个人，全部杀了剖出心和胃。光禄大夫强平是苻生的亲舅舅，他实在看不过去，便劝谏苻生应爱惜民力。强平的话还未说完，苻生便命左右用凿子凿穿了他的头顶。广平王苻黄眉、新兴王苻飞、建节将军邓羌，当时都在，他们急忙叩头固谏："强平是强太后的兄弟，稍稍惩罚一下就行了。"苻生半句也不听，催促左右继续凿强平。最后，强平被凿得脑破浆流，死于非命。强太后因兄弟之死，忧郁成疾，绝食而亡。

苻生毫不哀恸，反而自书一道手诏颁示中外。手诏里说："我当皇帝，乃受上天之命，坐的是祖宗传下来的宝座。既然身为天下元首，自把人民当作子女一般爱护。可是我自即位以来，不知道有什么地方不对，竟有人信口诽谤，归恶政府。我所杀的都是证据确凿的叛徒，数目不满一千，怎么能说残忍？街市行人，拥挤如常，怎么能说纷纷恐惧逃亡？我现在郑重宣告，只要是合理合法、合正义的事，我仍一本初衷，全力以赴，继续负起我对国家的责任。"

广平王苻黄眉、新兴王苻飞、建节将军邓羌因为求情被降职。苻生降苻黄眉为左冯翊，苻飞为右扶风，邓羌为咸阳太守。因这三人素有勇名，苻生不想杀了他们。后来，苻黄眉作战有大功，苻生不仅不封赏，反而当众侮辱他。苻黄眉忍无可忍，图谋杀苻生自立，结果被人揭发，被诛杀。

苻生爱看男女淫亵，饮酒时，常令宫人与近臣裸体交欢，如有不从，立杀无赦。一天，苻生出游阿房，路上看见有男女二人并行，容貌都很清秀，便让左右拉住二人，当面问："你二人真是佳偶，已结婚了吗？"二人回答说："小民二人是兄妹，不是夫妻。"苻生笑说："朕赐你们为夫妇，你们现在就在此地交欢，请不要推辞。"二人当然不听他的，苻生拔出佩剑将兄妹二人砍死。

苻生与其喜爱的妃子登楼远望。其爱妃指着楼下一人问苻生官职姓名，苻生看了看，发现是尚书仆射贾玄石。贾玄石仪容秀伟，素有美男子的名声，苻生心里禁不住惹起醋意，便回头问道："你难道看上了此人？"说着便解下佩剑交给卫士，令他取贾玄石的首级。卫士携剑下楼，割了贾玄石的首级复命。苻生将贾玄石的头放在其爱妃手里说："你喜欢就送你好了。"其爱妃又怕又悔，只好跪在地上请罪。幸好该妃子姿色美艳，正被苻生宠爱，才捡回一条命。

苻生还有一个爱好，就是扒掉牛马羊的皮，拔光鸡鸭鹅的毛，再把它们放到庭院里，欣赏它们惨嚎乱窜的情景。时间久了看腻了，他就用人来代替那些家禽。他曾剥去死囚的脸皮，迫令他们下颌挂着脸皮歌舞。苻生所幸的妻妾小有忤意，便立刻将其杀死，将尸体扔进渭水。

一年的三月，正是春耕之际，由于连年战乱，劳动力严重不足，许多田地无人耕种，一片荒芜。苻生游猎路过渭桥，嫌桥面太窄，提出要扒掉重修，让大臣在京师周围征集两万民夫。身旁的大臣程肱进谏说，这样会影响农业生产，不如等到冬天再修。苻生十分生气，二话不说，抽出佩刀朝程肱砍去，一刀就把他砍死了。

由于战争频繁，田地荒芜，人口急骤下降，长安周边有成群的虎狼出没。它们白天盘踞在道路上，晚上就往老百姓家里跑，不是吃牲畜，就是吃人。一年多的时间里，就有七百多人被吃掉。人们吓得不敢出来耕作，许多田地都长满齐腰深的荒草。群臣出于对百姓的关心，就把这事报告给苻生，请求准许向上天祷告一下，以消除这场灾祸。苻生听了，不以为然地说："有什么奇怪的，野兽饿了就要吃人，饱了自然不吃，何必祷告？"还说，这是因为人世间犯罪的人太多，上天来帮助杀掉他们，这是件大好事。群臣听了都哑口无言。

一个冬天的早上，苻生忽然肚子发胀，就召来太医给他看病。太医的医术相当高明，给苻生诊断后，说："陛下没别的病，可能枣子吃多了。"苻生瞪着眼反问他："你又不是圣人，怎么会知道我吃了枣？一定是有人告诉你。"于是，不容太医申辩，便将他推出去斩首了。

苻生因为杀人太多，担心有不好的传言。这天，他召来一些官员问道："你们在外面听别人都是怎么说我的？"大臣纷纷下跪，不敢作声。他见无人回答，就问离自己最近的一个文官。文官揣摩他的意思，回答说："陛下圣明，赏罚公正，天下人都称颂太平。"苻生心想，他是在讨好我呢！马上下令将那文官拉出去砍了。他又问一武官。武官有了文官的教训，不敢再一味说好听的，就说："陛下的刑罚严厉了一点，只是稍微有一点。"苻生又发怒了，大声道："你这是在诽谤我！"于是，将这武官也拉出去砍了。

一天夜里，苻生梦见一条大鱼在河边浅滩上吃水草。可巧，当时长安城里流传一首歌谣："东海大鱼化为龙。男便为王女为公，问在何所洛门东。"这三句话是暗指东海王苻坚。苻坚是龙骧将军，住宅正在洛门东。符生把这两件事合在一起联想后便有些心神不宁，疑神疑鬼的。一天早朝，太师鱼遵还没站定，符生突然下令，把他一家老小全部斩草除根。太师问："我有什么罪？"符生说："因你姓鱼！"鱼遵只因自己的姓偶然应了皇上的一个梦，便无端成了刀下之鬼。就这样，八个辅佐大臣被符生杀光了。

没几年，朝中功臣，皇室亲戚，几乎都被他杀了。群臣个个惶惶不可终日，度日如年地在朝里忍受着煎熬。

符生的堂弟东海王符坚，看到符生这样残忍暴虐，就暗地里招贤纳士，网罗了一大批人才，准备推翻这个暴君，自己当皇帝。但是，他惧怕符生的勇力，一直不敢轻易动手。一天早上，符生无意中对侍婢说："符法、符坚兄弟不可信任，一定要早点除掉。"侍婢偷偷地把符生的话告诉了符坚和符法。两人大吃一惊，认为事不宜迟。当天晚上，他们率领几百名壮士攻入皇宫。守卫将士都拍手称快，马上倒戈投降，加入了符坚的队伍。符坚到符生的床前时，这个暴君还在醉卧之中。他看到这么多人吆喝着闯了进来，惊奇地问左右："这是些什么人？"有人回答："是强盗。"符生却说："为什么不跪拜？"士兵们哄堂大笑。符坚指挥手下将符生捆起来，牵拉出去幽禁起来。

不久，符生被废掉。成了阶下囚后，他每日都在酒中寻乐。符生临死前饮酒数斗，醉倒在地上，不省人事，后被人勒毙，时年二十三岁。

用人骨做乐器的疯子皇帝高洋

　　除了前秦的苻生，北方的政权中还出现了另一个残暴的帝王，他比苻生有过之而无不及，他就是北齐的开国皇帝高洋。

　　高洋的父亲是东魏的权臣，高洋七岁就被封为太原公。高家的公子相貌都比较出众，但是高洋是个例外。他肤色黝黑，脸蛋往两边奔拉，一身牛皮癣，踝骨畸形，相貌很丑陋。但是，高欢却很看重这个丑儿子。高欢想测试几个儿子的智力，就给每个儿子发了一堆乱麻，看谁整理得快。高洋拿出快刀直接砍下去，三下五除二就把麻整理好了，并说道："乱者斩之！"后来，高欢又想考验几个儿子的应变能力，于是他就让一队兵马，突然袭击自己的几个儿子。面对这突然的变故，大家都吓得惊慌失措，唯有高洋率人冲过去与"敌人"作战。因为高洋这两次表现优秀，所以他的父亲高欢就认为他比他的兄弟们优秀。

　　高洋成年后，被任命为京畿大都督，掌管外朝大政。这个时候，他却假装愚钝憨直，连妻子被哥哥齐王高澄调戏，也假装不知道。无论国事家事，他都大事化小，小事化了。可是，当高澄因为专横跋扈遇刺身亡，整个高氏家族内部，甚至整个东魏都六神无主之时，高洋却站出来主持大局，很快将高澄死亡所造成的混乱平静下来，整个晋阳城都被他管理得井然有序。

　　东魏孝静帝见他办事认真，不怕苦累，便封他为大丞相，都督全国的军队，还让其承袭了齐王之位。没过多久，高洋就在高德政、徐之才、宋景业等人撺掇下，从晋阳起兵向邺城出发，准备篡位。当时，他父亲高欢的好友司马子如、高隆之等人不愿意高洋这么急着篡位，连他的母亲也劝他："汝父如龙，汝兄如虎，犹以天位不可妄据，终身北面事人，你以为自己是谁，敢行尧舜之事！"见这么多人反对，高洋就开始犹豫了，最后怏怏不乐地半路返回晋阳，徐之才看明白了他的心思，进言道："正为不及父兄，才应早升尊位以定人心！"恰巧，高洋自铸铜像成功（北朝人喜以铸像占卜吉凶），于是便再次率军马直奔邺城。到了邺城后，高洋的同党就逼迫东魏孝静帝退位。东魏孝静帝被迫在禅位制书上签了名，然后被赶出皇宫。至此，东魏灭亡，齐国建立，史称北齐，改元天保。高洋追尊其父高欢为神武皇帝，其兄高澄为文襄皇帝，尊其母娄氏为皇太后。东魏孝静帝被立为中山王，一年多后，高洋指使人将其毒死。

高洋称帝初期，励精图治。高丽、柔然、库莫奚、南朝萧绎都相继遣使朝贡。"终践大位，留心政务，理刑处繁，终日不倦。以法政下，公道为先。"

公元552年春，高洋亲自率军讨伐在代郡一带屡次侵境的库莫奚，"大破之，获杂畜十余万"。后来，高洋又北巡冀、定、幽、安四州，北讨契丹。"亲逾山岭，为士卒先，指麾奋击，大破之，虏获十万余口、杀畜数十万头。"此次征伐，高洋以皇帝之尊，露头袒膊，昼夜不息，骑行一千多里，"惟食肉饮水，壮气弥厉"。高洋到达营州后，临碣石，观沧海。然后，高洋又突袭突厥，乘其不备，大溃其军，并带兵追击突厥至朔州，逼其上降书才罢休。当时的突厥慑于高洋之威，不得不遣使贡献。

公元554年，高洋自出离石道，讨伐山胡。作为部族的山胡，一战即溃，被斩首万余众。于是远近山胡，莫不慑服。同年农历五月，柔然残部进犯肆州，高洋从晋阳出发击讨，"大破之"；第二年夏天，高洋又从晋阳出发，讨伐柔然残部；秋天，骁勇的高洋自率五千轻骑，追击柔然于怀朔镇，"躬当矢石，遂大破之"。经过几年的征战，北齐的势力一直延伸到长江边，这时北齐的国力达到鼎盛。

高洋见天下安定，开始以功业自矜，嗜酒成性，昏乱妄为，甚至做出很多泯灭人性的事情。高洋喜欢喝酒，有时喝到酣畅，就起身擂鼓，然后跳舞，直跳到筋疲力尽；有时脱光了衣服，乱叫乱闹；有时随意乱走，到大臣或皇亲国戚家乱闹一通，搅得人人胆战心惊；有时披头散发，穿上胡服，到街上挥刀舞剑。三伏天的时候，他赤身裸体躺在地上晒太阳；三九天的时候，他在风雪中光着身子跑来跑去，他还让随从也仿效他，弄得随从苦不堪言。

高洋常发酒疯。一次，他酒后斥退左右，疯狂地撕扯父亲的小妾尔朱氏的衣带，企图强奸尔朱氏。尔朱氏不从，双手紧紧护住身体，苦苦哀求他不要乱伦。高洋假意应允，却用刀捅了尔朱氏，看着尔朱氏痛苦地死去，他还十分高兴。有一次，他竟残暴荒淫得失去人性，将自家宗室的全部女人聚于宫中，要她们脱光衣服，然后叫宠臣去跟这些女人群交乱淫。高洋征集坊间淫女，弄入宫中后，让大家脱光，然后命令侍从众官和卫士与这些女人群交，朝夕临视为乐。

有时候，高洋又骑高头快马，边跑边沿街抛撒金银珠宝，任人拾取，"争竞喧哗，方以为喜"。有一次，高洋被崔季舒背着，在街上游玩时，遇见一妇人，便问："我这皇帝怎么样？"妇人性直，回答说："癫癫痴痴，何成天子！"高洋大怒，抽刀就把妇人脑袋砍落。

高洋大醉之时，六亲不认。一次，他的母亲娄太后在北宫中的小榻上正坐着。高洋摇摇晃晃地走过去，伸手连榻带人举过头顶，把老太太摔个半死。他酒醒之后,看见母亲半边脸摔得血肉模糊,后悔莫及,甚至要以死谢罪。高洋聚柴成堆点燃,要投火自尽,幸亏母亲苦劝,才放弃自杀。他命秦王高归彦用棒子打自己的屁股,还说"杖不出血,当即斩汝"。受杖后,他跪拜母亲,请求她的原谅,并且还为此戒酒十日。

一次酒后,高洋闯进岳母家中,见岳母一副养尊处优的样子,发起无名之火。他从随从手里拿过弓箭,一箭射中岳母的脸,并对血流如注的岳母说:"我打过母后,还没有打过你,这不公平,我还要打你一顿才好。"于是又命令手下抽了岳母一百鞭子才罢休。

高洋有个宠妃姓薛,早先与清河王高岳相好,后来因为高洋看中了,强行将她迎入宫中。薛氏的媚惑之术,令高洋感到新鲜,他那三千宫娥顿时变得索然无味。薛氏极受宠幸,被封为薛嫔。薛嫔有个姐姐,长相也很妖艳,高洋干脆将她也弄进宫来。薛氏姐妹极尽风流,博取了高洋的欢心。一次,薛嫔的姐姐仗着高洋的宠爱,求高洋让她的父亲当司徒。高洋知道,薛氏姐妹的父亲是个卖唱的人,地位卑贱,不配当官。他大怒,说:"司徒这种官,也是随便授人的?"说完,便亲自动手用锯子将她锯死。

后来,他又探知薛嫔依旧与高岳藕断丝连,不禁大怒。他先把高岳毒死,接着令人当着他的面,将薛嫔锯成八块,接着又砍掉薛嫔的头,将她的尸体乱刀剁碎;又把薛嫔的血掺进酒里,让大臣共饮。他还叫乐师用薛嫔的腿骨做成乐器,在每次杀人后的酒宴上,让乐师用薛嫔腿骨做成的乐器弹奏"佳人再难得"的曲子,以示对薛嫔的"怀念"。

高洋酒醉时,常登上皇宫中的屋脊疾走如飞。"三台构木高二十七丈,两持相距二百余尺",平时工匠上房,都身系安全绳一步一步慢挪前移。高洋只要兴起,常趁酒劲在殿尖快跑,从未失过脚。

对于文臣武将及其家属,高洋也以虐杀为乐。大臣高隆之是他的父亲高欢的好友，有一天高洋想起这老头先前谏劝自己不要称帝，便让卫士猛捣老爷子一百多拳，将其活活打死。大司农穆子容有事激怒高洋，他便让这位老臣脱光趴在庭中，自挽弓弩射他，三发不中，他竟然拔起一根拴马橛，把这位老臣活活捅死。仆射崔暹是三朝重臣，曾经是高欢的心腹。他死了之后，高洋前往吊唁。崔暹的妻子李氏见皇上驾临，连忙跪地接驾。李氏长得十分漂亮，这时候穿着一身缟素，更显得姿色出众。高洋见到李氏，禁不住心旌摇曳。他不顾身在灵堂之上，一把抱住李氏，尽行挑逗猥亵之事。李氏坚决不从，惊呼着逃进人群。高洋恼羞成怒，令人搬来一把椅子，自己坐下审问李氏："这么说，你很想念故去的丈夫？"李氏说："陛下，谁不想念自己的丈夫啊！俗话说'一日夫妻百日恩'……"未等李氏说完，高洋就接过她的话头说："那好，你这样忠贞，我很佩服。现在我命令你做我的使者，前往阴曹地府，去探望一下你的丈夫，看看崔爱卿是否平安！"说完，高洋就叫人杀死李氏，并亲手割下她的头，扔到墙外。

高洋有个丑恶癖好，特别喜欢淫人妻女。王氏姐妹中，姐姐已嫁给崔修，妹妹被高洋封为王嫔。他多次借故去崔修家，一边挑逗他的妻子，一边直截了当地对崔修说出自己的要求。崔修竟然毫无怨言，一切照办，后被高洋提拔为尚书郎。

段昭仪地位仅次于皇后，她是段韶的妹妹。高洋与段昭仪成婚当日，段韶的妻子元氏按风俗闹洞房，玩笑开得有点大。高洋不顾自己大喜的日子，竟在婚宴上对段韶说："你给我听着，我非杀了你老婆不可！"段昭仪从中劝解，高洋不予理睬，吓得元氏只好逃到高洋母亲娄太后的宫中，直到高洋死后才敢露面。

高洋的女人，只有一个没有受到他的欺侮，那就是皇后李氏。李氏是汉人，才色俱全，高洋为太原公时娶她为妻，当上皇帝后立她为皇后。

高洋对众多妃嫔虽喜怒无常，厌烦了就杀掉，但对李氏却以礼相待。李皇后的姐姐是魏安乐王元昂的妻子，长得十分迷人。高洋经常找借口到元昂家饮酒，酒后装醉，同李皇后之姐调情。他故意把酒洒在自己身上，让李皇后的姐姐为他擦拭。正当李皇后的姐姐把手伸过去，擦也不是，不擦也不是时，高洋突然一把把李皇后的姐姐抱住。元昂和李皇后的姐姐拒不受辱，高洋也只得罢手。高洋想将李皇后的姐姐纳入宫中当昭仪，但又怕她留恋丈夫，便心生一计。高洋召元昂进宫，用乱箭将其射死。李皇后的姐姐设灵堂祭奠元昂，高洋假装前往祭祀，在元昂灵前把李皇后的姐姐奸污了。朝廷命官吓得从此不敢蓄美纳艳，有了美女也只送往宫中。

一天早晨，住在北齐皇宫附近的一户李姓居民，起床后忽然发现屋檐下有一群蓬头垢面、赤身露体的男人。他赶忙向官府做了报告。地方官带着兵役赶来捉拿这帮人时，看见其中一人正在奸污李氏的女儿。小女孩呼天抢地地哀号着，施暴者却哈哈大笑，连地方官到了跟前都当没看见。地方官见这畜生竟在光天化日之下强奸幼女，不禁大怒，正要喝令拿下，仔细一看，急忙跪倒在地，不断说"臣有死罪"。原来那个奸淫幼女的人，正是皇帝高洋。

高洋以杀人为乐，为了杀人方便，他在金銮殿上设有一口锅和一把锯，只要喝醉了酒，他就必须杀人才能取得快乐。而他从早到晚都在喝酒，一直醉醺醺的，所以他从早到晚不停地杀人。眼看着宫女、宦官和亲信每天都有人惨死在他的盛怒之下，最后有人提出由司法部门把判决死刑的囚犯，送到皇宫，供高洋杀人时用。这一提议得到了高洋的同意。后来因为高洋杀得太多，死囚不够供应，就把正在审讯中的被告充数，称为"供御囚"。供御囚不但被送到皇宫，高洋出巡时，也要跟在高洋后面。只要三个月不死，他们就会被无罪释放。

一年，高洋又把高家宗室妇女召来百号人集结在一起，带去东山玩乐。他挑选精壮卫士数百，让这批兵士轮奸自己的女亲戚们，以为笑乐。高洋同父异母的弟弟永安王高浚进谏，高洋大怒，派人逮捕高浚，关在地牢里。高洋另外一个弟弟上党王高涣，排行老七。当时，京城流传一句话"亡高者黑衣"。高洋就问左右："什么东西最黑？"有人答："莫过于漆。"漆与七同音，于是高洋就把这位七弟与三弟高浚一起关进一个铁笼里。不久，高洋亲临囚所，命左右高歌，两个弟弟和歌。两人十分恐惧，所以声音颤抖。高洋听到后，一时心软，竟然流下了眼泪，想赦免两个弟弟。但是，陪同高洋一起来的亲弟弟长广王高湛与高浚不和，他说："猛兽安可出穴！"高洋一听，觉得很有道理，下令卫士用矛槊乱捅，把两个弟弟浑身捅满血窟窿后，又投火焚烧，再填以石土。高洋杀了两个弟弟之后，又下令把两人的妃子赏给卫士。

公元559年，深度酒精中毒的高洋已经多日不能进食，天天以酒为食。一天，他忽然问东魏宗室彭城王元韶："汉光武刘秀何故中兴？"元韶心里很害怕，但是还是老老实实回答："因为王莽没有把姓刘的杀绝。"高洋点了点头，立刻下令将东魏皇室宗室全部杀死。农历八月，高洋又下令把剩余的几十家元氏宗族不分男女老弱，尽数杀死。"或父祖为王，或身常贵显，或兄弟强壮，皆斩东市。其婴儿投于空中，承之以槊。前后死者共七百二十一人，悉投尸漳水，剖鱼多得爪甲，都下为之久不食鱼"。元韶也被关入地牢，最后饿得啃衣袖，被活活噎死。

这一年的农历十月，高洋死在昏醉之中。他的儿子高殷即位。高洋死前，曾对自己的弟弟高演讲："日后你夺我儿子的皇位，夺就夺吧，不要杀他。"高殷聪慧好学，"有人君之度"，但高洋不喜欢他。高殷十五岁时，高洋在金凤台杀人玩，他让高殷用刀亲自杀囚犯。高殷战战兢兢地去杀囚犯，砍了数刀，仍砍不掉犯人的脑袋。高洋大怒，上前用马鞭打了高殷三下。高殷被吓得患上了口吃和间歇性神经病。高殷即位后不久，他的叔父高演夺位，高殷被废为济南王。高演也没有听自己哥哥的话，最终于还是派人杀掉了年仅十七岁的侄儿高殷。

第四章　昏聩怯懦篇

鹿马不分秦二世

秦二世的皇位还没坐稳，陈胜、吴广等人就在大泽乡揭竿起义了。陈胜、吴广本是来自楚地，要去渔阳郡当兵，却在路上遇上了一场大雨，耽搁了行期，不能按时到达指定地点。按照秦二世时的法律，如果戍卒不能按时到达指定的戍守地点，就要被斩首。陈胜、吴广觉得逃走是死，起义也是死，还不如放手一搏，所以就发动了武装起义。

很快，各地就出现了很多反抗秦朝统治的起义队伍。不少起义队伍沿用六国的名号，头目各自称王，他们把矛头都指向秦朝。陈胜的力量很快就壮大了，他的部将宋留打到了武关，另一部将周文则率数十万大军杀入函谷关，目标是直取咸阳。

秦二世昏庸懦弱，他不愿意相信坏消息，对于各地传来的有关农民起义的消息，一直不相信。那些知道他喜好的大臣，只对秦二世说形势大好。一次，秦二世召见博士们讨论各地的情况，有博士提出应该发兵镇压这些叛乱，尽快消灭他们。可是，秦二世却不承认有人反叛，拒绝发兵镇压。

有一个候补博士叫叔孙通，善于投机取巧，他见秦二世喜欢听好话，于是就说："现在天下已经合为一家，拆掉了城防，销毁了兵器，又有明主在上，法令在下，臣民奉职，四方安定，怎么会有人造反呢？陈胜这些人，不过是一群鸡鸣狗盗之徒，根本就不足挂齿，只要让地方官将他们逮捕归案就行了。陛下不必多虑。"秦二世听了这番话，大声称好。然后，秦二世让博士们再就这一问题做出解答，那些回答有人造反的博士，全都被下狱查办；那些回答起义的人只是盗贼的博士全都没事儿。秦二世还任命叔孙通为正式的博士，赏赐他一套衣服，二十匹帛。

这样一来，大臣们都学乖了，每当汇报各地的形势的时候，就说"群盗结伙抢劫，大都已经被郡县追捕落网，不必担忧"之类的话。秦二世听了这些话，十分高兴，全然不知大秦帝国的形势已经很严重了。等到周文率领的起义军到达戏水时，秦二世才如梦初醒。他大惊失色，急急忙忙召集文武大臣商量对策。少府章邯说："盗贼兵众势强，而且离都城很近，现在再去调拨别处的军队支援都城为时已晚。不过，骊山有很多刑徒，陛下可以赦免他们，发给他们兵器，让他们组成军队去阻击盗贼。"

于是，秦二世下令大赦骊山刑徒，让章邯率领他们与周文的起义军激战。结果，章邯打败了周文。接着，章邯又率领秦军打败了起义军田臧部。此时，进攻南阳的宋留起义军孤立无援。不久，宋留向秦军投降，他被押送到咸阳后，被处以车裂之刑。章邯会合其他秦军主力，向据守在陈县的陈胜起义军发起进攻。陈胜兵败，后来在下城父被车夫杀害。这样，以陈胜、吴广为首的起义军暂时被秦军镇压下去，秦二世得到了短暂的喘息机会。

秦军镇压农民起义取得短暂的胜利之后，秦二世又开始整日饮酒作乐，不问天下大事。此时，主政的丞相赵高只向二世报平安的消息，朝中大小事均由赵高代为之，秦二世已完全被架空，成了傀儡皇帝。后来，赵高还想取而代之，自己做皇帝。他担心群臣不拥护自己，于是就导演了一场"指鹿为马"的闹剧，用来检验群臣的态度。

公元前207年农历八月，赵高趁群臣朝会的时候，把一只鹿牵过来献给秦二世。赵高称进献的是一匹马。秦二世看了，大笑着说："丞相你可真会开玩笑啊！这明明就是一只鹿，你怎么指鹿为马？"秦二世又问左右的大臣，要他们说这到底是鹿还是马。大臣们大都害怕赵高的淫威，随声附和说这是马，也有的臣下选择了沉默不语，只有少数人说是鹿。之后，赵高将那几个说是鹿的人全杀死了，从此群臣再没有人敢跟赵高对抗。

经过"指鹿为马"一事，秦二世怀疑自己迷糊了，于是就召来太卜算卦。太卜早就被赵高收买，说："陛下春秋两季到郊外祭祀，供奉宗庙鬼神时，斋戒不虔诚才导致这种情况出现，还请陛下继续静心斋戒才好。"于是，秦二世便到上林苑中斋戒。他名为斋戒，实际上照常玩乐。

一天，秦二世在上林苑中游猎，看见一个误闯入上林苑的人，他亲自搭箭开弓，将那人射死。赵高知道这事后，让女婿咸阳令阎乐上奏二世，说不知是谁杀了人，把尸体移入了上林苑，以此给秦二世杀人的掩饰。接着，阎乐对二世说："天子无故杀死没罪的人，是上天所不允许的，鬼神也不能容忍这样的事，必定会降下灾祸，还是请陛下到远处的行宫暂时躲避一下才好。"二世对此毫不怀疑，很快就住进了望夷宫。

而这个时候，章邯率领的秦军主力将起义军赵歇包围在巨鹿。各支反秦起义军纷纷向巨鹿汇集，为赵歇解围，由此形成了与秦军主力决战的形势。最后，起义军在项羽的率领之下，破釜沉舟，大战章邯军。结果章邯战败。章邯派司马欣到咸阳请求援兵，但是赵高拒绝接见。眼看救兵已经无望，而朝廷内部又是混乱不堪，章邯最终率秦军投降了项羽。这样一来，秦军更是兵败如山倒，关东的各路反秦起义军纷纷向咸阳逼近。

秦二世知道了章邯投降的消息，深受打击。他在望夷宫中，开始怨恨赵高。他以前经常听赵高说关东群盗成不了事，可现在眼见着大势已去，赵高仍然没有什么应对的良策。他派出使者去责问赵高，赵高本就

第四章　昏聩怯懦篇

打算要篡夺帝位，秦二世一责问，他就决定立即动手。赵高让掌管宫廷警卫的弟弟赵成在望夷宫中做内应，又派女婿咸阳令阎乐组织吏卒，以追捕盗贼的名义，径直闯入望夷宫。

阎乐率领一千多人来到殿门前，挥刀杀死了门口的卫士，带吏卒冲入殿中，见人就砍，很快就到了秦二世面前。阎乐和赵成向秦二世的宝座上射箭。秦二世大声喊让左右上前抵抗，但左右已经四散而逃，没有人敢出来为他卖命。秦二世在这个时候，仍以为阎乐是在开玩笑，还和阎乐讨价还价，他说："能不能见到赵丞相？"阎乐说："不能。"秦二世说："我愿意仅仅做一个郡王。"阎乐不答应。秦二世又说："那让我做一个万户侯也可以。"阎乐仍然不答应。秦二世最后说："我愿意和妻子一起做平民，这样总可以吧。"阎乐说："我受命于丞相，为天下杀你。你说了这么多，我也不敢禀报丞相。"

此时，昏庸的秦二世才明白，一切都是赵高的阴谋，是他把自己逼到这步境地。秦二世求生无望，悔恨莫及，只好拔剑自尽。

迷信神仙的汉武帝

汉武帝内尊儒术，北定匈奴，通使西域，拓展疆域，使中国的封建社会进入了一个全面繁盛的时期。但是，这位千古一帝到了晚年开始变得昏庸，做出了许多昏聩的事情。

汉武帝当上皇帝以后，有了享用不尽的荣华富贵，可是却日渐衰老。为了使自己能够延年益寿、长生不老，汉武帝迷恋上了神仙方术，并深信有鬼神的存在。特别是到了六十岁以后，他深信神仙法术，在他的皇宫里，常常有许多"活神仙"来来往往。

一天，汉武帝在上林苑建章宫里闭目养神，恍恍惚惚间，仿佛看到一手持长剑的男子，快步闯入中龙华门内。汉武帝大吃一惊，喝道："谁？谁敢闯入宫来！"可是，那男子却没了踪影。汉武帝急忙命令宫中护卫捉拿这个男子。护卫把宫中翻来覆去搜了个遍，也没发现可疑的人。汉武帝还是不信，他下令把监门官推出去斩首，然后又调集驻守在京城郊外的骑兵部队来搜查上林苑。骑兵把上林苑仔仔细细搜了一遍，还是毫无结果。汉武帝又下命紧闭长安城，挨家逐户核查人口，闹得鸡飞狗叫，人人不安，一连折腾了十几天，也没找出可疑分子来，汉武帝这才只好罢休。

汉武帝觉得自己亲眼看到了，怎么会搜查不出来，难道是有妖魔在作怪？汉武帝这样一想，就格外紧张起来，整天疑神疑鬼，总觉得有人要谋害他。这时，京城又出了一件大事。丞相公孙贺仗着自己的妻子是皇后卫子夫的姐姐，胡作非为。公孙贺的儿子公孙敬声，仗着姨妈是皇后、父亲是丞相，目无法纪，挪用国家军事款项达一千九百万钱之多，罪行败露后被捕入狱。公孙贺为救儿子，便请求汉武帝让他去捉拿劫富济贫的大侠朱安世，以功劳抵赎儿子的罪过。汉武帝竟然同意了。

公孙贺调集大批人马，布下天罗地网，没几天就把朱安世抓住了。朱安世得知公孙贺兴师动众捉拿他的原因后，就在审讯时揭发公孙贺唆使巫婆使用妖法谋害皇上。汉武帝本来就疑神疑鬼了，得到这一报告，立刻信以为真，下令逮捕公孙贺，并将他交给杜周去审问。杜周是一名酷吏，用刑非常狠毒。他知道汉武帝的心思，便千方百计罗织公孙贺的罪名，不久就在狱中把公孙贺整死了。他还把公孙贺全家杀了，而且一直株连到汉武帝的两个亲生女儿。她们被逼自尽，卫皇后的一个侄子也因此送命。

公孙贺父子一案对汉武帝打击很大，再加上两个女儿自尽，更让他心神不宁。因为汉武帝信奉神仙，宫中的嫔妃也大多请来方士和女巫，教自己如何争宠和避灾求福，几乎每个宫殿里都埋有木头人。后来这些嫔妃反目成仇，就互相告发，指控对方在诅咒皇帝。很快，长安城就陷入了巫蛊案造成的恐怖气氛之中。每次的巫蛊案，嫔妃和宫女以及被牵连进去的官员，被处死的就有几百人。

一天，汉武帝午休，迷迷糊糊中，他看到有好多小木头人，个个手提棍棒，一窝蜂地向他打来。汉武帝大叫一声醒了，原来是个噩梦。他脑袋疼得厉害，心惊肉跳，从那天起就病倒了，记性也越来越差。这时，宠臣江充进宫来看望汉武帝，汉武帝便向江充说了梦中的情景。江充皱着眉头对汉武帝说："恐怕是有巫师作怪，才导致皇上龙体欠安。"当时的巫师巫婆为了惑众，传授一种害人的方法：根据仇人的模样刻成一个小木偶，用针刺心，埋到地下，或者到庙里去向鬼神祷告，这个仇人就会遇到灾祸甚至死亡。江充这么一说，汉武帝马上相信是有人用巫术在谋害他，所以委任江充专门来查办这件事。江充率人到处挖坑掘洞，搜取埋在地下的木偶，逮捕涉嫌放蛊之人以及在夜间祭祀的人等。汉武帝又派案道侯韩说、御史章赣作为江充的助手。黄门苏文以及胡巫檀何也在搜蛊的领导行列之中。

这几个人沆瀣一气，胡作非为，为了达到目的而不择手段。他们预先把木头人埋到某家的附近，上面洒上家畜的血，然后再派人将木头人挖出，随即大肆逮捕附近居民。他们对被捕的人严刑拷打，如果有人不承认，只要江充一声吆喝，手下人就用最严酷的刑罚伺候，直到这个人承认一切的罪名，并且供出江充等人指定的"同党"。江充利用这种手段，发现了大批大逆不道的"刁民"，从京城长安、三辅地区到全国各地。在这次巫蛊案中，被屠杀的人有数万，其中有普通百姓，也有高官贵族，甚至皇亲国戚。

江充的一番作为得到了汉武帝的充分肯定，于是他又开始策划另一个大阴谋，就是陷害太子刘据。江充要陷害太子刘据，一是江充曾经得罪过太子，他怕太子登基后报复他；二是为了讨好汉武帝。原来，皇后卫子夫的弟弟卫青和外甥霍去病都是赫赫有名的大将军，为汉武帝立下过汗马功劳。他们在世时，卫家在朝廷上的势力非常大，刘据的太子地位也十分稳固。随着霍去病、卫青相继去世，卫家的势力大大减弱。再加上卫皇后又出了一个不争气的外甥公孙贺，汉武帝对卫皇后的态度就越来越疏远了。太子刘据性格温厚，与汉武帝的勇武性格大不相同，因此父子间产生了隔阂。更重要的是，汉武帝宠爱的妃子钩弋夫人又生下了皇子刘弗陵。汉武帝很喜欢这个儿子，很想把皇位传给他，但是太子刘据并没有什么大过错，汉武帝也不好平白无故地取消他的继承权。江充正是看准了这一点，才开始陷害太子刘据。

江充看透了汉武帝的心思，就教唆他的心腹对汉武帝说："臣在外面望气的时候，只见宫城上面鬼气沉沉。宫里面肯定埋有不少的木头人。要是宫里的鬼气不消除的话，皇上的病就治不好。"汉武帝让江充带领原班人马入宫搜查。江充对付的目标是太子刘据，但他并不敢先拿太子开刀，于是就先搜查嫔妃的住处，将卫皇后和太子刘据的宫室放在最后搜查。江充搜卫皇后和太子刘据宫室时，搜得特别仔细，每寸泥土都翻出检查。由于遍地是泥土，皇后和太子宫中连放床的地方都没有。而江充却在他们的床下搜出了很多木头人，太子床下的木头人身上还缠有帛书，上面写着悖逆犯上的话。

江充把这些证据给众人看，然后快步离开东宫，扬言要把这些事奏报圣上，请他处理。太子刘据没做过亏心事，开始根本不在意江充的所作所为，现在听江充说出这种话来，才意识到事情的严重性，一时竟不知怎么办才好。正好少傅石德在太子宫中，刘据便请石德给他出主意。石德说："江充伪造罪证，陷害太子。皇上不了解他的险恶用心，看到这些所谓的真凭实据，肯定会相信他的话。我看不如先把江充抓起来。"太子沉思了一会儿，说："我是皇太子，没有皇上的命令怎么能自作主张抓江充？我应到父皇那里去请求宽恕，这样应该就没事了。"石德见太子这样说，只好让他去见汉武帝。江充早已经预料到太子会去见汉武帝，已派人把守住路口，不让太子去见汉武帝。

太子回到宫中，想来想去，终于决定采用石德的办法。第二天，太子派一个亲信冒充汉武帝的使者，假传圣旨，带了许多武士去逮捕江充。江充没有料到太子会这样做，毫无防备，很快被武士捉住带回了太子宫中。刘据指着江充大骂："你这个奸贼！竟敢搅得我们父子不和睦！"然后命人把江充推出去斩首。太子刘据杀了江充后，派舍人无且持节，趁夜色来到未央宫长秋殿，把此事报告给卫皇后。太子征发长乐宫的卫士，并打开军械库，分发兵器，让他们守备宫门。

　　苏文等人逃入甘泉宫，对汉武帝说太子造反，擅自捕拿江充。汉武帝听了苏文的报告，只淡淡地说："太子宫中掘出木头人，迁怒于江充，因为这个才会生变。朕当召太子前来问明情况就是了。"汉武帝打发内侍去召太子。内侍出去的时候，苏文给他使眼色和摇头，那内侍就明白了意思。这内侍到别的地方躲了一会儿，然后回来报告说："太子已经造反了。他不肯来，还要杀臣，臣只好逃回来了。"汉武帝信以为真。在长安城的丞相听说太子造反了，吓得拔腿就逃，连丞相的印信都丢掉了。他立即派长史乘驿站快马，赶到甘泉宫向汉武帝汇报。汉武帝立即觉得形势不妙，于是赶到长安城西的建章宫，亲自调集京城附近的军队，去和太子作战。

　　这个时候，太子刘据已经没有选择了，只能铤而走险。他把监狱中关押的囚犯全都放出来，让他们充当士兵，又沿途强拉老百姓当兵，组织起几万人的部队。这时，汉武帝派出的军队已经杀到，双方恶战了五天五夜，长安城中尸横满街。刘据临时拼凑的军队抵不住汉武帝的正规军，结果大败。太子刘据抛开手下，领着两个儿子和一些贴身随从覆盎门落荒而逃。守覆盎门的是司直田仁，他看到刘据父子惶恐悲哀的样子，认为他是皇帝的亲生骨肉，而且又是受了冤屈，于是就打开城门放太子一行人逃出长安。

　　汉武帝回到皇宫中，马上派人去逼皇后卫子夫自杀。卫家的亲属朋友，甚至与太子比较接近的人，都连坐被杀。被迫加入太子部队的老百姓，也都被流放到边疆。太子刘据逃走后，汉武帝一时难以抓获，他怕太子再领兵杀回来，只得派重兵把守长安城十二个城门。很多老臣都劝汉武帝宽恕太子，认为太子调兵并不是造反，只是为了自卫，还是让太子回京城吧。汉武帝虽然觉得老臣们讲得有道理，但仍然不想宽恕太子。

太子刘据逃到了湖县（位于今河南灵宝北）境内，他和两个儿子一起躲在一个亲信家里。这位亲信家境贫寒，一时也觉得供给不上，他只能督促家眷昼夜织履，然后卖钱供给太子。时间长了，太子觉得过意不去，他想起在湖县有个好朋友，家道殷实，不如召他来见一见，商议个好办法。太子亲自写了一封求助信，差人前往投送，结果，竟然走漏了风声，邻里人知道了这里有几个京城的人。这消息很快地传到了新安县令李寿耳中。他为了得到重赏，连夜率领吏役前往捉拿太子刘据。一班役吏把太子暂住的地方围得水泄不通。太子刘据见逃生无望，自缢而死，太子的两个儿子也相继遇害。

太子刘据的尸体被运到京城，汉武帝看到儿子的尸体才有些清醒了，他开始调查宫中挖掘木头人的内幕。各方面的调查结果呈送上来，汉武帝才明白了卫皇后和太子宫里根本就没埋过木头人，这些都是江充从中捣鬼，陷害太子和卫皇后。汉武帝也了解到太子刘据是被江充所逼迫，在不得已的情况下才铤而走险，他本没有丝毫的谋反之意。汉武帝做了一件天大的昏事，无辜断送了子孙三人的性命，懊丧不已。汉武帝特意在太子遇害的地点，修建了一座思子宫，并在宫前筑了一座归来望思台。

太子一案之后，汉武帝逐渐冷静下来，并且开始摆脱昏聩的状态。他看到自己晚年政治决策失误带来的恶果，于是开始安抚流民，发展农业生产。汉武帝在轮台颁下《轮台罪己诏》："朕自登基以来，许多作为都很狂悖，使天下百姓愁苦，真是追悔莫及。从即刻起，所有伤害百姓、浪费财物的事情，全部停止。"以表示承认自己的错误。大臣田千秋趁机上奏："现今方士谈论神仙的很多，但没有人能够验证，请陛下停止求仙之类的事情。"汉武帝当即就同意了，并罢免了朝中所有方士的官职。天下也逐渐归于和谐，为昭宣中兴奠定了基础。

扶不起来的阿斗刘禅

"乐不思蜀"这个成语，很多人都不陌生，它源于一个真实的历史事件：蜀国被灭亡后，刘禅被带到魏国首都洛阳，封为安乐县公。一天，司马昭宴请刘禅，让伎人表演蜀国的乐舞。刘禅左右随从看了都流下了眼泪，而刘禅却嬉笑自如，没有一点点亡国之恨。司马昭看到这样的情形，就对魏国的一位大臣说："人之无情，乃至于此！即使诸葛亮没有死，也没法长久扶持这样的国君啊！"司马昭问刘禅："你想不想蜀国？"刘禅连忙答道："我在这里很快乐，我不想蜀国。"或许刘禅的性格本来如此，或许他是在用乐不思蜀来换得活命。不过后来人们提起刘禅，都会想起那个扶不起来的阿斗，觉得他是个无能、昏庸的帝王。

刘禅，小名阿斗，是刘备的大儿子。他生于战乱之中，也成长于战乱中，从小就与刘备过着颠沛流离的生活。在长坂坡，被赵云救出的阿斗才满周岁，那时候这个孩子尚不知人事，就已经开始了逃亡的生涯。这也是他的第一次历险，后来他又经历了第二次历险。

公元208年，刘备与孙权联合，在赤壁之战中战胜了曹操。不久，刘备接替刘琮任荆州刺史，在公安驻屯重兵。荆州北邻中原，东连吴地，西通巴蜀，南接岭南，是兵家必争之地。赤壁之战后，孙权欲夺荆州，就设计了一出美人计，把自己的妹妹嫁给了刘备。孙权的妹妹性格泼辣强悍，还有一身好武艺，刘备对她也是惧让三分。

公元211年，刘备带兵长驱入蜀，孙夫人和刘禅则留在荆州。孙权觉得这是夺取荆州的最好时机，立刻派人去找妹妹，借口母亲病危，让妹妹带着刘禅一起回东吴，企图将刘禅作为人质，要挟刘备让出荆州。诸葛亮知道此事后，派赵云、张飞带兵乘轻舟前去拦截。赵云追上了载着孙夫人及刘禅的大船，仗剑一跃而上，夺回刘禅。孙夫人孤身一人返回东吴，刘禅又一次化险为夷。

孙权用计失败后，决定用武力夺荆州，于是他与曹操南北呼应进军荆州。吕蒙白衣渡江，偷袭南郡得手。驻守荆州的关羽父子，最终无奈只能夜走麦城，结果被吴军俘虏后斩首。消息传来，刘备不禁勃然大怒，不顾当时的形势，立即向东吴下了战书。但是，在夷陵之战中，刘备大军遭到火攻，几乎全军覆没。

这两次沉重的打击，让刘备心力交瘁，病倒于白帝城。刘备深知自己命不久矣，连忙派特使将诸葛亮召至永安宫托付后事。刘备没有大的才能，但是他懂得用人。他深知诸葛亮的才干和为人，也了解儿子刘禅的软弱与无能，他对诸葛亮说："先生的才能比曹丕高明十倍不止，一定能安国家、定天下，完成兴复汉室的大业。如果阿斗可以辅佐，你就辅佐他；如果他实在扶不起来，你就取而代之。"诸葛亮听了刘备的话，非常感动，他说："臣下一定竭尽全力辅佐幼主，矢志不移！"刘备又写下诏书告诫刘禅："你与丞相一起治理国事，要把丞相当作父亲一样。"公元223年，刘备逝世，刘禅继位，封诸葛亮为武乡侯，兼任益州牧，以丞相府作为蜀汉的最高行政和军事主管机构，全权处理蜀国的所有军政要务。

有了诸葛亮处理政务，刘禅也乐得不操心，整天在后宫逍遥。蜀国的大小事务都由诸葛亮来处理，但是诸葛亮做什么决策，采取什么措施，都会向刘禅征求意见。诸葛亮辅佐刘禅，"夙兴夜寐，不敢自逸，每从菲薄以益国用，劝分务穑以阜民财，授才任能以参其听，断私降意以养将士，欲奋剑长驱，指讨凶逆"。刘禅还积极支持诸葛亮治蜀和北伐的谋略，并没有因为君威不振和大权旁落而有所猜疑。

诸葛亮勤于政事，外结孙吴，西和诸戎，南抚夷越，希望能够兴复汉室，不负刘备的重托。诸葛亮首先做好南征的准备，随后于公元225年南下，七擒孟获，平定了南中四郡的叛乱，稳定了蜀汉的后方。然后，诸葛亮决定北伐。刘禅批准了诸葛亮北伐的计划，诸葛亮随即率师出屯汉中，在汉水北岸建立了指挥蜀军集结和操练的大本营。诸葛亮先后七次出征北伐，信守自己对先主刘备的诺言，最后于公元234年病逝于北伐的前线。

诸葛亮死后，执掌蜀汉朝政的大臣是诸葛亮亲自选拔、培养、推荐的蒋琬、费祎。诸葛亮认为蒋琬是"社稷之器，非百里之才也，其为政以安民为本"，在刘备死后，诸葛亮还提拔他为丞相副手。后来，不论南征或北伐，诸葛亮都把后方之事托付给他。诸葛亮临终前上表给刘禅，说"臣若不幸，后事宜以付琬""费祎协助蒋琬治蜀""当国功名，略与琬比"。蒋琬死后，蜀汉由费祎主政。蒋琬、费祎二人基本上是维持诸葛亮治蜀的措施，所以在他们两人主政期间，蜀汉保持了社会稳定，百姓安居的局面。

公元253年，费祎举行宴会大会群臣。魏国降将左将军郭循上前敬酒。费祎昂首饮酒瞬间，郭循忽然掏出一把匕首刺向费祎，连扎数下，费祎当即死亡。费祎死后，姜维"加督中外军事"，掌管了蜀汉的军政大权。姜维也是诸葛亮推荐给刘禅的，后来被授予高官显位。姜维只想冒险，但是费祎在世时，一直不赞成他的北伐"决成败于一举"的冒险行动。后来，姜维成为蜀汉的最高军事统帅，大权在握，便连续出师，但是也没有取得什么成果。

刘禅对于姜维出师无功有些不满，对这个从曹魏投奔过来的将军主政开始有些怀疑。这时，刘禅开始重用身边的宦官，让他们过问朝政。公元258年，宦官黄皓因为刘禅的宠信，掌握了大权。他与右大将军阎宇互相勾结，狼狈为奸，排挤打击姜维。刘禅很袒护黄皓，姜维忍无可忍，只好请求恩准他去沓中种麦。姜维被逼走后，黄皓的气焰更加嚣张，蜀汉国内的政治气氛也一天比一天坏。西蜀本来是"天府之国"，物产丰饶，但是到了蜀汉后期，因为昏君佞臣而弄得民众困顿不堪。

见蜀汉政权十分腐朽，曹魏政权就准备对它发动战争。公元263年，曹魏举兵十八万，分三路进攻蜀国：征西将军邓艾率兵自狄道向甘松、沓中，进攻姜维部；雍州刺史诸葛绪率兵自祁山向武街、阴平之桥头，切断姜维的后路；镇西将军钟会率主力，分别从斜谷、骆谷、子午谷，进军汉中。姜维在沓中得到曹魏大举进攻的情报，便立即向刘禅上表。但是黄皓接到这个报告后，竟然向巫师请教。最后，黄皓相信了鬼巫所说的话，认为敌人不会发动进攻，并请后主刘禅不要理会。

眼见曹魏真的攻来，刘禅才仓促准备应战。他命右车骑将军廖化率一支人马往沓中，增援姜维；派左车骑将军张翼和辅国大将军董厥率另一支人马到阳安关防守汉中的据点。这年农历九月，魏军三路大军发起进攻。姜维率军将钟会十余万大军挡在剑阁，但邓艾却偷渡阴平直奔成都。刘禅与群臣商议后，决定派遣诸葛瞻领兵拒敌，结果诸葛瞻在绵竹战死。

刘禅再次召集群臣商议对策，光禄大夫谯周极力主张投降。蜀军中一些将士不畏强敌，仍然有不少人主张坚守。但此时的刘禅早已丧失斗志，他派遣特使带着蜀汉印绶，向魏军邓艾"请命告诚，敬输忠款"，表示愿意投降，同时又下命令让姜维等蜀汉将士停止抵抗。刘禅让臣下把自己捆绑起来，抬着棺材，出成都城北门，到邓艾营中乞降。至此，蜀国宣告灭亡。

辽天祚帝杀妻灭子鼠窜奔逃

辽国的最后一个皇帝是耶律延禧。他是辽道宗的孙子，他的父亲是耶律浚。辽道宗本来算得上是一个中兴之君，但是他有一段时间辨不清是非。奸相耶律乙辛诬陷皇后与人私通，辽道宗竟然信了，然后将皇后赐死。后来，耶律乙辛等人陷害太子耶律浚，辽道宗将耶律浚废为庶人。后来耶律浚被人杀害，辽道宗十分悔恨，便将自己满腔的爱意放在了孙子耶律延禧的身上。

耶律延禧十六岁的时候，辽道宗就任命他做了天下兵马大元帅，总北、南枢密院事。年迈的辽道宗已经厌倦了政事，他有意让耶律延禧掌握军政最高权力，为将来让他登上皇位做准备。但是，耶律延禧并没有继承爷爷的英武，只继承了爷爷的所有缺点。他当上皇帝之后，也酿成了杀妻灭子的惨剧。

公元1100年农历十二月，辽道宗重病不起，第二年正月，病死在混同江（位于今松花江）春捺钵行宫。辽道宗生前已经做好了安排，让耶律延禧继位，所以他顺利地奉遗诏即位。辽国群臣为其上尊号为天祚皇帝。

天祚帝登基时，辽国已经是危机四伏：朝廷内部争权夺势，相互倾轧；国家府库亏空，天灾人祸不断；社会矛盾激烈，各地出现武装起义。耶律延禧即位的第二年，就有以赵钟哥为首的一股起义军打进上京的皇宫，劫走宫女、御物。天祚皇帝为了重整天下，即位之初，就给之前遭到迫害的忠臣们平反。平反之事由北院枢密使耶律阿思与同知北院枢密使事萧得里底两人负责。耶律乙辛余党本应受到严惩，但因耶律阿思与萧得里底收受了贿赂，于是就将大事化小，小事化了。冤案没有真正得到平反，前朝的许多弊政也没有得到革除，很多忠直之臣大为失望。

天祚帝还没有做完平反昭雪的事，自己就开始迫害忠臣。他把曾经劝诫过自己的萧兀纳赶出朝廷，夺去萧兀纳太傅的称号，将他降职为宁边州刺史。萧兀纳被贬之后，朝廷诸臣都知道皇帝不喜欢听真话直言，喜欢阿谀。以萧奉先、萧得里底、李处温为首的奸臣因善于阿谀奉承，再次占据了朝廷。他们贪赃枉法，结党营私，把朝政搞得乌烟瘴气。萧奉先是天祚帝元妃的哥哥，官至枢密使，并且受封为兰陵郡王，他表面上宽厚，实际上忌妒心极重，仰赖其妹受恩宠，在朝中为所欲为。人们看到天祚帝和他的祖父一样是个昏君，辽国的人心进一步解体。辽国在天祚帝统治下日渐消沉，而女真人的势力却不断壮大。

公元1112年，天祚帝到混同江钓鱼，大摆宴席。按照以往惯例，附近的女真酋长都要前来朝见。完颜部的首领乌雅束没来赴会，由其弟完颜阿骨打代为出席。天祚帝见各部首领在自己面前毕恭毕敬，十分高兴，他命女真族的各个酋长依次歌舞，以助酒兴。当轮到完颜阿骨打跳舞时，他竟然端坐在那里不动，眼睛直视着前方，推辞说自己不能歌舞。天祚帝让人请了几次，完颜阿骨打却坚决不动。天祚帝顿觉颜面扫地，同时，完颜阿骨打的英豪之气也引起了他的警觉。他私下嘱咐枢密使萧奉先，找个借口将完颜阿骨打杀掉，免留后患。但萧奉先早已经收了女真人的好处，他替完颜阿骨打开脱："他只是一个粗人，不懂礼仪，并没有什么大的过错，这样杀了他，恐怕会让女真人产生背离之心。况且，他们完颜部只是一个小部落，就算是有什么不轨企图，也掀不起大的风浪。"经过萧奉先的劝解，天祚帝才放过了完颜阿骨打。

天祚帝没有杀完颜阿骨打，给自己留下了无穷的祸患。完颜阿骨打回到自己的部落后，觉着反正天祚帝已经对自己不满，索性放开手脚大肆吞并周边的部族，并且开始为攻打辽国进行谋划和准备。完颜阿骨打为了刺探辽国虚实，以要求辽朝归还逃入辽境的女真人阿疎为名，多次派使者进入辽国的都城。这些使者出使是假，侦察情况才是真。他们回来后都报告称天祚帝骄肆无能，辽国军备久已废弛。完颜阿骨打认为出兵的时机已经到了。

完颜阿骨打首先攻打宁江州（位于今吉林扶余境内），这里是辽朝对女真人进行设防的要地，同时也是双方进行贸易的重要地点。过去，辽国与女真人进行交易时，常常巧取豪夺，严重损害女真人的利益。女真人对此十分不满。完颜阿骨打以要求归还阿疎、天祚帝对女真完颜部平定萧海里的功劳奖赏不公为理由，下令进军宁江州。完颜阿骨打早已经将宁江州的战略要地侦察得一清二楚，他还将女真各个阶层的民众都动员起来，并联合了渤海人一起攻击辽国。辽军在没有认真准备的情况下，被女真人打得大败。

天祚帝得知女真人进攻宁江州，开始组织力量进行反击。他命萧奉先之弟萧嗣先为东北路都统，萧兀纳为副都统，率辽军精锐部队驻屯在距宁江州不远的出河店，准备反击女真人。完颜阿骨打趁辽军刚刚抵达，立足未稳，率部快速进行偷袭，结果一举打败辽军。

辽军大败的消息传到朝廷后，天祚帝很愤怒，要严惩统帅萧嗣先，却被萧奉先拦住了。萧奉先为了保护自己的弟弟，使他不被追究，对天祚帝连蒙带骗，说逃散的辽兵四处劫掠，如果不赦免他们，这些人会聚众造反。天祚帝听信了萧奉先的话，下令赦免了所有的将士。天祚帝对萧嗣先的处理，严重影响了辽军的士气。将士们看到战死的将士没有军功，见敌不战而逃的将士不会被治罪，于是，在与女真的交锋中全无斗志，一击即溃。

公元1115年，完颜阿骨打正式称帝，立国号为大金。原有的臣属自立为皇帝，是对天祚帝的公然反叛。天祚帝十分愤怒，下诏宣布亲征。天祚帝知道女真人不好对付，在下诏亲征之后，按兵不动，先派了使者前往女真进行议和。天祚帝在国书中先指责了一通完颜阿骨打，最后令其臣服为属国。完颜阿骨打早已下定决心开创帝业，不肯答应天祚帝的条件，几次议和都以失败告终。天祚帝这才决定征伐女真。他以围场使阿不为中军都统，率军十万；以萧奉先为御营都统，诸行宫都部署耶律章奴为副都统，同时派出两万精兵作为先锋；此外还有都点检萧胡睹姑和枢密直学士柴谊率领的汉军步骑三万人。

辽军从长春州分兵进发。辽军虽然人多，但是战斗力极差。很快，女真攻下了辽国的军事重镇黄龙府，并再次致信天祚皇帝，要求引渡女真叛徒阿疎。天祚帝面对女真人咄咄逼人的气势，最终下定决心亲自率军出征。天祚帝统领大军七十万向女真人逼来，完颜阿骨打与左右争论应如何应对。就在这时，辽军内部却出现了叛乱。任辽军副都统的耶律章奴率军返回上京，要拥立魏王耶律淳为皇帝。耶律淳没有同意，于是耶律章奴率军直奔辽国行宫广平淀。

这个时候，天祚帝选择了先平内乱的策略，他偷偷地将辽军从东征前线撤下来，向广平淀进击。女真人得知这一消息后，趁势对辽军发起攻击。当时，完颜阿骨打只有两万人，在数量上与辽军相比处于劣势，但是他们斗志昂扬，集中兵力攻击天祚帝的中军。在女真人的猛烈袭击下，辽军大乱，然后溃逃。由于手下拼死护卫，天祚帝才得以逃脱，但是他的舆辇以及帐幕、宝物、牛马等都被女真人抢走了。随后，天祚帝再次派兵伐金，结果也被打得溃不成军。

公元1118年，完颜阿骨打为了积蓄实力，选择停战，与辽国议和，条件是辽国每年缴纳银绢二十五万。天祚帝为了安宁，迫不及待地答应了金国的条件。贡赋使辽国人民的负担更加沉重，国内的起义斗争一浪高过一浪。天祚帝以为用银绢可以换来长治久安，其实换来的是更快的灭亡。

完颜阿骨打经过休整之后，很快卷土重来。公元1120年，他亲自率兵向辽国发动大规模进攻，很快攻陷辽上京，将辽国宗庙全部焚毁，还挖开辽国皇帝的陵墓盗取财宝。天祚帝逃出上京后，一时灰心丧气，产生了退位保命的打算。他本想立最为贤明、在国人中威望最高的长子耶律敖卢斡，但是他却听信朝中奸佞的谗言，上演了一出杀妻灭子的惨剧。

天祚帝还有一个儿子，即秦王耶律定，他是萧奉先的妹妹元妃所生。萧奉先想使天祚帝立秦王为太子，因此力谋加害晋王。在探知天祚帝有退位的打算时，萧奉先加紧了谋划，他指使同党诬告耶律余睹与驸马萧昱谋立晋王耶律敖卢斡。耶律余睹是辽军统帅，是晋王耶律敖卢斡的母亲文妃的妹夫，在贵族中颇有威望。

天祚帝听了萧奉先的诬告后，不问青红皂白，立即下令将萧昱处死。萧奉先还诬告晋王的生母文妃也参与了此事，天祚帝也将她赐死。耶律余睹在前线为天祚皇帝卖命，听到这个消息后，大惊失色，他为了保命，带领人马投奔金国去了。耶律余睹降金后，反戈一击，成了引导金兵攻辽的先锋，金兵也从耶律余睹那里将辽的实力了解得一清二楚，从此金兵似风卷残云般把天祚帝赶得四处逃命。

天祚帝逃到中京（位于今内蒙古宁城）后，不知所措，天天提心吊胆。他担心的不是辽国的江山社稷，而是自己的身家性命。他让官员将内库中的金银珠宝全部打包，装了五百多袋，还令人选出两千匹上等的快马，专门送到住处附近喂养。如果女真人打来，他可以与亲信骑这些马带着珍宝一起出逃。天祚帝曾对亲信说："即便是女真人打到这里

143

来，我有日行五百里的快马，又与宋朝为弟兄，夏国为甥舅，可以前往投奔这两个国家，这样依然不失一生的荣华富贵。"一个皇帝竟然舍弃了江山社稷，只顾自己的荣华富贵，这样的王朝不亡也难了。

公元1122年，金军攻占辽中京大定府，天祚帝在这之前已经逃到燕京。天祚帝得到这个消息后，十分恐惧，急忙逃往西京大同府。金兵在耶律余睹的带领下，一直在天祚帝后面紧追不舍。天祚帝为了逃命，把随身带的金银财宝都扔掉了，甚至还抛弃了自己的小女儿，这样才没被金兵追上。

辽国都快灭亡了，朝廷内部仍然进行着残酷激烈的权力斗争。萧奉先知道此次追击的金军是耶律余睹带领的，于是趁机向天祚帝进言，说耶律余睹这样做是为立晋王为帝，并且劝天祚帝为了江山社稷考虑，杀了晋王，这样耶律余睹就不战自退了。天祚帝早已经因为东躲西藏而丧失了理智，于是就将无辜的晋王赐死。

天祚帝下令绞死晋王时，晋王的亲信劝他出逃，但是晋王却不同意，他说："我不能为了活命，而丧失作为臣子的礼节。"最后，从容就死。晋王含冤而死，辽国军民对天祚帝更加失望了，辽军的军心更加涣散。天祚帝出逃以后，在一些臣僚的拥立下，天祚帝的叔父耶律淳在燕京自立朝廷，自称天锡皇帝，并将天祚帝降为湘阴王。耶律淳称帝几个月后，就病死了，大权由他的妻子德妃勉力支撑。公元1122年年底，金军打到燕京，德妃见不能抵挡，从居庸关逃走，前去投奔天祚帝。天祚帝忌恨耶律淳自立朝廷，竟下令将德妃处死。

公元1123年农历九月，曾参与拥立耶律淳为帝的辽国大将耶律大石前来归附天祚帝。天祚帝十分恼怒，责问耶律大石："我这个皇帝还没有死，你怎么敢拥立耶律淳？"耶律大石回答说："陛下当初挟全国之势，却不能拒敌于外，丢弃国都逃走，致使生民涂炭。我不管立谁为帝，也都是太祖的子孙，这样做难道不比乞命于他人更强吗？"天祚帝无言以对。耶律大石为辽太祖耶律阿保机八代孙，是宗室中能文能武的人才，天祚帝还想利用他，所以就没有追究他的罪过。

耶律大石为天祚帝分析了当前的形势后，说："辽国的立国之本是北部的游牧各部，现在皇上在女真人的进逼之下，一步步向南退，实际上是抛弃了辽国的大本营，转而依靠并不忠心于辽国的燕云地区的汉族地主，这实在是一个错误的选择。当初金人攻陷了长春州及辽阳时，皇上应该退守捺钵行宫所在的广平淀，而不是退守中京。因为广平淀是号令包括游牧各部在内的全国实际上的政治中心，而中京是一个汉化都城，抛弃了广平淀，也就意味着抛弃了契丹等游牧部族。"耶律大石说完这些后，力劝天祚帝北进。耶律大石的分析很正确，但是天祚帝却不听，他只想利用耶律大石等人带来的部队收复燕云地区。耶律大石极力劝阻："国势已然衰退，应该养兵然后再伺机而动，不要再去打仗了。"天祚帝还是不听。耶律大石只好辞行，自己到了北方游牧各部，试图在那里恢复辽室江山。

在这紧急时刻，天祚帝还逼走了自己的次子梁王耶律雅里。耶律雅里被封为梁王，天祚帝就确定了让他来作皇位的继承人。但是，天祚帝对自己的亲生儿子和接班人，仍然信任不过。公元1123年农历四月，天祚帝被围困在青冢，情况危急，皇宫卫队的首领特母哥便护卫着梁王耶律雅里拼死突出重围。后来，天祚帝用诈降的计策突围，逃到了云内（位于今呼和浩特西）。特母哥得知这个消息后，护卫着梁王到云内与天祚帝相聚。这个时候，梁王的随从有一千多人，比天祚帝的兵马还要多。天祚帝见到特母哥和梁王时，十分生气，指责特母哥只顾梁王，不顾皇上和其他的王子。他甚至担心特母哥会领人叛变，想杀掉这个功臣。他手拿宝剑逼问梁王："特母哥究竟教你干什么？"梁王被逼得没有办法，只好带着自己的人离开天祚帝。

这样，天祚帝就成了真正的孤家寡人。奸臣萧奉先仍然侍奉在天祚帝左右，继续以花言巧语逢迎他。在上京临潢府失守之时，萧奉先对天祚帝说："女真人虽然能够攻取上京，但是他们终究不能够离自己的老巢太远。"他建议天祚帝，只要逃到离女真人远一些的地方，那女真人就没有办法了。没想到女真军跟在天祚帝后面，一直追了三千里，使天祚帝无处可逃。这时，萧奉先再也拿不出什么计策了，只好请天祚帝向夹山逃窜。这个时候，天祚帝终于醒悟过来，他对萧奉先说："你们父子已经误我至此，就算杀了你们也没什么用，你们不要再跟我一起走了。"于是，他将萧奉先父子赶出了军营。萧奉先父子几个人哭着离开了天祚帝，没走多远就被其手下捆起来了，然后押送着交给了女真人。女真人当即将萧奉先的长子斩首，然后将萧奉先和他的次子送往金朝廷。在押送的途中，天祚帝突然带军队出现，把萧奉先抢了回去。天祚帝专门下诏，说辽国之事都是由萧奉先一人所误，所以将他赐死以谢祖先。

然后，天祚帝率军冲出夹山，准备南下到武州。结果，他在半路上与女真人相遇，被打败了。天祚帝不愿意四处逃难，打算投奔宋朝。随行的一个僧人提醒天祚帝，宋朝最惧怕女真人，到宋朝必然得不到全力的保护，如果女真人进行威逼，宋朝很可能会将他交给女真人。这样还不如直接降归女真，或许还能有封王的可能。天祚竟然信了和尚的话，不再往宋朝边境逃跑。公元1125年正月，天祚帝经天德军城（位于今内蒙古呼和浩特市东）过沙漠，向西逃窜，途中水粮断绝，只能靠冰雪充饥止渴。农历二月，天祚帝在逃到应州（位于今山西应县）新城东时被女真人俘获。金朝将他封为海滨王，接着又改封为豫王。三年后，天祚帝病死，年五十四岁。

俘虏皇帝——北宋徽钦二帝

宋徽宗赵佶继位之后，巧立名目，增税加赋，搜刮民财，导致各地发生农民起义，北宋的河山日趋衰败。外部还有辽国虎视眈眈，女真人势力不断扩张。宋徽宗看不到女真人潜在的危险，却想起了他的列祖列宗几次尝试收复燕云十六州。这个时候以蔡京为首的一些官员献上联金抗辽的策略。宋徽宗全然不顾与辽国的百年盟好，决意与新兴的金国结盟，期望夺回后晋时割给辽朝的燕云十六州。

公元1120年，北宋与金朝达成协议，其主要内容是：金进攻辽国中京大定府（位于今内蒙古宁城），占领长城以北地区；宋攻辽国南京（位于今北京市），占领燕云地区；两国军队不得越过长城；打败或消灭辽国后，长城以南归宋，宋将原来付给辽国的岁币，如数改付给金；两国以后不得单方面与辽国讲和及签订和约。签订这项和约时，宋金两国的使者往来都需要通过渡海以躲避辽国侦察，因而称此密约为"海上之盟"。

宋朝的很多官员提出反对意见，认为此举无异于玩火自焚，"臣恐唇亡齿寒，辽亡宋危""且中国与契丹讲和，今逾百年。自遭女真侵削以来，向慕本朝，一切恭顺。今舍恭顺之契丹，不羁縻封殖，为我蕃篱，而远逾海外引强悍之女真以为邻域，……臣恐中国之祸未有宁息之期也"。但是，宋徽宗并没有听取这些意见，而是一意孤行。

宋金缔结"海上之盟"后，双方各派兵马向辽国发起进攻。开战不久，数十万宋军竟然不堪一击，被穷途末路的辽军打得丢盔弃甲。最后，燕京为金军攻取。金军俘掠金银玉帛而去，而后把空城给了宋朝，换取"代税钱"百万缗。宋朝也算是完成了"复燕"大业。

由于宋军的腐败和宋朝的懦弱无能，因此金国在灭亡了辽国后，一直想找个合适的借口攻打宋朝。然而，以宋徽宗为首的北宋统治集团还沉醉在"复燕告成"的梦境之中。公元1123年，金国临海节度使张觉叛金投降了大宋。宋徽宗忘了双方的盟约，不仅接受了张觉，还大肆封赏，这就给了金国借口。

公元1125年农历十月，金国准备充分以后，以张觉事件为借口，派大将完颜宗翰（粘罕）、完颜宗望（斡离不）分东西两路南下侵宋。在叛贼郭药师的带领下，金军如入无人之境，很快就打到了京师附近。宋徽宗看到金军兵临城下，吓得大惊失色。他想要逃跑，又怕担上胆小怕事的恶名，于是亲手策划了一出禅位的丑剧，将皇位禅让给太子赵桓，让儿子替代自己承受亡国之祸。

赵桓从小就官运亨通，他出生于公元1100年，他的父亲赵佶在这一年当上了皇帝。赵桓刚刚五个月，就被封为检校太尉、山东东道节度使、韩国公。第二年农历六月，他就被封为开府仪同三司，封京兆郡王。公元1108年，赵桓晋封定王。赵桓从小就是个乖孩子，虽然不是很聪明，但是比较勤奋，谦恭有礼，给朝廷上下留下了一个仁孝的好印象。赵桓从小就没有小孩子的天真，倒是有着成年人的沉稳，这不是因为他成熟，只不过是他个性恬淡、兴趣不多。赵桓的生母王皇后在他九岁时就死了，赵桓因此变得更加沉默寡言。

公元1115年，宋徽宗准备立太子，而拥立长子是古今通则，于是太子的名分就落到了赵桓头上。这个时候，赵桓才十五岁，本来他的性格就沉稳，当上太子之后，就更加沉稳了。赵桓为了保住太子之位，变得更加谨小慎微，总是把好的一面给臣子们看见。赵桓为了表明自己的恭俭谦退，在拜谒太庙之时奏请不乘金辂，不用卤簿，只常服骑马以往，还请求官吏不要对他称臣。赵桓入住东宫之后，奏请减少东宫的诸司局务，恪尽节俭。他为了表现自己的好学，每天除了问安寝食，只要稍有闲暇就请学官讲读。他这样表现，是因为父亲还在壮年，如果自己很张扬，会招来父亲的猜忌。但是，事实是他的父亲宋徽宗不但不担心儿子惦记自己的宝座，反而想赶紧让出这个位子。

公元1125年农历十二月二十日，宋徽宗任命赵桓为开封牧，以显示自己对皇太子的信任。第二天，赵桓入朝问安时，宋徽宗特意将只有皇帝才能佩戴的排方玉带赐给了他。农历十二月二十三日，宋徽宗下召太子赵桓进见。赵桓来到保和殿东阁，见宋徽宗正半卧在榻上，大臣都围在榻前，不知道发生了什么事。这时太师童贯和少宰李邦彦抖开一领皇袍披在了赵桓身上。赵桓被这一举动吓坏了，双膝一软，随即跪倒在地上，放声大哭，坚辞不受。这时，宋徽宗说："你不接受就是不孝啊。"赵桓哽咽着说："臣若接受才是不孝啊。"宋徽宗见僵持不下，就命内侍扶赵桓前去福宁殿登基即位。宋徽宗就这样将已吓昏的赵桓推上了皇位。宋徽宗的禅让，不是他的身体不行了，是想让儿子替他抵挡金兵，替他当亡国皇帝。

赵桓即位之后，改年号为靖康。宋钦宗赵桓很勤勉，他延见群臣，批阅奏章，常常到半夜都不能休息。宋钦宗的生活很俭约朴素，又没有什么嗜好，一心忙于政务。但是，他的勤勉并没有什么效果，柔弱寡谋，多疑多变的性格导致他不能明辨是非，深谋远虑。

公元1126年正月初二，宋钦宗下诏亲征，命吴敏为亲征行营副使，兵部侍郎李纲、权知开封府事聂山为参谋官，在殿前司集结兵马。可是，宋钦宗还没出发，就传来溶州失守、金兵渡过黄河的消息。宋钦宗立刻放弃了亲征。此时的东京城乱成一片，宋徽宗已经逃跑了，一些王公大臣随后也纷纷收拾私财、携妻带子出逃。宋钦宗在延和殿召群臣议事，大多数人都建议出狩襄邓（位于今湖北襄樊一带），也就是南迁，宋钦宗也同意了。但是，大臣李纲却极力反对，他认为应该留下来。经过一番辩论，宋钦宗又决定留下来，他当即升李纲为尚书右丞，然后退朝用膳。可是，宋钦宗吃完饭后，又反悔了，让大臣继续议论以决去留之计，同时任命李纲为东京留守。大臣们又开始辩论去留，李纲举出了唐明皇南逃川中的历史教训，说"出狩就是龙脱于渊，前途莫测"。宋钦宗又准备留下，内侍王孝竭从旁奏道："皇后、国公已经走了，陛下怎可留在此地！"宋钦宗一听家人都走了，脸色大变，立刻决定南下。李纲无奈以死相请。这个时候皇叔燕王赵似、越王赵俣正好赶到，也劝说皇上应该固守。宋钦宗见有亲王到了，也有了点底气，于是留了下来。

宋钦宗惶恐地熬过了白天，到了晚上，他又改变了主意，并传令天明出发。李纲第二天上朝时，只见禁卫军披甲列队，皇帝的乘舆服御摆在院中，六宫妃嫔正待上车，已是马上就要出发的样子。李纲大声问士兵们："你们愿意死守京师呢？还是愿意保驾出走？"将士一致高呼："愿意死守！"宋钦宗听了，又决定还是该留下。后来，宋钦宗登上宣德门，宣谕六军，表示要固守到底，并且任命李纲为亲征行营使，全面负责守城事宜。

李纲刚刚做完城中的部署，金军就兵临城下开始攻城了。李纲率领将士保卫东京，将士们奋勇作战，多次重创金兵，歼敌千人，粉碎了金人想一举攻下东京的企图。金兵只有六万余人，宋朝的守城兵比他们多很多，而且各地边防军和各地驻军也纷纷来援，金兵在人数上没什么优势。但是，宋钦宗却没有看清自己的优势，在战争一开始，就派人到金营求和。李纲听到这个消息后，竭力反对。

十几天后，宋朝各地的援军陆续到了城外。援军大将种师道、姚平仲都支持李纲的抗战主张，东京守军士气振奋。金军一看形势不妙，赶快把人马后撤。宋钦宗却因一次小的失误罢免了李纲和种师道，后来在军民的一致抗议下，才又重新起用他们。李纲、种师道复了职，宣告杀敌者受重赏，宋军的抗金气势高涨。金兵见东京军民同仇敌忾，勤王兵日益增多，不得不退兵。金兵撤退后，种师道请求趁他们渡过黄河时发起猛攻，宋钦宗却不同意。李纲请求派大军跟随，令将士找机会袭击，也遭到拒绝。

宋钦宗以为金兵撤走之后，就可以过上安稳太平的日子，于是把太上皇宋徽宗接回东京。李纲一再提醒宋钦宗要加强军备，防止金军再次进攻，可是每次提出来，总是备受阻挠。宋钦宗只愿意过太平日子，不想居安思危。半年之后，金兵卷土重来，而在这个时候，宋钦宗却将李纲等主战派罢黜。金朝君臣最怕的就是李纲，李纲被罢免后，金军就没有顾忌了。农历八月，金太宗再度举兵，遣粘罕、斡离不大举南侵。农历九月太原失陷；农历十月，真定失陷；农历十一月，东京再度被包围。此时，宋朝已无主战派，当政者均为主和派。可是，金军却不想再议和了！

公元1127年正月，金军攻破北宋的都城东京，在城中烧杀抢掠，将北宋的都城变成了人间炼狱。宋钦宗听到消息后，惊恐万分，掩面痛哭，他急忙遣使与金军请和，可是金人坚持请太上皇出郊议和。宋钦宗深感为难，宋徽宗毕竟是自己的父亲，他不能将父亲置于危险的境地而不顾，于是他决定亲自去向金人求和。宋钦宗奴颜婢膝、低声下气地俯首称臣，乞求宽恕，又摆下香案，望金国方向拜了几拜，算是尽了臣礼，金人这才同意放他回城。

宋钦宗投降后，对金人唯命是听。金人遣使来索要金一千万锭（每锭五十两），银二千万锭，帛一千万匹，宋钦宗就下令四处搜集金银；金人遣使索要骡马，宋钦宗赶紧凑齐七千余匹派人送去；金人索要少女一千五百人，宋钦宗也只好照办，甚至连自己的嫔妃也拿来充数；妃嫔、民女不甘受辱，赴水投河而死者很多。即便这样，金人仍不满足，声称要入城洗劫，要求宋钦宗再去金营议事。宋钦宗终究不敢违抗金人的命令，只好命孙傅辅助皇太子监国，自己再次去议和。

宋钦宗刚到金军大营，就被金人当人质扣住，然后金人进城大肆劫掠。金太宗废黜宋钦宗及宋徽宗为庶人。金人押着宋徽宗、郑皇后及亲王、皇孙、驸马、公主、嫔妃等从滑州北去。粘罕押着宋钦宗、朱皇后、太子赵湛、宗室及官员们由郑州道北行。金兵退走时，带走了大量的金银财宝、仪仗法物、图书典籍、古董文物，以及工匠、倡优杂技等数千人。

金人押解着徽钦二帝到北方，此外还有宋徽宗的几十个儿子和女儿，除了九子赵构在外勤王和一个仅一岁的幼女外全都被金人俘掠。金人为了防止中原军队索要这些被俘人员，把他们聚集在一起，野蛮地用牛车将他们赶往北方。当时正是农历四月，北方仍然很寒冷，徽钦二帝和郑氏、朱氏两位皇后的衣服都非常单薄，晚上冻得睡不着觉，只能自己找些木柴、茅草来燃烧取暖，途中所住的破屋四处透风，没有床只能睡在又湿又潮的地上。金兵每天只给他们吃一餐饭，饭是发了霉的干饼和豆饼。朱皇后因为吃了这些变质食物而生病，宋钦宗低声下气地去求金兵给她水喝，金人竟毫不理会。朱皇后当时只有二十六岁，长得艳丽多姿，经常受到金军官兵的调戏。朱皇后在又饿又惊的情况下，心腹疼痛，金兵竟然用手去摸她的肚子。女真的将领为了羞辱宋朝皇帝，竟要求宋钦宗把朱皇后交出来，同男人们一起分享皇后；他们在饮酒作乐时，常常强迫两位皇帝像侍从一样站在一旁陪饮或唱歌助兴。

徽钦二帝被押送到金朝京师会宁府后，金人举行了献俘仪式。他们命令父子两个及其后妃、宗室、诸王、驸马、公主都穿上金人百姓穿的服装，头缠帕头，身披羊裘，袒露上体，到阿骨打庙行"牵羊礼"。朱皇后忍受不了这样的屈辱，当夜自尽身亡。徽钦二帝拜完了阿骨打庙后，又去拜见金太宗吴乞买。金太宗封宋徽宗为"昏德公"，钦宗为"重昏侯"，把他们安置在韩州（位于辽宁昌图境内），给田十五顷，令其耕种自给，后又将他们迁移到五国城（位于今黑龙江依兰）。徽钦二帝被赶去安置地时，宋徽宗的皇后病得十分严重，不能走路，宋徽宗不肯丢弃她，就背上她走路，但是第二天皇后还是死了。

　　金国对待俘虏的宋徽宗和宋钦宗，仿照了宋初对待降俘南唐后主李煜的做法，不时地赐给他们一些钱物酒食，而两位皇帝就必须写一些感谢的话，称为"谢表"。之后，宋徽宗和宋钦宗被金人百般折磨，宋徽宗病重而死，宋钦宗想要自尽，但是被金人拦下来了。后来，宋钦宗一直忍受折磨，最终惨死在北方。

遭宫女行刺的明世宗

公元1522年，明世宗登基，年号为嘉靖，后世称之为嘉靖皇帝。嘉靖刚当上皇帝时，勤于政务，整顿朝纲，推行新政，严肃监察制度，减轻赋税，革除了一系列弊政，政治上出现了清明的态势。但是，后来他就慢慢地荒唐起来。

嘉靖喜欢神仙修道之术，非常相信修炼升天，一时间搞得乌烟瘴气。公元1539年，江西龙虎山来了一位张天师。嘉靖与他很谈得来，封他为正一嗣教真人。后来，又出了一个陶仲文，时常装神弄鬼，弄些黄白之术、金丹之药，耍些得道成仙、念咒驱鬼的把戏，深得嘉靖的欢心。

一天夜里，有一个名叫张金莲的宫婢走过长廊，隐隐听见远处有"笃笃笃"的木鱼声。她想宫里怎么有木鱼声，又想到西宫太后住的慈庆宫和慈宁宫是拆了庙改建的，会不会是有鬼了？张金莲胆子很大，就摸着黑循声去找，找了好一会儿，才听得真切，声音来自石阶之下。她走近了，又没有了声音；离开几步，又传出声音。她灵机一动，就捡了一粒小石子投过去，结果有一缕黑烟冉冉升起。张金莲回到后宫，王妃问她为什么这么长时间才回来，她就将这事一五一十地说了。后宫中的女人本来就胆小，听说有鬼，十分害怕，当夜就将张金莲的所见所闻一传十，十传百，传遍了后宫。大家吓得连觉都睡不踏实。

嘉靖很迷信，也相信有鬼，便立即召来了陶仲文。很快，陶仲文就开始张罗，来到宫中驱鬼。他头戴御赐金冠，腰系玉带，身着道服，手执拂尘，又是烧符咒，又是念咒，搞了三天三夜。陶仲文又面奏世宗，请求掘地三尺除妖。很多人一齐动手，在张金莲扔小石子的地方不断挖掘，终于挖出一段烂木头。陶仲文说这个就是作祟的木鱼精，并将烂木头丢入烈火之中，把它烧成了灰。陶仲文说："这妖精已被消灭，从此宫内平安，皇上可以放心了！"嘉靖相信了，并重重奖赏了他。

嘉靖为求长生不老药，听信方士的胡言乱语，命他们炼丹。这些方士认为用童女初潮的月经血熬成的砂状物质——红铅可保长生不老。因此嘉靖皇帝大量征召十三四岁宫女，并命方士利用她们的月经来制丹药。另外，为保持宫女的洁净，她们不得进食，而只能吃桑、饮露水。所以，被征召的宫女都苦不堪言。结果，以杨金英为首的宫女们决定放手一搏，趁嘉靖帝熟睡之时，用麻绳勒死他。

明朝皇帝的寝宫是紫禁城内的乾清宫，除了皇帝和皇后，其余人都不可以在此居住，妃嫔也只是按次序被送来，除非皇帝允许久住，否则当夜就要离开。嘉靖年间的乾清宫，暖阁设在后面，共九间，每间分上下两层，有楼梯相通，共有二十七个床位，皇上可以从中任选一张居住。因而，皇上睡在哪里，谁也不知道。但是这防备不了那些守在皇上身边的宫女。

这天晚上，嘉靖在端妃的宫里睡觉。端妃集三千宠爱于一身，嘉靖几乎每日都要到端妃这里。嘉靖酒醋欲睡，端妃不敢惊扰，自己悄悄出去了。宫女们趁嘉靖熟睡之时，偷偷溜进来。杨玉香几个人把一条粗绳套在皇上的脖子上，一个宫女蒙住他的脸，一个紧紧地掐住他的脖子，一个按住他的前胸，一个按住他的上身，还有几个分别按两手和两腿。然后几个人一起用力去拉绳套，眼看她们就要得手，绳套却被杨金英拴成了死结，最终没有将嘉靖送上路。宫女张金莲见势不好，连忙跑出去报告方皇后。方皇后带人前来，才把这些宫女捉住了。

嘉靖虽然得救，仍然不省人事，不过还活着。方皇后召集御医会诊。御医们面面相觑，谁也不敢冒险。方皇后心急如焚，命御医许绅务必设法救活皇帝。许绅不好推托，只好开了一副猛烈的药方。嘉靖服下这副药后，终于坐了起来，但仍然说不出话来。许绅救活了世宗，但是时隔不久他自己却得了病，临死之前对家人说："我不行了。上次宫变，我自知若是救不活皇帝就会惹来杀身之祸，因此惊悸得病，所以这病是医不好的。"没几天就病死了。

嘉靖虽然苏醒了，但是还不能理事，方皇后则乘机快速审讯杨金英等人。皇后很快就审出了结果：杨金英与苏川药、杨玉香、邢翠莲、姚淑翠、杨翠英、关梅秀、刘妙莲、陈菊花、王秀兰亲行弑逆，宁嫔王氏首谋，端妃曹氏时虽不与，然始亦有谋。张金莲事露方告，徐秋花、邓金香、张春景、黄玉莲，皆同谋者。司礼监将审讯结果向嘉靖禀报，嘉靖遂颁谕旨称："这群逆宫婢杨金英等，并王氏各朋谋害弑朕于卧所，凶恶悖乱，好生悖逆天道，死有余辜。你们即打问明白，不分首从，便都拿去，依律凌迟处死，锉尸枭首，示众尽法。各该族属，不限籍之同异，逐一查出，着锦衣卫拿送法司，依律处决，财产抄没交官。"锦衣卫将杨金英等十六名宫女，以及端妃曹氏、宁嫔王氏绑赴市曹，凌迟处死；抄没涉事宫女家产。

嘉靖病痊后，经常忆起端妃，他对人说："端妃，我所爱，应该没有害我之心。"从此迁怒于方皇后。公元1547年，方皇后坤宁宫失火，此时嘉靖皇帝已经搬到永寿宫居住，且很长时间不露面了。事情发生当晚，嘉靖迟迟不命人救火，最后看着大火中的坤宁宫，还说："烧吧，烧完了正好建新的。"方皇后因此被烧成重伤，几天后死去。

经"壬寅宫变"幸得未死，三十多岁的嘉靖被吓得失魂落魄，更加崇尚道教了。他认为一定是神仙保佑，自己才能逃过一死。经过这件事，嘉靖皇帝对生的追求更加执着，他搬到了皇城西苑的永寿宫，从此再也没有回到紫禁城内的寝宫里居住。永寿宫是朱棣曾经做燕王的时候住的宫殿，嘉靖皇帝认为永寿宫有真龙之气庇佑，所以搬到了永寿宫再也不回大内。他在永寿宫设醮炼丹，迷信几个道士的邪说，养生修道，二十余年不敢回大内，置朝政于不顾，使贪赃枉法的首辅严嵩横行乱政二十年，造成北方蒙古侵扰不断，有识的官员不能为国出力，甚至惨遭屠戮。另外，他在宫内外兴建大量宫殿庙宇，加重百姓的负担，使得国家财政危机愈益深重。

"勤奋"不敌"昏聩"的崇祯皇帝

朱由检就是崇祯皇帝，他是明朝最勤政的皇帝之一，事事亲为的作风却没收到相应的效果。明朝的亡国和他身死与其多疑的性格有直接关系。他不信任忠贞的大臣，冤杀袁崇焕更是自毁长城的极端表现。

后金开国皇帝努尔哈赤占领辽沈地区后，挥军西向，靠明朝降将为内应，攻占了广宁。结果他在与袁崇焕交战时，被大炮伤到，不久便死了。第二年，皇太极亲自率领大军，兵分三路南下，攻打明军。后金军先把锦州城包围了。袁崇焕知道皇太极的目标是宁远，决定自己留在宁远，派部将带领四千骑兵援救锦州。果然，明朝的援军还没出发，皇太极就分兵攻打宁远。袁崇焕亲自到城头上督率将士守城，用大炮猛轰后金军；城外的明军援军在背后攻打后金军。明军内外夹击，把后金军赶跑了。皇太极又把人马撤到锦州。锦州的明军守城很严实，后金军久攻不下，致使军队士气低落，加上天气转暖，皇太极只好退兵。皇太极曾败在袁崇焕手下，深知袁崇焕有胆有识，既佩服又嫉恨，时刻想着要除掉袁崇焕，从而实现进军关内的目的。

公元1629年农历十月，皇太极率军绕道内蒙古，从喜峰口入关，直逼京师。袁崇焕连夜挥师入关保卫京师。皇太极马不停蹄，一路攻克玉田、三河、香河，兵临北京城下。袁崇焕赶到了北京，没顾上休息就和后金军展开了激烈的战斗。后来，崇祯帝听说袁崇焕带兵赶到，心才定了一些。他亲自召见袁崇焕，慰劳了一番。别路明军也陆续赶到，投入战斗。

不想这时，京城谣言四起，说后金兵是袁崇焕引入关的。袁军虽在广渠门外，从凌晨打到傍晚，冲杀十多次，打退后金兵，但崇祯帝却深信谣言。农历十月二十三日，袁崇焕请求觐见，遭到崇祯帝的拒绝。崇祯帝是个疑心极重的人，对袁崇焕已有戒备，袁崇焕却丝毫没有觉察。

这时，皇太极有意命令部队靠近袁军驻扎。后金军刚打到北京城下时，活捉了两个明朝太监押在军中。皇太极让人夜里坐在靠近关押太监的地方说话，一个说："今天咱们临阵退兵，完全是皇上（指皇太极）的意思，你知道吗？"另一个说："你是怎么知道的？"一个又说："皇上一个人骑着马与袁将军密谈了好半天话才回去，他们定下密约，眼看大事就要成功了……"姓杨的太监听见了这番对话，这个时候金兵也放松了看守，他就偷偷地逃了出来。逃回京城后，他立刻向崇祯帝报告。崇祯帝听了也信以为真。他哪里知道，这个是皇太极的谋士设下的反间计。

崇祯帝信以为真，以商议军饷为名，召袁崇焕进宫。袁崇焕进宫后，崇祯帝就以"叛国通贼之罪"把他逮捕。公元1630年，刚愎自用的崇祯帝把袁崇焕处以磔刑，他的兄弟妻子被流放到三千里外的不毛之地。就这样，一代爱国将领蒙受奇耻大辱，含冤而死。

袁崇焕死后，独断专行的崇祯帝对其他将领也进行了重罚。朝廷还围绕袁崇焕案发生了激烈的党争。这场党争是因袁崇焕诛杀皮岛守将毛文龙而引起的。毛文龙原为辽东守将，辽东失守后，他拥兵数千，退守皮岛，向朝廷索要十万人的兵饷，却不积极抵抗。袁崇焕任辽东巡抚后，决定杀了毛文龙，更换皮岛守将，并将这个想法告诉了内阁大学士钱龙锡。袁崇焕被捕后，王永光、温体仁、高捷、袁弘勋等大臣攻击袁崇焕擅杀大将，并且想借机把钱龙锡牵进袁崇焕案。他们攻击钱龙锡卖国欺君，收受袁崇焕的贿赂。崇祯帝大怒，准备重惩钱龙锡。在很多大臣的救护下，钱龙锡才保住性命。

崇祯帝面对战火不断的局势，没有一点办法。内外交困已经将明王朝推向了垂危的边缘，局势一天天恶化。崇祯帝终日里心急如焚，而一件件令他烦心的事却不断地传来。

陕西农民起义军兴起，王嘉胤、张献忠、李自成、罗汝才等率起义军东渡黄河，进入山西，山西民众纷纷响应。三边总督洪承畴迅速派悍将曹文诏、马科、曹变蛟等统兵追入山西，但是起义军越过太行山，直接威胁京师。公元1633年冬，为了解决起义军的威胁，明朝调集大军三万余人，将农民军包围在豫北。农历十一月底，黄河结冰，农民军出其不意冲出包围，南渡黄河，挥师安徽、湖广、四川等地。

崇祯帝急忙召大臣商议剿灭起义军之策。朝臣们建议设立总督，改变以往事权不一的局面，进行统一指挥，崇祯帝同意了这个意见。不久，崇祯帝任命延绥巡抚陈奇瑜总督陕西、山西、河南、湖广、四川五省军务，负责剿灭农民起义军。公元1634年，陈奇瑜集中几个省的明军在湖北打了几个胜仗，将农民军赶回陕西。农民起义军在向陕西退军时，误入汉中栈道险区，结果被明军包围。农民起义军派人以重金贿赂陈奇瑜手下将领，而陈奇瑜也主张招抚，崇祯帝也批准了。这样，农民军得以走出绝地，又重举义旗。崇祯帝恼羞成怒，下令将陈奇瑜下狱治罪，让洪承畴接任五省总督。公元1634年底，农民起义军杀回河南，随后打下明朝皇帝的老家安徽凤阳，掘了朱家的祖陵。

凤阳失守、祖陵被掘的消息传到北京后，崇祯帝在群臣面前痛哭流涕，觉得自己对不起祖宗，发布《罪己诏》，令吏部、兵部追查凤阳失守原因，将凤阳巡抚处死，一大批负有责任的官员被遣戍。随后，崇祯帝调兵七万，拨银一百多万两给洪承畴，限他在半年内荡平农民起义军。

洪承畴率兵进入河南，农民军避其主力，迂回到陕西。李自成在真宁消灭了明军精锐曹文诏部，高迎祥等则继续在中原活动。崇祯帝为了应付这种局面，起用卢象升总督直隶、河南、山东、四川、湖广等处军务，与洪承畴一起剿灭农民起义军。到了公元1636年正月，六个月期限就要了，两个人都没有取得胜利。崇祯帝一面给他们两个人施加压力，一面下达大赦令，表示赦免起义军，企图分化瓦解农民起义军。

公元1636年农历五月，卢象升与洪承畴会合，一起大战高迎祥部，杀死了高迎祥，明军趁胜收降了张妙手、蝎子块等部。李自成也在明军的追击下，逃入宁夏、甘肃。一时间，仿佛出现了天下将平的兆头。但是，几个月后，李自成领兵直扑四川，张献忠、罗汝才率部又进入了中原。

农民起义军再度活跃后，在辽东方面，皇太极率军征服了蒙古察哈尔部，形成了对明朝的北面威胁。在皇太极的经营下，后金已经实力雄厚。公元1636年农历四月，皇太极称帝，改国号为"清"，改元"崇德"。当年秋天，皇太极率兵由独石口、喜峰口入关，直插保定以南，连克十二座城，俘获人畜十八万。明军坐视清兵攻城略地，不敢一战。皇太极认为消灭明朝指日可待。

随着剿灭农民起义军和抗击清军的接连失利，明朝的财政也越来越困难。兵部尚书梁廷栋对崇祯帝说："现在民间虽穷，并不是穷于辽饷，而是穷于官贪。国家选一番守令，等于天下暗中加派几百万。国家虽不加派，民间实已甚于加派。目前缺饷，可考虑辽饷多加一些。"崇祯帝觉得有理，便下令辽饷在每亩九厘的基础上再加三厘，这样全国又增赋一百六十五万两。沉重的赋税使百姓难以忍受。崇祯帝为了保证税收，下令凡是地方官任满考核升迁，必须清核田粮完欠情况，完成者才可以升迁，完不成者罚。后来，他又令官员先核田粮，再赴京考选。这样一来，官场风气大变，官员都不再管是否出政绩，而热衷于催逼赋税。这样越来越多的农民被逼上起义的道路。

崇祯帝对各级官吏一直采用高压政策，即位以来，被杀的、下狱的、削夺的、遣戍的，不计其数，有的人因惧怕被杀竟早早自杀。公元1636年，清兵入关。兵部尚书张凤翼、梁廷栋因调兵遣将处处不顺，没能取得一次大捷，想到事后难免被诛，两人就在军中服毒自杀。

面对内忧外患，崇祯帝企图通过加大赋税、诛杀文武，来使大明王朝走出日甚一日的困境，却反而加速了这个腐朽帝国的灭亡。崇祯帝平时精力充沛，力气也很大，能拉开很强的弓。他曾经亲赴仓库检查各地送来的兵器，大部分弓他一拉就满，所以常说这些弓质量不过关。朝臣上报的奏章，他从不拖延，紧急的公文他当天就做批示，每遇军情紧急，他常常昼夜不息。农民军的复起、他非常喜欢的皇五子的夭亡，给他的身心造成很大的打击，再加上长期的劳累和压力，崇祯帝的健康状况急剧下降，于公元1640年冬病倒了。

崇祯帝生病后常想起自己的母亲，想到她未见到自己长大成人，就不明不白地死去了，他就非常难过。崇祯帝即位后，他虽然给予外祖父、外祖母很多的赏赐，但仍代替不了对母亲的思念。为表达自己的孝心，他画了一幅母亲的肖像，以便自己跪拜祭祀。崇祯帝在病中，还追封已经死去的几位异母弟弟为王、妹妹为公主，以安慰自己孤独的灵魂。

崇祯帝虽然竭尽全力理政，拼命做事，并付出了比先辈大好几倍的努力和辛劳，但依然没能挽救风雨飘摇的大明王朝。公元1641年，崇祯帝病好了之后，很快便投入到国事当中。

公元1641年农历九月，陕西总督付宗龙被李自成所杀，明军精锐损失殆尽。很快，河南也失守了。第二年农历二月，汪乔年继任陕西总督，也被李自成打败。张献忠纵横江汉之间，湖广、四川大部被其占领。公元

1642年，崇祯帝密令孙传庭杀了贺人龙，使明军又少了一名镇压农民起义军的悍将。第二年农历二月，被围整整一年的洪承畴部被清军打败。洪承畴被俘后投降清朝，辽西失守。这个时候，明清之间的力量发生逆转，明朝开始处于不利的地位，清朝提出了苛刻的议和条件。崇祯帝无奈令陈新甲与清方秘密接触，但陈新甲却将此事泄漏了出去，引起朝野大哗。崇祯帝为了保住颜面，矢口否认此事，并且将陈新甲处死。

明朝在关内和关外布下重兵，设有两个总督、四个督臣、六个巡抚、八个总兵。但是这些将帅个个怯战，清军来了，他们就望风而逃。当年农历十一月，清兵长驱而入，抵达京畿，兵不血刃，如入无人之境。第二年农历三月，清兵满载而归，很快又逼近北京。崇祯帝非常焦虑，同意周延儒出马督师。周延儒驻节于通州，他知道清军意不在北京，所以天天与幕僚饮酒娱乐。明军跟在清军后边，却不追击他们。农历四月，清军全部回师关外，周延儒"得胜"回朝。周延儒回朝后，崇祯帝大加封赏，晋升他为太师，赐银币、蟒服。

公元1644年，明朝的凤阳祖陵发生地震，很多人都预感到大明王朝的末日已经来临。当年的正月初十，李自成挥师北上的消息传到京城。崇祯帝检手拿奏疏痛哭道："朕非亡国之君，事事皆亡国之象。天下一旦丢失，朕有何面目见列祖列宗于地下？朕愿督师决一死战，虽战死沙场，但死不瞑目！"听到崇祯帝要亲自督战，陈演等大学士个个报名请求替皇上督战。这些人中，李建泰表现得最恳切。他家是山西巨富，他表示愿自己出私财当作军饷，在山西建立武装，抵挡李自成的起义军。

正月二十六日，崇祯帝举行了隆重的遣将礼，为李建泰饯行。他将亲笔书写的《钦赐督辅手敕》交给李建泰，还授以尚方宝剑，给予了李建泰很大的权力。但是，李建泰离开北京后，走到哪里都不受欢迎，在河北定兴县，县令还将拒绝他进城。李建泰在得知李自成的大顺军已经

163

渡过黄河后，带领几百名亲军退回保定，不久便投降了农民起义军。

农历二月底，崇祯帝向前方各部派去监军太监。这些太监见大势已去，全部投降了农民起义军。崇祯帝面对急转直下的形势，两次写下《罪己诏》，向天下谢罪，并下令停征一切加派税赋，妄图稳定民心，做最后的挣扎。但是，这个时候一切都太晚了，大明王朝已经注定要覆灭了。年初的时候，有大臣曾提议南下，崇祯帝想到祖宗的陵墓在北京，又想到历史上南迁君主都留下了骂名，于是就举棋不定。给事中光时亨上疏认为，南迁是天大的耻辱，只有固守才是上策。所以，崇祯帝就没有南下。农历三月初，大顺军逼近京师。这个时候崇祯帝再想南下，已经不可能了。无奈之下，崇祯帝只能死守。他向臣下表态说："国君为社稷死是最正当的死法，我决心已定。"

农历三月十五日，农民起义军进攻居庸关，守关的唐通和太监杜之秩投降。十六日，攻下昌平。十七日，李自成率军包围了北京。崇祯帝神情恍惚，仰天长叹："诸臣误我！"这个时候的北京，已经乱成一团。城外的明军不断溃败，城里的守军各自为政，加之缺少吃喝，所以士气非常低落。十八日晚上，大顺军大举攻城，太监曹化淳开城迎降，李自成占领了北京的外城。

崇祯帝听到外城陷落的消息后，知道大势已去，便登上紫禁城北面的煤山，这时候外城已经烽火连天。崇祯帝长叹一声，便回宫去了。他首先让人叫来自己的三个儿子：十六岁的太子和十一岁的永王、九岁的定王。他看着年幼的儿子，心里非常痛苦，说："京城已经失陷，我们马上就要国破家亡了。你们要立即逃出去，将来好为父皇报仇。"崇祯帝令人拿来破旧的衣服给他们穿上，然后接着说："今天你们是太子和王子，明天就是普通百姓。出了皇宫之后，一定不要暴露了自己的身份，要学会保护自己，快逃命去吧！"崇祯帝送走了三个皇子，让太监王承恩拿酒来，自斟自饮，一会儿就醉了。这个时候，崇祯帝百感交集，自己十几年呕心沥血，如今大明王朝却毁于一旦，只能以死去向祖宗赎罪。崇祯帝令身边的太监向各宫传旨，令皇后、嫔妃速速自裁。

崇祯帝首先来到坤宁宫。周皇后哭得十分伤心，她对崇祯帝说："你不听我的劝，所以才导致今日的局面，妾誓随陛下于黄泉。"崇祯帝长叹一声，看着皇后自缢身亡。随即崇祯帝提剑走出坤宁宫，来到袁妃的西宫。自缢后的袁妃从凳子上掉了下来，还有一些呼吸，他便抽剑将她砍死。随后，崇祯帝又砍杀了几位嫔妃，然后直奔寿宁宫。崇祯帝的女儿长平公主正准备自缢，见父皇提着剑浑身是血地走进来，便大叫一声"父皇"，向他扑来。崇祯帝心如刀绞，怕爱女不想自缢，便声嘶力竭地大喊道："你为什么要生在我家！"说完就用剑砍下了公主的手臂。然后，崇祯帝又去昭仁殿杀了三女儿昭仁公主。

崇祯帝亲手杀了自己的亲人后，在宫中停留片刻，让太监王承恩搀扶着他登上煤山，来到了寿皇亭。他让王承恩在梁上搭上一根白绫，然后上吊自尽了。王承恩见崇祯帝死了，便在他对面自缢身亡。三天后，人们才发现了他们主仆的尸体。

第五章 篡位篇

秦二世篡改遗诏登基

　　胡亥生于公元前230年，就在这一年，秦国吞并了韩国，开始了统一六国的征程。秦始皇特别宠爱他的小儿子胡亥。胡亥和扶苏是截然不同的人，他虽然受到了良好的宫廷教育，但是生来就是一个公子的脾性。扶苏是秦始皇的儿子中最有德行的人才，才能远远高于胡亥。但是，他在很多方面和父亲秦始皇的观点不同。秦始皇焚书坑儒时，他就上书直言进谏。因此，秦始皇将他派到上郡大将蒙恬的军中监军，一是进行惩罚，二是对他的考验和锻炼。

　　胡亥则和扶苏不一样，他喜欢法家的学说，一方面法家学说是秦国历来奉行的学说，另一方面，他的老师赵高对他有深刻的影响。赵高虽然是秦国的宦官，但是精通法律，还能写得一手好字，所以被秦始皇提拔为中车府令，让他掌管皇帝的车马仪仗队。赵高生性狡诈，深藏不露，平时又善于奉迎，因而深得秦始皇的喜欢。胡亥跟随赵高学习书法和法律，两人很谈得来，而且关系特别好。

　　相传在胡亥小的时候，有一次秦始皇宴会群臣，并下令诸公子也来参加。胡亥吃饱喝足之后，不愿在酒席中陪着大臣们消磨时间，于是就提前退出大殿。秦国当时有规定，臣子朝会皇帝时，在入殿之前必须脱掉鞋子，放在殿外的台阶上。秦始皇宴请的大臣众多，但阶上的鞋子却是行列整齐，放置有序。胡亥顺着鞋子行列往前走，边走边用脚踢，直到把大臣的鞋子踢得乱七八糟。后来，胡亥做了皇帝，也把秦朝的秩序搞了个混乱不堪。

秦始皇十分喜欢巡游。公元前210年，秦始皇开始他生命中第五次巡游。此时胡亥已经二十岁了。胡亥天性贪玩，便极力请求秦始皇带他一起巡游。秦始皇本来就喜欢这个年少的儿子，就答应了他的请求。纵横一生的秦始皇可能永远不会想到，这是他人生的最后一次巡游。这次巡游给了胡亥一个登上帝位的契机。

秦始皇在全国范围进行巡行，一方面是为了炫耀武力，威慑各地的反秦势力；另一方面，也是为了寻访名山，求得长生。秦始皇从陕西出发，先到湖北云梦祭祀虞舜，然后过南京，再到浙江，并上会稽山祭拜大禹，之后"从江乘渡，到海上，北至琅邪"。公元前210年，年逾半百的秦始皇在巡游途中病倒了。虽然他一生都在寻找长生不老的秘方，但是仍然无法抗拒生命的自然规律。秦始皇的病情一天天加重，他深知自己的大限已到，要赶快确定立储之事。他将二十几个儿子一一掂量，虽然胡亥最得他的疼爱，但是他也深知此子昏庸无能；长子扶苏虽屡屡与自己政见不合，但为人刚毅而武勇，再加上大将蒙恬的辅佐，无疑会是一位贤能的君王，况且，依照古制，也应该传位给嫡长子。于是，秦始皇不再犹豫，召来兼管着皇帝符玺和发布命令的赵高，让他代拟一道诏书给长子扶苏。当时，扶苏正在上郡（今陕西榆林东南）监军，秦始皇命他将军事托付给蒙恬，赶回咸阳主持丧事。这实际上已确认了扶苏继承者的身份。诏书封好后，秦始皇吩咐赵高火速派使者送出去。但是胆大妄为的赵高假意允诺，暗中却扣压了遗诏。

赵高在赵秦两国任事多年，早已谙熟宫廷权力之争的残酷。他明白，一旦扶苏当上了皇帝，自己必定会受到冷落和排挤，所以这道遗诏对自己是极为不利的，唯有扶立对自己言听计从的胡亥才有可能保证自己日后的地位。于是，赵高就开始计划一切。秦始皇刚刚病死，赵高就策划了一场政变，扶植胡亥登上皇位。丞相李斯见秦始皇死在途中，怕消息传出后，诸公子争夺帝位。而且民怨沸腾已久，秦始皇去世的消息传出，可能会有人趁机起兵叛乱，所以他决定密不发丧。

秦始皇的乘舆继续向咸阳进发。盛夏的炎热使车内的尸体开始腐烂，散发出臭气，李斯让每辆车都装上鲍鱼，以此来掩盖尸体的腐臭。而队伍所经之处，进献食物、百官奏事一切如故。当时除了随行的胡亥、赵高和五六名宠臣知道秦始皇病死，其余的人均被蒙在鼓里。

一天傍晚，车队停下住宿。赵高觉得时机已到，便带着扣压的遗诏来见胡亥，劝他取而代之："而今大权全掌握在你、我、丞相手中，希望公子早做打算。"胡亥早就想继承皇位，只是碍于父亲的威严而不敢轻举妄动，现在听了赵高一番贴心之语，心里也不禁蠢蠢欲动。但是他还有些犹豫，叹息道："父皇病逝的消息还没有诏示天下，怎么好就去麻烦丞相呢？"赵高早已摸透了他的心思，胸有成竹地说："公子不必再瞻前顾后，以免错失良机。这事没有丞相的支持不行，臣愿替公子去与丞相谋划。"胡亥正求之不得，立即就答应了。

李斯是秦朝的开国元老，跟随秦始皇多年，协助他统一天下，治理国家，在朝中有很高的声望。赵高知道要想成功，必须争取到李斯的支持。赵高早已经摸透了李斯的为人，李斯虽然位居三公，享尽荣华富贵，但依然时时为自己的未来担忧，唯恐有一天眼前的一切会化为泡影。于是，他决定抓住李斯这个弱点发动进攻。赵高找到李斯，开门见山地对他说："皇上驾崩一事，外人无从知道，给大公子扶苏的诏书及符玺也在我那里。定谁为太子，全在丞相与我一句话，丞相看着办吧！"

李斯听出了赵高想篡诏改立的意图，于是断然拒绝，义正词严地说："如此大逆不道的话，你怎么说得出口！我本来出身低微，幸遇皇上提拔，才有今日的显贵。皇上现在将天下存亡安危托付给我和你，我怎么能够辜负他呢！"赵高见正面游说无效，便话锋一转，说："丞相，你在才能、功绩、谋略、取信天下以及公子扶苏的信任程度这些方面，与蒙恬将军可以相比吗？"这句话正触到李斯的痛处，他沉默半晌，黯然地说："我比不过他。"赵高装出十分关切的样子，进一步试探："丞相是个明白人，这其中的利害关系恐怕比我更明白。公子扶苏一旦即位，丞相之位必定是蒙恬的。你到时候还能善终吗？胡亥公子慈仁敦厚，实在是继承皇位的最佳人选，希望丞相仔细度量度量。"

这个时候，李斯心乱如麻，他太懂得大臣失宠的滋味了！李斯经过激烈的思想斗争，终于向赵高妥协。他仰天长叹一声，然后说："遭遇乱世，也只能以保身为重了！"赵高知道自己已经说服了李斯，欣喜若狂，马上与李斯合谋，假托秦始皇之命，立胡亥为太子。

赵高出于个人私利，串通胡亥、李斯篡改秦始皇的遗诏，将胡亥立为太子。他心中十分明白，长子扶苏与蒙恬拥兵三十万，如果他们知道秦始皇死了，立即带兵到咸阳即位，赵高与胡亥等人也只能束手待擒。于是，赵高与李斯密谋又伪造了一封诏书，称扶苏和将军蒙恬率领几十万军队屯边，十多年来耗费巨大，不但没有开拓疆土，反而多次上书诽谤。扶苏因不能回咸阳做太子，心生怨恨，实为不孝，故赐剑自裁。将军蒙恬不事规劝，是不忠，故命其将兵权移交给偏将王离，然后自尽。胡亥的亲信拿着加盖了皇帝玉玺的假遗诏，日夜兼程，前往北部边境边送交扶苏和蒙恬。

扶苏接到假的秦始皇诏书，泪如泉涌，他进入内室，准备自杀。蒙恬上前阻止他，并且说："公子身居在外，虽然不是太子，但监军三十万守边，责任重大，不能仅仅凭一个使者送来的书信就自杀身亡，应该看看这其中是否有诈。你还是应该上书再请核实，然而再死也不迟。"扶苏听完之后，有些犹豫，但使者不断催促令其自杀。扶苏为人忠厚，经不起使者的催促，对蒙恬说："父赐子死，怎么还能够再请？"于是引剑自杀。蒙恬担心此事有诈，想拖延几天，等到水落石出之后再死。使者见蒙恬不自杀，就把他关进了监狱。

胡亥从开始参与到这个篡位计划，就每天担惊受怕，等到他听到扶苏已死的消息，这才放下心来。在赵高和李斯的护卫下，胡亥急急忙忙地返回了咸阳，向全国宣告秦始皇逝世，而自己将是新的皇位继承人。接着，胡亥举行即位大典，正式继任，成为秦朝第二个皇帝。赵高在这场篡位的阴谋中起到了关键的作用，因此受到秦二世的重用，升任郎中令，全面掌管宫中警卫。

胡亥的皇位来得不正当，他自己也心虚，因而登基之后就想先翦除异己，这样才可以真正坐稳皇位。赵高唆使胡亥采用铁血政策，展开一场血腥的屠杀。最后，连扶持他上位的李斯也未能幸免。李斯揭发赵高有野心，却被赵高反咬一口。最终赵高罗织了李斯的罪名，并屈打成招。胡亥登基的第二年，李斯被处以腰斩之刑，最后竟被剁成肉酱，并满门抄斩。

胡亥用极端的严刑峻法杀光了那些有威胁的人后，彻底高枕无忧了。然后，他开始横征暴敛，征发民夫，广修宫室。很快民力枯竭，民怨滔天，秦王朝进入了风雨飘摇的阶段。

千古"典范"，王莽篡汉

在中国历史上，王莽是因篡位当上皇帝而被骂得最惨的人。再加上传统戏剧中对王莽的夸大描写，使王莽"倒行逆施"的篡位行径被广泛传播。历史上，确实有王莽篡位这件事，但是事实究竟是怎样的呢？他是不是像戏剧中描写的那样是一个虚伪的人呢？

西汉的最后一位皇帝——汉平帝登基时只有九岁，还只是个小孩子，根本不懂如何处理天下的政务。当时的政务主要是由年迈的太皇太后代劳。汉平帝登基不久，太皇太后就起用了自己的侄子王莽，让他辅助自己和皇帝。王莽开始走上了前台，并且逐渐掌握了朝中大权。

王莽的父亲王曼很早就死了，没有被封侯。王莽年轻的时候，勤奋学习，为人十分恭敬俭朴。他一心侍奉母亲和守寡的嫂子，并尽心抚养自己的侄子，受到当地人的好评。王莽的伯父大将军王凤生病时，王莽亲自在床前伺候，端汤喂药，一连数月衣不解带。王凤十分感动，在弥留之际，把王莽托付给太后及汉成帝。很快，王莽就被任命为黄门郎，后又被封为新都侯、光禄大夫、侍中。

王莽是个内敛之人，他的官阶职位越高，态度越谦恭。王莽的侄子王光的父亲早死，王莽对他像亲生儿子一样，让他跟着博士学习。王莽还经常带着酒肉，坐车前去慰问侄子的老师，老师很多的朋友都得到了他的赏赐。王光的年龄比王莽的长子王宇稍小，王莽特意让他们两个人在同一天结婚，向外人表示他对自己的儿子和侄子一视同仁。王莽为了有好的名声，经常施舍衣物给宾客。他还特意去结识名士与王公贵族，以此来拓展自己的政治空间。

王莽对待政敌，却一点也不手软。比如，王太后的外甥淳于长担任了九卿，地位在王莽之上。王莽为了扳倒淳于长，暗中不断搜集他的罪状，然后直接向大司马曲阳侯王根告发。结果，淳于长被处死，王莽也因此而被看重。公元前8年，王莽被任命为大司马，辅佐朝政，这一年他才三十八岁。

王莽很有心计，即使身居高位，也恪尽职守，并且在生活上力求节俭。王莽的母亲病了，王公大臣前去探视病情，王莽的妻子系着麻布围裙来迎接。这些大臣看到了，还以为她是奴婢，一问才知道她是王莽的夫人，不禁大吃一惊。王莽谦恭下士，生活节俭，在当时赢得了许多人的赞誉，这为他以后篡汉当皇帝，奠定了基础。

此时的王氏家族十分显贵，可以说是权倾天下：王政君被尊为皇太后，王氏为侯者九人，为大司马者五人。但是，好景不长，王莽任职大司马辅政一年多，汉成帝刘骜就驾崩了。汉成帝没有子嗣，他驾崩之后，由他的兄弟刘康的儿子刘欣即位，也就是汉哀帝。汉哀帝即位后，皇后傅氏和丁姬两家外戚迅速得势，而任大司马的王莽则成为傅、丁两家的眼中钉。因为有汉哀帝的支持，傅、丁两家很快就扳倒了王莽，他被罢免了官职。王莽被罢官后，闭门谢客，在家韬光养晦，他在家时时处处小心，不给政敌留下把柄。结果，他的次子王获杀死了奴仆，触犯了当时的法律，王莽立即责令他自杀。王莽大义灭亲的举动得到很多大臣的认可，他们对王莽给予很大的希望，甚至希望他能解决朝纲疲敝的问题。这些人在王莽被罢官后，纷纷上书，为王莽申辩。汉哀帝被大臣逼迫，后来还是重新起用了王莽。

王莽再次任职后一年多，汉哀帝去世，傅太后和丁太后也先后去世了。傅、丁两家失去了强大的靠山。太皇太后王政君在汉哀帝去世的当天，就乘车前往未央宫收走了皇帝的御玺，同时逼董贤派遣使者飞速将王莽召到宫中。这个时候，王莽被官复原职，还得到了军队的调派权。王莽提议让自己的堂弟王舜担任车骑将军，并派他去迎接中山王刘衎，将其立为皇帝。

汉哀帝在位期间，王莽被丁家、傅家和董贤排挤，他再次得势之后，就开始找这些人算账。王莽在奉太皇太后诏入宫的当天，就收回了董贤大司马的印绶，后迫使董贤自杀。接着，王莽又废黜了孝成赵皇后、孝哀傅皇后，并令她们自裁；丁傅两家及董贤的亲属也都被罢官，流放到边疆。

王莽掌握大权后，对于那些不听话的大臣，就给他们罗织罪名，罢了他们的官。王莽希望自己一直握有大权，但是他是外戚，知道外戚在朝廷中的位置。所以，当汉平帝即位，要将母亲卫氏接到京城做皇太后时，王莽害怕卫氏外戚分夺他的权力，于是赶紧立刘成为中山王，拜卫姬为中山孝王王后，让她留居中山，不准她去京师长安，这样她就无法做皇太后了。

王莽为了巩固自己的权力，还策划了为汉平帝娶皇后的事。当然，这皇后之位肯定是不能给外人的。公元3年，平帝年满十一岁。王莽向太皇太后上了一篇奏章，说国家动荡不安是因为皇帝没有子嗣造成的，他希望太皇太后下旨，在名门望族中选择淑女给皇上做皇后。太皇太后王政君下令将淑女的名字呈上来，供她选择。王莽担心自己的女儿落选，别人的女儿被选中，又假意上书说自己的女儿无德，不配入选。太皇太后对王莽的真诚大肆宣扬，然后下诏不选王莽的女儿。结果，太皇太后此诏一下，像捅了马蜂窝，庶民、儒士、百官公卿纷纷上书，为王莽和他的女儿鸣不平。面对无数连篇累牍的奏疏，太皇太后只好答应他们的请求。而这正中了王莽的下怀。

太皇太后按照传统的婚礼仪式，派长乐少府夏侯藩和负责皇族事务的刘宏以及尚书令等人去王莽家"相亲"。几个人回来后向太皇太后禀告的是王莽的女儿如何贤良淑德、端庄仁义等溢美之词，因为他们早已经被王莽的威逼利诱俘获。太皇太后自然万分满意，然后又去找负责风水教化的人进行占卜，结果也是"大吉"。于是，在公元4年春天，汉平帝娶了长自己三岁的王莽之女，随即将其封后。

皇上的宗亲对王莽非常不满。安众侯刘崇、东郡太守翟义先后起兵讨伐王莽，遭到了王莽残酷的镇压。翟义被处以磔刑，在陈都市上示众，他的三族也被王莽灭掉，连幼儿都被杀了。被杀的男女老少的尸体，都被推进一个大坑，混杂上荆棘与蝎子、蜈蚣、蛇、马蜂、蟾蜍一齐掩埋。王莽捕获翟义的亲信王孙庆后，令人把他的肚皮剖开，挖出五脏。

王莽用各种狠毒的手段对付反对者的同时，也在用很多手段笼络人心。他恢复了宗室和功臣后裔的封爵，那些年老退职的二千石以上的官吏可以终身享受三份俸禄的待遇。王莽还极力拉拢文人和儒生。他扩充太学，增加博士、太学生名额，并特意给儒生们修建了一万间房舍。王莽还在郡、县、乡、聚设立学校，并设置经师，在全国范围内征召通晓《礼经》《尚书》《毛诗》《周官》《尔雅》，天文、历算、音乐、图谶、兵法、文字以及能教授五经的人，将他们聚集在京师，专门研究古文经籍。王莽也不忘对老百姓施加恩惠。郡国发生旱蝗灾害的时候，农民四处流亡。王莽上书，表示自己愿意出百万钱，并献出三十顷田，交给大司农来救济贫民。

王莽的女儿被立为皇后以后，他得到了很多土地和金钱的赏赐，但是他上书拒收这些赏赐；皇上授予他太傅、安汉公封号的时候，他也故意辞让；增加和分封给他采邑时，他说愿意等到百姓家家丰足了，然后再加赏。

王莽的善举得到了官僚、贵族、儒生的赞许，他们替王莽歌功颂德，制造舆论，那些受到恩惠的老百姓对王莽更是感恩戴德。史料记载，王莽不愿接受皇帝赐给他的土地时，竟然有近五十万人给朝廷上书要求他接受赏赐。可见王莽在当时是深得人心的。

王莽在捞取声誉的同时，也在不断为自己做皇帝策划一系列的活动。

他先制造了白毛野鸡的祥瑞。据传周公辅佐成王时，就曾经出现了白毛野鸡，所以人们把它视作吉兆。王莽辅政第一个月，就暗示益州郡的地方官吏献上白毛野鸡。同时，王莽建议太皇太后下诏书，拿白毛野鸡进献祖庙。大臣们纷纷上书，称王莽的功德像周公一样。于是太皇太后下旨，赐王莽爵位为安汉公。接着，又有八千多平民上书，说王莽的功劳比伊尹、周公还要大。伊尹担任过阿衡，周公担任过太宰，因此应合阿衡与太宰为一，给安汉公加上"宰衡"的官号。于是，太皇太后又亲自赐封王莽为"宰衡"。

第二年，在王莽的指使下，公卿大夫、博士、议郎、列侯等九百多人给朝廷上书，说从古至今的忠臣中，只有王莽可与伊尹、周公的功劳相当，而按照古制，王莽应该获得"九锡"的赏赐。很快，王莽就得到了车马、衣服、乐县、朱户、纳陛、虎贲、斧钺、弓矢、秬鬯九种礼器。九锡是天子赐给大臣有殊勋者的九种器用之物，是最高礼遇的表示，这让王莽在朝野内外获得了极大的荣誉。

然后，王莽又策划了"藏策金縢"。相传，周武王灭商后，身患重病，周公曾设坛祷祭，愿以身代，史官纳其策于金縢柜中。王莽也导演了这样一出戏。公元5年冬，王莽趁腊日上椒酒的机会，在给汉平帝喝的酒里下毒。汉平帝喝了酒之后，一病不起。王莽就模仿周公，写了策书，请求替汉平帝解除疾病，自己愿意拿出生命来顶替皇帝。他把策书收藏在金縢柜里，放在前殿，告诫大臣们都不准说出去。但是，汉平帝的病却越来越重，不久就死了，终年只有十三岁。汉平帝死的时候，还是个少不更事的孩子，他从登基到被毒杀，完全都是在王莽的掌控之中。

汉平帝死后，王莽加紧了谋位的活动。不过，王莽并没有直接登上皇位，而是扶持广戚侯的儿子刘婴继承皇位。新皇帝登基后，王莽利用谶纬符命来为自己制造舆论。他指使大臣说某井里有白石一块，上圆下方，有丹书写在上面，文字是"告安汉公莽为皇帝"。然后，王莽又利用这个来胁迫太皇太后下诏书，效仿周公的成例，让自己居位摄政。于是，王莽就像周公当年那样，代行天子职权，正式做了代理皇帝。而刘婴则被改立作皇太子，称号为"孺子"。

很多趋炎附势的人看透了王莽的心思，于是就制造了一个铜箱子，制作了两道封书题签，其中一张写作"天帝行玺金匮图"，另一张写作"赤帝行玺某传予黄帝金策书"。文书迎合了刘邦的赤帝之子的故事，称王莽现在应该做天子，太皇太后应遵天意行事。王莽得到消息后的第二天，就来到高帝祠庙接受了上天命令转让皇权的铜箱子。然后，他戴着皇冠进见太皇太后，称自己是秉承上天的旨意，做真天子，改国号为"新"。

王莽为了做皇帝，煞费苦心，玩尽了各种各样的把戏。可是王莽自己也想不到，他费尽心思才坐上的皇位，并没有想象中的那么好。王莽当上皇上之后，面对的是一个破烂不堪的王朝，摆在他面前的问题也不少。为此，王莽进行了大刀阔斧的改革。但是他的改革不符合实际，所以没有取得什么效果，反而造成了社会的混乱，给民众带来了巨大苦难，导致怨声载道。

王莽对待周边少数民族，态度飞扬跋扈，致使与匈奴又发生战争，并且战争持续了十几年。连年的战争，不仅使北部边境的生产遭受严重的破坏，而且还加重了老百姓的赋税和徭役，使他们生活更加困苦。再加上连年的灾害，国内百姓为求生存，纷纷起来反抗，使王莽一步一步地走入了绝境。绿林军、赤眉军大起义席卷全国，一些地主阶级也乘机反对王莽，西汉宗室刘玄、刘秀等人也先后举起反抗的大旗。

王莽对这些起义进行了残酷的镇压，他曾这样发通牒给王匡等："如果再执迷不悟，拒绝解散，将派出大司空隆新公王邑率百万大军，剿除根绝。"但是，起义的农民军并没有被吓倒，他们前赴后继，迅速发展壮大，与王莽军展开了殊死的战斗。成昌会战，赤眉军获胜利。接着是昆阳会战，新莽军败北。汉军乘昆阳大捷，分兵两路，一路北上攻洛阳，一路西向攻长安。西路军势如破竹，迅速攻克武关，打开长安南大门。

这个时候，王莽不知如何应对，于是采取了一个晕招：哭。有大臣给王莽建议："国家有了大灾难，就哭起来去战胜它。因为《易经》说：'首先放声大哭，后来才会笑。'我们可以长吁短叹祷告上天祈求救助。"于是，王莽便率领所有大臣到南郊，仰天哭诉："上天既然降命把国家政权交给我王莽，为什么不消灭那些盗贼？假使我王莽不对，希望您降下霹雳轰死我王莽！"王莽先捶胸大哭，后来哭不出声了，就趴在地上叩头。接着，他又誊写告天策书，陈述自己的功劳，还命令儒生和老百姓每天早晚集合起来哭，并给他们准备了粥，哭得非常悲伤并能够背诵策文的，任命他们做郎官，最多时人数竟达五千多人。

但是，哭声并没有挽救王莽的政权，长安很快被攻破了。王莽仍不甘心，他派人将城中各个监狱的犯人全部释放，并发给他们武器，要他们为自己效力。这些犯人出了监狱没多远，就四散奔逃了。起义军攻破长安后，长安的老百姓也聚集起来，杀向未央宫。王莽在护卫的保护下，逃到了太液池中四面环水的渐台，结果在这里被人杀死。

无赖称霸，梁太祖朱温受禅

朱温是一个非常复杂的人。他很有才干，作战勇猛，但又奸诈嗜杀、荒淫无道。他反复无常，一生中多次易主，后世有人因此称他为变色龙。朱温二十五岁时参加黄巢起义军，在起义军遭遇危机之时，他背叛了黄巢，投靠唐朝；等到他羽翼丰满之后，他又权力欲望膨胀，瞄上了皇帝宝座，最终推翻了唐朝的统治。

朱温的祖父和父亲都是乡村的私塾教师。朱温在家里排行老三，大哥是朱全昱，二哥是朱存。父亲早亡之后，因为家贫，兄弟三人随母亲一同投靠萧县刘崇家。朱温在低人一等的环境中长大，他没有形成软弱的性格，反而变得狡猾奸诈。他和二哥朱存都蛮勇凶悍，不肯勤于正事，时常在乡里惹是生非，所以乡亲们很讨厌他们，朱温也因此没少受主人的责打。但是，刘崇的母亲却是个虔诚的信佛人，她经常护着朱温，并经常说："他不是一般人，应该好好对待。"

朱温的性格主要是由他的生长环境造成的。他是家中的幼子，母亲当然要宠爱一些；但是一家人寄人篱下，他又不争气，母亲少不了经常斥责他。在母亲面前，既有宠爱又有斥责；在主人面前，既有鄙视又有责打，所以他就逐渐形成了狡猾奸诈的品性。狡诈用于军事，就是智谋，所以他在后来的军阀混战中屡屡获胜。

朱温和二哥朱存一起参加了黄巢起义军。朱温在日常生活中常遭人冷眼，但是他参军之后却如鱼得水，不久就因为作战骁勇，屡立战功，被升为队长。而他的二哥在一次战争中阵亡了。最后，黄巢起义军攻陷了长安，建立了大齐政权。朱温被任命为东南行营先锋使，驻守在东渭桥（位于今西安东北），并招降了唐夏州节度使诸葛爽。后来，朱温奉命转战河南一带，攻占了邓州，从而阻断了唐朝军队由荆襄北攻打起义军的道路，使大齐政权在东南面的局势稳定下来。

朱温得胜回长安，黄巢亲自到灞上犒赏他。接着，黄巢又调朱温到长安西面抗击唐朝军队。朱温获大胜，然后又挥师击败了唐将李孝昌部。不久，朱温被黄巢任命为同州（位于今陕西大荔）防御使，并攻下了同州。经过短短五年的南征北战，三十岁的朱温已经成了大齐政权的重要功臣，成为起义军中的一员大将。但是朱温很快又陷入了困境。

唐朝河中节度使王重荣有精兵数万，他和朱温隔河对峙。王重荣曾经投降过起义军，在唐僖宗逃到四川后，号召各地将领围攻起义军时，他又重新投奔唐朝。由于兵少，朱温几次都被王重荣打败，他只得向黄巢求救，但书信总是被负责军务的孟楷拦阻扣压，再加上起义军内部混乱腐败，朱温一筹莫展。

朱温的谋士谢瞳趁机向他进言献策："黄巢起家于草莽之中，只是趁唐朝衰乱时才占领了长安，并不是凭借功业才德建立起基业，不值得您和他长期共事。现在唐朝的皇帝在四川，各路兵马又逐渐逼近长安，这说明唐朝气数未尽，还没被众人厌弃。将军在外苦战立功，却被内部的庸人所制约，这也是历史上章邯背叛秦国的原因。"朱温觉得这些话句句在理，正合自己的心意。于是他为了生存和自己的前途，便杀掉监军，然后率部投降了唐朝的王重荣。

唐僖宗在得到朱温归降的消息后，不禁大喜，兴奋地说："这真是天赐我也！"他似乎看到了复兴大唐的希望，但是他万万没有想到，朱温是毁灭大唐的狼。唐僖宗立即下诏任命朱温为左金吾大将军、河中行营招讨副使，还赐给朱温一个名字：朱全忠。但是，朱温并没有完全忠于他，没有忠于唐朝，就像原来没有忠于黄巢、忠于大齐一样，后来他还背叛了唐朝、灭了唐朝。

唐昭宗即位后被朝中的太监要挟，于是朱温与宰相崔胤合谋，将宫中数百名宦官悉数杀死，只留下三十个品级最低及年幼体弱的太监，负责打扫皇宫的卫生。这一行为一举结束了从唐中叶开始，历时一百多年的宦官专政局面。朱温除了阉党，但是唐昭宗的灾难并没有因此结束。此时，在各派军事政治势力之间的力量对比中，朱温已经占据了绝对的优势。才摆脱宦官控制的唐昭宗，又落入了朱温掌控中。

开始，唐昭宗对朱温的勤王表现，十分感激，赐他"回天再造竭忠守正功臣"的名号。朱温返回大梁时，唐昭宗先在寿春殿设宴，又在延喜楼为他送行。唐昭宗万万没有想到，此时的朱温已经对他暗藏杀机。后来，朱温授意宰相崔胤，奏请派十二岁的小皇子李祚任诸道兵马元帅，朱温受命判元帅府事，执掌实际军权。宰相崔胤一方面借助朱温的势力在朝中专权，排斥异己，另一方面也时刻警惕着朱温的篡逆之心。崔胤为了防止不测，建议唐昭宗招募新兵，加强军事实力，并从新兵中选择精锐充当卫兵。

朱温想篡权夺位，结果崔胤却给皇帝增加了禁军，这个做法立即引起了他的警觉。朱温派部下前去应募，以此来窥伺崔胤的举动。公元903年农历十一月，朱温的侄子、禁军指挥官朱友伦不慎坠马摔死，朱温怀疑是遭到了崔胤的暗算。此时，李茂贞等人多次派兵袭扰京城周边，朱温担心李茂贞劫持走皇帝，便从大梁派出骑兵部队，屯于河中，以防不测。

公元904年初，朱温找借口杀了崔胤及六军副统帅郑元规等人，并将六军遣散。随后，朱温逼迫唐昭宗携宗室和百官迁都洛阳，并将长安

183

的宫室、官邸、衙署及民舍等统统拆毁。闻名世界的唐长安城在大火中变成了一片废墟。唐昭宗一行人到达华州时，百姓在道路两旁高呼"万岁"。唐昭宗听闻之后十分感动，偷偷落泪，哀叹道："不要再呼万岁，朕已不是你们的主公。"此时的唐昭宗仍然企盼自己能够逃出魔掌，并把希望寄托在其他拥有重兵的节度使身上。他在诗中写道："安得有英雄，迎归大内中。"

因为洛阳的宫室还没有建造完成，唐昭宗只能暂居于陕州（位于今三门峡）。他趁机派出使者，请求四川、江淮、河东等地的藩帅领兵前来救驾。朱温本就害怕其他军事力量前来掳掠皇上，因此命令急建洛阳宫室，几个月后宫殿终于建成，于是就催促皇上起驾。唐昭宗借口皇后刚刚生产不能上路，想拖延半年，以等各地的勤王之师。朱温似乎已经猜透了唐昭宗的心思，命心腹火速赶到陕州，强逼他起程。唐昭宗无奈，只得东行。唐昭宗一行抵洛阳后，他身边的亲信已经被朱温斩杀殆尽，昭宗的身边已全是朱温的人。

各地藩镇不愿看朱温一人独大，联合起来共同讨伐他。朱温一边出兵与各方交战，一边暗暗谋划立幼主登基。但是立幼主就要先除去唐昭宗。唐昭宗到洛阳后，整日忧愁，时时担心遭遇不测。公元904年农历八月十一日夜，唐昭宗正与何皇后一起对饮吟唱，作歌曰："纥干山头冻杀雀，何不飞去生处乐？"朱温手下蒋玄晖突然带兵夜叩宫门，谎称有紧急军情禀报皇上。守门兵士不知实情，将他们放了进来。蒋玄领一行人直奔椒殿。唐昭宗此时只着单衣，昭仪李渐荣见情势危急，以自己的身体挡住昭宗，结果被蒋玄晖一刀砍死。唐昭宗在仓皇中绕柱而逃，被蒋玄晖手下的龙武牙官史太追上杀死。

唐昭宗二十二岁登基，三十八岁身亡。他虽然不是唐朝的亡国之君，但他的身亡，实际上已意味着唐朝的名存实亡。朱温在杀死唐昭宗以后，没有直接登上皇位，而是选择了让唐昭宗的儿子李柷继位，作为日后僭位的跳板。在唐昭宗被杀的第二天，蒋玄晖根据朱温的指使，立昭宗子李祚为皇太子，并改名李柷。蒋玄晖接着捏造了唐昭宗死亡的原因：昭仪李渐荣与河东夫人裴贞一合谋杀害了昭宗皇帝，掩饰了朱温和自己的谋乱之罪。

后来，十三岁的李柷在唐昭宗的灵柩前即皇帝位，即唐哀帝。何皇后被奉为皇太后，并专门建造太后宫，取名积善宫，供其居住。李柷虽被拥立为帝，但是当时朝廷的大权已完全掌控在朱温手中。朱温假借唐哀帝之名号令四方，唐哀帝只是一个过渡时期的傀儡皇帝而已。

朱温之所以立李柷为帝，是因为朝廷中还有很多的宗室和大臣都效忠于唐朝，他要将他们全部清除，才能放心地登上皇位。公元905年，朱温以社交宴请的名义请唐昭宗诸子、德王李裕等九位亲王喝酒，趁机将他们全部杀死。朱温杀掉诸王后，又开始杀大臣，上至宰相下至一般官员，只要不是自己的人全部杀掉。自此，整个朝廷已经完全掌握在了朱温的手里，他只要给自己找个名正言顺的理由就可以当上皇上。

朱温令人在大梁按皇宫的规模大修府舍，并令蒋玄晖等人密谋即位之事。何太后知道这件事之后，悲急交加，派宫人前去求蒋玄晖，求他在传禅之后设法保全她们母子的性命。朱温得知后，将何太后杀死。蒋玄晖和宰相柳璨、张廷范等人不知道朱温迫切想做皇帝，他们劝朱温遵循古代传禅之礼——先封大国、加九锡，然后再受禅。急于登上皇位的朱温等了很久还没结果，于是就认为蒋玄晖等人与唐哀帝在密谋拖延禅位的时间，以便东山再起。因此，他就借口蒋玄晖等人为何太后的同党，将其统统诛杀，蒋玄晖的尸体被当众焚烧；柳璨被斩于洛阳上东门外；参与议传禅事的张廷范，被送至洛阳都市车裂而死。

此时，唐哀帝没什么心思做皇帝了，宫廷都在朱温控制下，他找不到任何可以依附的力量。此时的禅位，对于他来说是最好的解脱。公元907年正月，唐哀帝派遣御史大夫薛贻矩赴大梁慰问朱温，并问讯关于受禅事宜。农历二月，唐哀帝下诏准备举行传禅大礼。农历三月初，唐哀帝诏告群臣，宰相张文蔚、杨涉等率领文武百官奉宝绶，赴大梁禅皇位予朱温。朱温接受禅让称帝，为梁太祖，封哀帝为济阴王，迁往曹州。一年之后，唐哀帝李柷被朱温派出的亲信杀死，时年十六岁。

朱温当上皇帝之后，进行了一些改革，革除了一些唐末的弊政。但是，因为连年用兵，他又经常杀戮将帅功臣，所以统治集团内部矛盾日益尖锐。

公元912年，朱温亲自率领五十万大军乘虚进攻成德镇。他日夜兼程赶到观津冢（位于今河北省武邑东南）时，探子报告说，后唐李克用之子李存勖的大军来了。朱温曾几次被李存勖打败，听到消息后，他也不管真假，连帐篷也顾不得收起，仓皇逃奔到枣强。傍晚，李存勖派兵数百冲进朱温军营中，乱砍乱杀了一番。朱温还以为李存勖的大军杀到了，连夜烧了营盘狂逃，逃奔到冀州，辎重损失无数。事后，他才知道只有李存勖的几百兵士冲营。他因此羞恼而得病，返回洛阳后，就卧床不起。他躺在病床上哭着对近臣说："我就要死了。死后，儿子们又不是李存勖的对手，我将连葬身之地也没有了。"果然，朱温说的话在后来应验了，他死后，梁朝被李存勖灭了。

朱温是历史上最喜欢滥杀的皇帝之一。朱温用法严峻残酷，经常滥杀部属和士人。在战场上将校战死，他们手下的士兵生还了，也要全部斩首。他希望用这种野蛮的办法来提高战斗力，但是却没什么效果，甚至导致主将战死后，士兵不敢归队都逃跑了。朱温就命军士都文刺其面以记军号，军士或思乡里逃去，关津辄执之送所属，无不死者。一年夏天，朱温"尝与僚佐及游客坐于大柳之下，全忠独言曰：'此柳宜为车毂。'众莫应。有游客数人起应曰：'宜为车毂。'全忠勃然厉声曰：'书生辈好顺口玩人，皆此类也！车毂需用夹榆，柳木岂可为之！'顾左右曰：'尚何待？'左右数十人摔言'宜为车毂'者悉扑杀之。"朱温还喜欢滥杀战俘。朱温在巨野之南大败朱瑄部万余人，杀戮将尽，俘虏三千余人。傍晚打扫战场时，忽然起了狂风，沙尘沸涌。朱温竟对手下人说："这是杀人不够导致的！"于是，下令把俘虏全部杀死。

朱温虽然为人狠毒，杀人如麻，但是他的妻子张惠却是个了不起的女性，对朱温建立霸业起到了重要的作用。张惠和朱温是同乡，她家在当地是有名的富裕之户，父亲还做过宋州刺史。张惠生于富裕之家，既有教养，又懂得一些军事与政治谋略。张惠既有温柔的一面，又有英武的一面，她既可以体贴照顾朱温，又可以给朱温提供好的计谋。在这位刚柔相济、贤惠机智的妻子面前，朱温的狡诈就显得很粗浅。在妻子面前，朱温也会收敛了许多。

朱温只要遇到大事不能决断，就要询问妻子张惠，而张惠的分析又常常切中要害，让朱温茅塞顿开。因此，朱温对张惠十分敬畏和钦佩。有时候朱温已率兵出征，中途却被张惠派的使者赶上，说是战局不利，张夫人请他速领兵回营，朱温就立即下令收兵。

朱温本性狡诈多疑，经常猜疑部下，动不动就处死将士，这肯定会影响内部的团结。张惠对此也很明了，所以就尽最大努力来约束朱温的行为。朱温的长子朱友裕奉命攻打朱瑾，但没有俘获到朱瑾。朱温非常恼怒，怀疑他私通朱瑾，意欲谋反。朱友裕吓得逃入深山躲藏。张惠为让父子和好，就私下派人将朱友裕接了回来，让他向朱温请罪。朱温还在气头上，命人将朱友裕绑出去斩首。张惠得知消息，光着双脚从内室跑出来，拉住朱友裕的胳膊对朱温哭诉："他回来向你请罪，这不是表明他没有谋反吗？为何还要杀他？"朱温见妻子求情，心软了下来，最终赦免了儿子。

朱瑾战败逃走之后，他的妻子却被抓到，并被人送给了朱温。朱温想霸占朱瑾的妻子。张惠知道朱温动了邪念后，便让人把朱瑾的妻子请来。朱瑾妻向张惠跪拜行礼，张惠回礼后，对她推心置腹地说："他们两人本来是同姓，理应和睦共处。如今他们兄弟为一点小事而兵戎相见，致使你落到这等地步。如果有一天，汴州失守了，那我或许也会和你今天一样了。"朱温在一旁听着，内心也受到触动，想想自己也愧对朱瑾。当初如果没有朱瑾派出援兵，他也不会大败秦宗权，在河南站稳脚跟。这次开战，自己已占领朱瑾领地，目的已经达到，就没必要再强占他的妻子了。最后，朱温将朱瑾的妻子送到寺庙里做了尼姑。张惠始终没有忘记这个不幸的女人，常让人去送些衣物食品，也算为朱温弥补了一点过失。

在朱温灭唐建后梁前夕，张惠病重，朱温得知消息后，急忙赶了回来。张惠临终前还劝朱温："既然你有这种建霸业的大志，我也不阻止你了。但是，你要知道坐上宝座容易，下来就难了，你还是应该三思而后行。如果真能登基实现大志，请你记下我最后的叮嘱。"朱温说："你有什么话，尽管说，我一定听从。"张惠说："别的事，我都放心，但是我放心不下你冤杀部下、贪恋酒色的毛病，所以，你千万要记住'戒杀远色'这四个字！"

张惠死后，不仅朱温难过流泪，就连很多将士也悲伤不已。由于朱温多疑，常滥杀属下，杀人时没什么人敢出来求情，只有张惠得知消息后，时常来求情。朱温往往都听她的劝告，因此许多被救的将士都对张惠感激不尽。

张惠要朱温戒杀远色，结果他很快就忘记了妻子临死时的忠言，照样滥杀属下，还放纵声色，竟然和儿媳乱伦。朱温的儿子们为了获得继承权，心甘情愿地奉上自己的妻子。公元912年农历五月，朱温在病中，他的儿媳王氏伺候他，他就同意将皇位传于其丈夫。他的三子朱友珪和妻张氏听到后，十分妒恨，决心杀了朱温，夺取皇位。

农历六月的一天，朱友珪和家将冯廷锷带着五百士兵，假称奉旨入宫，然后混入皇宫，分散埋伏。夜深人静时，这些士兵集会起来，然后冲进朱温的寝宫。朱温的左右侍从早就怨恨朱温的暴虐，纷纷逃走了，只剩朱温一个人。朱温揭开帐子，看见朱友珪带兵杀了进来，破口大骂说："我早就怀疑你有反叛之心，后悔没有早下手杀了你！你这逆子竟敢杀父夺位，老天会容得下你吗？"朱友珪不吃这一套，他对骂道："你这乱伦的老畜生，早就该碎尸万段了！"这时，冯廷锷拔剑扑上去，朱温慌忙下床绕着屋柱躲闪。冯廷锷连劈三剑都被朱温躲过。朱温因为病重，经过这几下折腾，身体已经支持不住，突然就跌倒了。冯廷锷抢上一步，一剑刺死了朱温。朱温被杀死之后，朱友珪使人将寝宫地砖扒开，挖一个坑，用蚊帐包裹朱温的尸体，然后将其埋入寝宫地下。朱友珪伪诏将朱友文赐死，最终自己登上了皇位。很快，朱友贞就起兵讨伐朱友珪，并抢走了江山。此时的后梁已经处于风雨飘摇之中，没过多久后梁就灭亡了。

毛泽东曾经评价朱温说："朱温处四战之地，与曹操略同，而狡猾过之。"

"陈桥兵变"，宋太祖黄袍加身

历史上篡位的皇帝并不少见，但像赵匡胤这样，几乎兵不血刃，完美地"和平演变"登上皇位的却并不多见。

在唐朝灭亡之后的几十年里，改朝换代的速度很快，这一段时期史称"五代十国"。在五代十国的君王中，后周的周世宗是个有胆略有远见的人，他近讨远伐，拓展了帝国的版图。周世宗汲取了唐代藩镇节度使兵力过强、中央军军力过弱的教训，在国内尽量削弱藩镇的实力，大力增强保卫京城和皇帝的禁军实力。周世宗还未过世时，禁军最高指挥官是殿前都点检，当时是由张永德担任。

赵匡胤在年轻时，曾随周太祖郭威征战四方，屡建军功。后来，他又跟随周世宗南征北战，深得皇上信任。后来，他与南唐作战时，南唐国君私下派人送给他很多金银，要他暗中帮自己一把。结果，赵匡胤把这些金银悉数上交给了周世宗。这给周世宗留了一个极好的印象。所以后来周世宗对他委以重任，让他担任殿前都虞候。

赵匡胤是一个有计谋、有城府的人。他自任殿前都虞候以来，就在掌管的禁军和藩镇中培植自己的势力。几年时间，赵匡胤和禁军、藩镇中的杨光义、石守信、王审琦等人结拜为义社十兄弟，而这些人都在禁军和藩镇中拥有实权。赵匡胤在自己的幕府里，笼络了赵普等一批谋士为自己出谋划策。赵匡胤对部下恩威并施，使手下都愿意为他卖命。由于赵匡胤有赫赫战功，再加上出色的政治手腕，威望日益增高。

周世宗是一个英明君主，所以在他活着的时候，赵匡胤不敢轻举妄动。但是，人无完人，周世宗也有自己的缺点。他这个人疑心很重，时时担心别人会夺取自己的皇帝宝座。赵匡胤就利用他的这一弱点来逐渐增强自己的势力。公元959年，周世宗带兵亲征辽国。赵匡胤派人秘密在进军途中埋设了一块写着"点检做天子"的木牌。此时任殿前都点检的是周太祖郭威的女婿张永德。周世宗得到这个木牌后，果然对张永德产生了怀疑。由于周世宗突然病重，这次征辽匆匆结束。周世宗回来后，为保住周氏王室，撤掉了张永德都点检的职务，提拔他认为可靠的赵匡胤任殿前都点检。赵匡胤获得了掌握禁军的最高指挥权。

不久，周世宗病死，他年仅七岁的儿子柴宗训即位。周世宗临死时，含泪拉着宰相范质的手，将自己年幼的儿子托付给他。所谓"主少国疑"，特别是在五代十国这个战乱不断的时期，一个年仅七岁的小孩很难控制政权。周世宗死后，赵匡胤取代后周的绝好良机来了。

七岁的柴宗训当上了皇帝，一时间后周举国上下惶惶不安起来。谁都知道，一个小孩子很难保得住皇帝的位子，肯定又要改朝换代。每次换朝代，新皇帝就会让拥立他为皇的手下，上街大肆掠夺。公元960年正月初一，人们正高高兴兴地过年，突然镇州的地方官飞马来报，北汉刘钧勾结辽兵入侵后周边境，声势浩大，请朝廷急速发兵前去抵御。辅佐小皇上的符太后毫无主见，于是请宰相范质定夺。赵匡胤在当时已握有实权，范质也只能请他出来出谋划策。可是，赵匡胤却推脱说自己兵少将寡不能出战，范质只得授命赵匡胤可以调动后周所有的兵马。

赵匡胤临行前，慷慨激昂地对范质说："先帝在世时，本来就想扫荡北汉和辽国，不幸过早弃世，宏图未能实现。如今他们欺侮皇上年幼，特意送上门来，这是找死。我此去自当完成先帝的基业，宰相尽管放心！"赵匡胤的大军是正月初三开拔的，才出发不久，京城就沸沸扬扬传言点检要做天子了。这个传言让京城乱成一团，人们藏的藏，逃的逃，皇宫里的人及朝中百官也都心里惶恐，不知怎么办才好。

在距离京城东北四十里处，有一个叫陈桥驿的地方，赵匡胤的大队军马到了这里后，就在此安营扎寨，暂时休息。傍晚，赵匡胤麾下的亲信楚昭辅出营散步，见前军散骑指苗训，独自一个站在营外空地上，抬头望天。苗训懂得天文星相，军中人都尊他为苗先生。楚昭辅上前说："苗先生，你在这里观望什么？"苗训对他神秘地说："这件事本来不该乱说，只是你是点检的亲信，说给你听也无妨。你看这太阳，与以往里有什么不同？"

楚昭辅看了看夕阳，它旁边隐隐约约有另一个太阳的影子，好像两个太阳重叠在一块。楚昭辅悄声问道："苗先生，这是什么征兆？"苗训说："这个征兆就是天命。两个太阳中，一个是当今小皇帝，一个是咱们的点检了。对点检来说，这是大吉兆。"楚昭辅恍然大悟道："正是！正是！怪不得有传言说'检点做天子'呢。"

晚上，赵匡胤的一些亲信在他的安排之下，在士兵们身边散布谣言，说现在皇帝年幼，不能亲自处理政事，他们就算替国家抵御敌人的入侵，也没有人知道他们的功劳，不如先拥护赵匡胤为皇帝，然后再出征。结果一传十，十传百，这个谣言传遍了全军。都指挥使兼江宁节度使的高怀德立即聚起众将士，对他们说："当今皇帝还是个小娃娃，连吃饭穿衣还不会呢。咱们不如就拥立赵点检做天子吧。诸位看如何？"众人原都有此心，一听高怀德的倡议，一齐应和道："正该如此！咱们快请点检的胞弟赵匡义商议。"

于是，众人立即找来赵匡义。赵匡义听说众人要拥戴哥哥为皇帝，十分高兴，他对大家说："你们说的这是好事，只是我哥哥是个忠义的人，大伙冒冒失失地去叫他自己当皇帝，他未必肯同意，还得想个万全之策才好。"赵匡胤帐下的掌记赵晋说："各营军士都在说，点检若不肯当皇帝，大家就不给小皇帝卖命冲锋陷阵了。军士都这么说，可想而知，只要咱们带兵回汴京，大事一定唾手可成。事不宜迟，今晚动手吧！"

众将领集合了各营将士，宣布了这事。军中欢声雷动，闹哄哄地来到赵匡胤的帐篷外，高声叫嚷："请点检做皇帝！"赵匡胤赶快起床，还没来得及说话，高怀德与石守信就把一件龙袍披到他身上了。众军士一齐跪倒在地，高呼："吾皇万岁，万岁，万万岁！"赵匡胤假装被强迫的样子，说："你们想要贪图荣华富贵，立我为天子，如果你能听从我的命令就可以，如果不能那就作罢。"

赵普上前一步，说："这是众心所向，如果主公一味推让，就是上违天意，下失民心，主公不必多虑了。"赵匡胤开口说："你们既然立我做天子，我的命令你们都能听从吗？"将士们齐声回答说："自然听陛下命令。"于是赵匡胤便立刻宣布回到汴京后，任何人不得对后周的太后以及小皇帝无礼，对后周的大臣不得侮辱，对朝廷的国库也不得强抢，服从命令的给予奖励，违反的人则诛九族。大家都同意了，于是赵匡胤带领军队原封不动地返回汴京。赵匡胤本来就是禁军统帅，再加上有将领们拥护，没人敢不听号令。将士们排好队伍开往京城，一路上军容整齐，秋毫无犯。

赵匡胤到了汴京，石守信、王审琦等人做内应，没费多大劲儿就拿下了京城。将领们把范质、王溥找来，赵匡胤接见了他们，并且装出很为难的模样说："世宗待我恩义深重。现在我被将士逼成这个样子，你们说怎么办？"范质、王溥等不知该怎么回答，赶紧召集百官。百官见京城已被大军团团包围，由不得他们了，保命要紧，只好齐口说拥立新帝。

就这样，赵匡胤兵不血刃地控制了后周的都城。之后赵匡胤在将士们的簇拥下从容受禅。小皇帝禅让皇位，先是赵匡胤跪下拜了小皇帝，算是接受制书；再是赵匡胤坐上龙位，由小皇帝拜了他。

赵匡胤就这样很容易地夺取了后周政权。赵匡胤即位做了皇帝，建国号为宋，定都东京。历史上称为北宋，赵匡胤就是宋太祖。

赵匡胤篡位没有烽烟四起，他通过极小的代价获得了皇位，创造了一个不流血而建立一个大王朝的奇迹。赵匡胤篡位成功之后，没有滥杀无辜。周恭帝被他封为郑王，享受荣耀的地位和待遇，拥有享不尽的荣华富贵。同时赵匡胤为了避免赵家后人对柴氏一族进行血洗，借祖训之名保护柴氏一族的安全，给柴家赐了免死的丹书铁券。

抢侄儿皇位的明成祖朱棣

朱棣是明太祖朱元璋的第四个儿子，是朱元璋众多儿子中最精明能干的，但是他却不是皇位的继承人，皇位继承人是太子——他的大哥朱标。朱元璋立朱标为太子后，随着时间的推移，引起了秦王、晋王、燕王等的不满，他们之间开始了明争暗斗。公元1391年农历八月，朱元璋命朱标巡视陕西。朱标巡视完返京途中得病，后来病重，于第二年的农历四月病死。朱标死后朱元璋痛哭不已。朱元璋为了杜绝诸王对皇位的觊觎，立了朱标的儿子朱允炆为皇太孙。

据说有一次，明太祖叫朱允炆对对子，出的上联是"风吹马尾千条线"，朱允炆的下联是"雨打羊毛一片膻"。明太祖觉得下联不好，马上沉下了脸。朱棣正好在旁边，就说："孩儿也想了一个下联。"明太祖叫他说出来。朱棣说："日照龙鳞万点金。"明太祖听了，连声夸奖朱棣的下联对得好。

朱棣是朱允炆的叔父，但是他很看不起这个侄子。朱允炆虽然老实，但也看出来朱棣瞧不起自己。东宫有个官员叫黄子澄，是朱允炆的伴读老师。有一次，朱允炆一个人坐在外面，皱着眉头长长叹气。黄子澄见他心事重重，问他为什么发愁。朱允炆说："几个叔父手里都有兵权，我将来怎么管得了他们？"黄子澄就给朱允炆讲了历史上汉景帝平定七国之乱的事情，他说："当时吴楚七国十分强大，但是等到他们发动叛乱时，汉景帝一出兵，他们很快就失败了。殿下是皇上的嫡孙，将来也不怕他们造反。"朱允炆听了，总算心安了一点。

实际上，朱允炆最大的对手就是朱棣。朱棣十一岁时，被朱元璋封为燕王，二十一岁就藩燕京。燕京是元朝都城，位置险要，燕王的二哥和三哥分别就藩西安和太原，就藩时间比燕王早两年，朱元璋都没让他们去燕京，而是把这里留给了燕王。朱元璋给朱棣选的王妃是明王朝第一功臣徐达的长女，在这一点上其他儿子也是比不上的。另外，燕王的府邸就是元朝的旧宫，其规制和皇上的相同。按照古代的规定，藩王的府邸要比皇上低一等。朱元璋为了这件事，还曾特地告谕诸王，不要与燕王攀比，燕王府邸是元朝旧宫，不需要新建，他们新建的府邸则都要按规定办事。不难看出，朱元璋对燕王寄予了厚望。

当时元朝的残余势力虽然已经被赶到了大草原上，但是还具有比较强的军事实力，他们经常骚扰明朝的北部边境，因此燕京是作为一个军事重镇而存在的。朱棣到了燕京后，经常率兵与蒙古军作战。多年的沙场生涯，也培植了他君临天下的胸襟。朱元璋将朱棣分封在这里，也是希望自己的儿子能代替功臣宿将掌握兵权，从而使明朝的政权更加稳固。朱元璋特意栽培朱棣，却没有料到这个儿子将来竟会利用手中的兵权最终夺取孙子的皇位！

公元1398年，朱元璋驾崩之后，太孙朱允炆继位，即建文帝。建文帝斯文儒雅，但缺乏谋略与胆气。俗话说"秀才造反，三年不成"，像建文帝这样儒雅的人治国，同样也会弄出纸上谈兵的悲剧。因此，朱棣对侄儿登基后的所作所为，十分不满。建文帝登基之时，京城里就谣传几位藩王正在互相串联，准备谋反。建文帝听了这消息后，十分害怕，他问黄子澄："先生可记得你讲七国之乱时的话吗？"黄子澄说："陛下，臣怎么会忘记？"

黄子澄从皇宫出来后，就找建文帝的另一个亲信大臣齐泰一起商量此事。齐泰认为诸王之中，燕王的兵力最多最强，野心也大，应该先削除燕王的权力。黄子澄不赞成他的说法，他觉得燕王早有准备，先从他下手，就会打草惊蛇，不如从其他的藩王下手。周王是燕王的弟弟，他的封地在开封，先除掉周王，就好比砍掉燕王的翅膀，然后再除掉燕王就要容易一些。两人商量好了之后，就向建文帝禀报。建文帝听了很高兴，先派人查周王的违法行为，然后派兵到河南把周王抓起来押到南京，削去他的王位，将他充军到云南。接着，建文帝又查出三个藩王有不法行为，借此把他们一个个削去王位。

　　燕王朱棣早有谋反之心。建文帝继位的第一年冬天，朱棣在燕王府邸大宴宾客。当时天寒地冻，朱棣出一上联："天寒地冻，水无一点不成冰。"然后让人对下联。在座的姚广孝对出下联："国乱民愁，王不出头谁是主。"这话正好说到了朱棣的心里，他听了大喜，然后就暗地里进行夺位的准备。朱棣为了防备建文帝，秘密招募军士，他还利用燕王府旧宫幽深的优势，偷偷在宫内制造兵器。姚广孝为防止有人听到声音，还特地在兵器制造场所养了很多鸭鹅，用鸭鹅的叫声掩盖打造兵器的声音。

　　朱棣为了麻痹建文帝，假装发疯，成天胡言乱语，有时候还躺在地上睡觉，几天不起来。建文帝派使臣去探望，那时候正是大热天，燕王却坐在火炉边烤火，嘴里还不停地说冷。使臣一回报，建文帝也相信燕王真的疯了。但是，齐泰、黄子澄却一直怀疑燕王装疯。他们一面派人到燕京把燕王的家属抓起来，一面又秘密命令燕京都指挥使张信带兵逮捕燕王，还约定燕王府的一些官员当内应。不料张信却是燕王的人，他立即就向燕王告密。燕王得到消息后，立即就把王府里充当建文帝内应的官员全抓起来，然后宣布起兵。燕王是个很精明的人，知道建文帝毕竟是大家公认的皇帝，公开反叛对自己不利，就找了个起兵的理由，说要帮助建文帝除掉奸臣黄子澄、齐泰。历史上把这场内战叫作"靖难之变"。

战事初起的时候，因为北方的很多将领都是燕王的旧部，所以大多降燕从战。燕军先后攻下通州、蓟州、怀柔等城。农历八月，朱允炆以太祖旧将耿炳文为大将军，率师三十万伐燕。先锋抵雄县，被燕王大军所袭，九千人全部战死。双方后来在真定（位于今河北正定）大战，耿炳文又大败。朱允炆遂以勋戚李景隆代耿炳文，调兵五十万伐燕，筑垒九门，围攻北平。农历十月，朱棣亲自率精骑袭大宁，抓了宁王朱权及其妃妾世子，得其部所有兵马，兵力骤增。李景隆乘虚攻北平，但不能克。燕王师自大宁返回后，于郑灞大破李景隆军。

这个时候，建文帝想缓解战事，就罢了兵部尚书齐泰、太常寺卿黄子澄的官职。公元1400年农历四月，双方又战于白沟河，李景隆再次战败，燕师乘胜围攻济南。山东参政铁铉固守济南，以逸待劳，燕王大军久攻不下，只好撤走。农历九月，朝廷升铁铉为山东布政使，改命盛庸代李景隆。农历十二月，盛庸率师与燕王大军会战于东昌（位于今山东聊城），燕王大军大败，主将张玉战死。

公元1401年，建文帝将齐泰、黄子澄官复原职。农历二月，燕王大军再度南下。建文帝以放逐齐泰、黄子澄为名，使其外出募师勤王。当时，燕王大军虽多胜，但是损失严重，而朝廷军源颇广，燕王大军在河北、山东一带所攻下的城池，很快又被朝廷所据。同年底，有大臣自京师来见朱棣，告诉他南京空虚可图，于是朱棣决定计改变战略。公元1402年正月，朱棣率师南下。到农历五月的时候，已经攻克了泗州、扬州。建文帝遣庆成郡主至燕王大营议和，但是燕王不听。农历六月，江防都督陈瑄以舟师投降，燕王大军渡江，直逼南京。

在朱棣夺取靖难之变的胜利过程中，姚广孝起了非常大的作用，如果没有姚广孝，可能朱棣夺不得帝位，也就没有后来的迁都了。姚广孝虽然没有亲临前线，可是他在策划、指挥、献计献策等方面的贡献非常大，就是他建议直接进逼南京。姚广孝是个和尚，为庆寿寺的住持，但他经常出入燕王府，密谈军国大事，成为朱棣的心腹军师。"靖难之变"时，姚广孝当时并没有随军南下征战，而是留在燕京，辅助朱棣的长子，也就是后来的明仁宗朱高炽。朱棣为了解决兵力不足的问题，于是向西进兵，用计夺取了宁王朱权的兵权。当时建文帝的军队趁燕京守卫不足，包围了燕京。姚广孝指挥全城军民固守，并不时派小股部队出城偷袭，后来与回援的朱棣军队一起大败了朝廷的官军。

公元1401年农历六月，燕王大军渡江直接抵达南京城下。守卫京城的大将曹国公李景隆打开城门投降，京城被燕王大军攻破。燕王大军进城后，双方正在混战时，城内的皇宫起火了。燕王赶快派兵把大火扑灭，但此时已经烧死了不少人。火势扑灭后，人们在灰烬中发现了几具烧焦了的残骸，但已经不能辨认。据太监说燕兵进城之前，建文帝下命令放火烧宫，这几具尸体就是皇帝、皇后和他的长子朱文奎。

随后，燕王朱棣即位，即历史上著名的明成祖。朱棣登位后，为了惩治那些忠于建文帝的大臣，将他们或剥皮或下油锅，把他们的女眷罚到教坊司当官妓。有女子被摧残至死的，朱棣就下圣谕将尸体喂狗吃。不仅如此，朱棣还独创了"诛十族""瓜蔓抄"等残酷刑律。建文帝的大臣景清在朱棣登基后并没有马上殉节，而是继续担任原来的职位。一天，他身穿绯衣，暗藏利刃，准备行刺朱棣。朱棣见他神色紧张，命人搜身，得到利刃。景清当庭辱骂朱棣，朱棣命人将他剥皮实草，系于长安门示众，并令人用铁刷子将景清的肉一层层刷下，还把他的骨头打碎。朱棣还不解气，将其灭族。景清的街坊邻居也受到了牵连，后来乃至于和景清稍有些关系的人都被杀，牵连甚广，许多无辜的人都被杀了，这就是"瓜蔓抄"。

方孝孺是建文帝的信臣，他也视建文帝为知遇之君，忠心不二。姚广孝曾跪求明成祖朱棣不要杀方孝孺，否则天下读书人的种子就绝了。明成祖答应了他。明成祖要拟即位诏书，大臣们都推荐方孝孺。明成祖遂命人将其召来。方孝孺当众号啕，声彻殿庭。明成祖也颇为感动，走下殿来跟他说："先生不要这样，其实我只是效法周公辅弼成王。"方孝孺问："成王在哪里？"明成祖答："他已经自焚了。"方孝孺问："为什么不立成王的儿子？"成祖说："国家要依靠年长者。"方孝孺又问："为什么不立成王的弟弟？"成祖道："这是朕的家事！"并让人把笔给方孝孺，说："此事非先生不可！"方孝孺把笔扔在地上，且哭且骂："我死就死，但是这个诏绝对不能草拟。"明成祖问他："你不怕死，也不顾你的九族吗？"方孝孺用更大的声音答道："就是灭十族，又能拿我怎么样？"朱棣气急败坏，叫人将方孝孺的嘴角割开，撕至耳根，并让人抓捕他的宗族和门生，每抓一人，就将其带到方孝孺面前。但方孝孺根本无动于衷，头都不抬。明成祖十分恼火，把方孝孺的朋友、门生也列作一族，连同宗族合为"十族"，总计八百七十三人全部凌迟处死！

明成祖用武力从侄儿手里夺得了皇位，但有一件事总让他心里不踏实。皇宫大火扑灭之后，并没有找到建文帝的尸体，建文帝是不是真的死了？京城里流传了多个说法：有的说建文帝并没有自杀，而是趁宫里起火混乱的时候，带着几个侍从太监从地道里逃出城外去了；有的说建文帝到了某个地方，后来还做了和尚。种种传言，使明成祖不得不怀疑，建文帝是不是真的没死。万一他在别的地方重新召集人马，用朝廷的名义讨伐他，那他的皇位岂不难保？为了把这件事查个水落石出，他派了心腹大臣，到各地去秘密查问建文帝的下落，但是这件事又不好公开宣布，就借口说是寻找神仙。结果，找了二三十年，也没找到建文帝下落。

明成祖后来又听说建文帝跑到海外去了。明朝的造船技术和航海技术比较发达，明成祖就派人到海外去宣扬国威，跟外国人做点生意，采购一些珠宝，顺便探听一下建文帝的下落。于是，就有了郑和下西洋的壮举。郑和第一次出海，先到了占城（位于今越南南方），又到爪哇、旧港（位于今印度尼西亚苏门答腊岛东南岸）、苏门答腊、满剌加、古里、锡兰等国家。郑和带了大批丝绸、瓷器、金银财物，每到一个国家就把明成祖的信递交国王，希望同他们友好交往。许多国家见郑和带了那么大的船队，而且态度友好，并不是来威吓他们的，都热情地接待他。郑和这一次出使，一直到第三年农历九月才回国。西洋各国趁郑和回国，也都派了使者带着礼物跟着他一起回访。

郑和下西洋，也没有得到建文帝的一点信息。后来，明成祖相信建文帝确实是死了，没有必要再去寻找。但是，出使海外的事，既能提高明朝的威望，又能促进跟西洋各国的贸易往来，所以从那以后，他还坚持派郑和带领船队下西洋。从公元1405年到公元1433年将近三十年里，郑和出海七次，前前后后一共到过印度洋沿岸三十多个国家，最远到达非洲的木骨都束国（位于今索马里的摩加迪沙一带）。

明成祖的另一个壮举就是在北京建造紫禁城。当时，北方还不安定，时有战争发生，南京距离北方较远，不便于掌握情报和进行指挥。因此，明成祖于公元1416年下旨建造紫禁城，公元1421年正式迁都北京。明成祖在文治上也颇有建树，他组织人编了《永乐大典》。《永乐大典》是解缙等人编修的，被誉为古代类书之冠。《永乐大典》与清代的《四库全书》相比，更有价值，因为它对古代的书集只是做了收集、整理、分类，并没有大的改动，而《四库全书》对于很多作品进行了大肆篡改。

永乐十年以后，明成祖为打击北方元蒙残部，缓解其对明朝的威胁，开始了北征，而且随着年龄的增长，北征的频率越来越高。公元1424年农历七月，朱棣在第五次北征时，病逝于榆木川。

明成祖朱棣是历史上争议颇大的一位帝王，他立有不世之功，创造了明初盛世，但他又好大喜功，多疑好杀，为了篡位不惜发动大规模的战争，手上沾满了鲜血。但总体来说，他还是功大于过。

第六章　**多艺篇**

舍道归佛的学者皇帝萧衍

梁武帝萧衍是一个多才多艺、学识广博的皇帝，他的政治、军事才能在南朝的诸多皇帝中堪称翘楚。他在学术研究和文学创作上也有非常突出的成就，史书称他："六艺备闲，棋登逸品，阴阳纬候，卜筮占决，并悉称善。……草隶尺牍，骑射弓马，莫不奇妙。"

萧衍的父亲曾经做过侍中、卫尉等高官。萧衍后来之所以能建立功勋，并最终建立梁朝，他的家族背景起了很大作用。萧衍小时候就很聪明，而且喜欢读书。他在文学方面很有天赋，是个博学多才的少年。当时他和另外七个好友被称为"八友"，其中包括沈约、谢朓、范云等人。不过，萧衍很有胆识，这是其他七个人无法超越的。萧衍因为有先天的家族背景，所以刚做官时就在巴陵王手下任参军，升官的机会比其他人要多。

公元493年，齐武帝病重。当时的权臣王融想在齐武帝去世后，拥立萧子良，以便自己掌控皇上，获得实权。后来，事情败露，王融入狱被赐死。对于王融的如意算盘和悲惨结局，萧衍早就已经预料到了。他的好友范云因此对他很敬佩。齐武帝去世后，他的孙子即位。新皇帝只知道吃喝玩乐，根本不理政务，也不听大臣的劝谏。掌权的大臣萧鸾很生气，打算把他废掉，另立皇帝。萧鸾和萧衍等人商议此事，萧衍表示反对，他说："废立皇帝是大事，不能轻率从事，现在废立难免会遭到众王爷的反对。"萧鸾则说："现在的王爷没什么才能，只有随王萧子隆文武兼备，而且占据荆州。如果把他召回来，就万事大吉了。但怎么才能让他回来呢？"萧衍说："随王其实徒有虚名，并无什么真才干。他的属下也没有出色的人，只是依赖武陵太守卞白龙和另外一个信臣。而他们两个都是无能之辈，贪图金钱富贵，到时候只要许诺给他们高官厚禄，就可以把他们轻易地召回来。随王没有了左膀右臂，到时候也会跟着回来的。"

萧鸾赞同萧衍的分析，于是照他们商议的执行，先废了皇帝，自己掌握朝政大权。三个月之后，萧鸾自己称帝，也就是齐明帝。在这场骨肉相残的权利角逐中，萧衍为齐明帝出谋划策，运筹帷幄，立下了汗马功劳。萧鸾做皇帝之后，论功行赏，提拔萧衍为中书侍郎，后来又升为黄门侍郎、建阳县男，采邑三百户。自此，萧衍的地位开始显赫起来。在后来的几年中，萧衍的军事、政治才干得到了充分的发挥，地位不断上升，逐渐成为南齐朝廷中举足轻重的人物。

齐明帝是篡位当上的皇帝，所以总担心齐高帝和齐武帝的子孙起来推翻他。为了根绝后患，他开始杀齐高帝和齐武帝的子孙。齐高帝的十九个儿子中除十一个早死，其余八人都是被他杀死的；齐武帝的二十三个儿子中除七个早死，其余十六个全部被他杀了。在齐明帝统治的五年时间里，齐高帝和齐武帝的孙辈们每天都战战兢兢，不知大祸何时降临到自己头上。但是，他们中的大部分人最终还是免不了被杀的命运，只有少数人由于一些大臣的保护，才侥幸活了下来。

齐明帝杀了齐高帝和齐武帝的子孙后，就开始对一些功臣宿将下手。他到晚年的时候，猜忌之心特别重。功臣宿将人人自危，纷纷寻找出路。公元498年农历四月，大司马、会稽太守王敬则起兵反抗齐明帝，几天之中聚众十万人，一直打到建康附近。这次叛乱虽然很快便被平定，但是对齐明帝的打击很大。

尽管齐明帝猜忌群臣，专事诛戮，却始终对萧衍恩宠如一，视为心腹。萧衍不但在军事上屡立战功，在政治上也有出色的表现。萧衍深谙韬晦之略，处处藏其锋芒，避免引起齐明帝的猜忌。他从不居功自傲，总是把功劳归于齐明帝的英明决策和属下将士的英勇善战。萧衍每次得胜回朝，第一件事就是主动上交兵权，遣散部将。齐明帝性喜节俭，萧衍也刻意仿效。他衣着朴素，饮食简单，出门时从不招摇，经常乘坐简陋的牛车。萧衍的韬光养晦取得了很大的成效，他的品德才干，得到了朝野士大夫、文臣武将们的普遍赞誉；齐明帝也对他另眼看待。

公元495年，北魏孝文帝趁南齐内乱，派大将刘昶、王肃进攻南齐的司州（今河南信阳）。刘昶是宋文帝的第九个儿子，曾任徐州刺史。公元465年，宋前废帝刘子业诬刘昶谋反，派兵讨伐。刘昶率兵反抗，结果被打败，被迫丢弃家小，只带了一个爱妾逃往北魏。刘昶学识广博，颇有文采。北魏皇帝很重视他，不仅把公主嫁给他，还将其拜为侍中、征南将军。王肃的父亲王奂，曾任南齐雍州刺史。公元493年，王奂因事触怒齐武帝，满门被诛杀，只有王肃得以逃脱，逃到北魏。王肃出身世家大族，熟悉典章制度，所以北魏孝文帝很器重他，多次召见他，商讨军国大事。北魏的各种典章制度大多出自王肃之手，他在孝文帝改革中起了重大作用，此时任辅国将军、大将军长史。

北魏孝文帝十分看重刘昶、王肃，所以他们两个人也感恩戴德，矢志效忠。两人率大军二十万，将义阳城（今河南信阳北）围得水泄不通。魏军昼夜攻打，义阳危在旦夕。齐明帝得知义阳危机，先派左卫将军崔慧景、宁朔将军裴叔业领兵迎战。北魏军队分兵攻打义阳后，他又派遣萧衍和平北将军王广之领兵前去支援。当部队行进到距义阳一百里的地方时，齐军将领们听说北魏军队人强马壮，便再也不敢前进了。这时，萧衍挺身而出，主动提出任先锋。王广之大喜，将手下精兵全部交给萧衍。萧衍率军连夜进发，他只走捷径，很快就到达了义阳城外的贤首山。此地距魏军阵地仅有几里路程，但齐军抵达时，魏军根本没有发觉。

萧衍命令士兵在山上山下插满旗帜。到天一亮，魏军突然发现贤首山上遍插齐军旗帜，因为不知道齐军的虚实，所以不敢轻举妄动。义阳城中的齐军看到后，以为满山都是自己人，大军已经赶到给他们解围了，于是士气大增。司州刺史萧诞下令打开城门，亲率齐军扑向魏军大寨，同时顺风放火。萧衍见状，也率齐军从山上冲下来。萧衍亲自上阵，摇旗擂鼓助威，齐军士气高昂，个个奋勇杀敌。魏军两面受敌，顿时大乱，自相践踏，死者不计其数。王肃、刘昶稳不住大军，只好退走。

齐军取得了这场战役的胜利。士兵在清点战利品时，发现了一箱文件，连忙献给主将。文件中有一封北魏孝文帝的敕书，敕书上写道："听说齐军中有一个名叫萧衍的将军，善于用兵，你们如果和他相遇，一定要倍加小心，最好是坚壁不战，等我率军前来。如果上天保佑，擒得此人，则江南不难平定。"很快，这个消息就在齐军中传遍了。从此，萧衍的声威大振。萧衍也因战功而升任太子中庶子，后来又以战功被封微辅国将军，代理雍州刺史。不久，齐明帝便死了。他的儿子萧宝卷即位，这就是无能的东昏侯。

萧衍到雍州就职后，广纳人才，积极经营，实力快速增强。从此，他有了一块固定的根据地，这为他灭齐建梁奠定了基础。东昏侯不会治国，却生性残忍，先后杀掉了很多大臣。后来，他猜疑雍州刺史萧衍图谋不轨，派人前往行刺。不料，行刺者未照旨行事，反把此事告诉了萧衍。从此，萧衍就和他对立起来。

东昏侯杀了重臣萧懿之后，萧衍召集部下商议废掉东昏侯，众人非常赞同。于是，萧衍大力招兵，准备和东昏侯决战。萧衍为了增加号召力，联合了南康王萧宝融，共同对付东昏侯。最后，萧衍领兵到达了建康城下，和守军激战，攻下了外城，将齐宫城团团围住。在这紧要时刻，齐国内部仍有奸臣对东昏侯进谗言，说事到如此都是文武大臣的过错，怂恿他大开杀戒。征房将军王珍国得知此事，十分愤恨，暗中派心腹给萧衍送去一个明镜，表示心迹。后来，王珍国及其他大臣带兵杀入皇宫，杀死了东昏侯，然后将他的头颅送出，献给萧衍。

萧衍攻占了建康后，派兵四处进行征讨，很多地方的官员纷纷投降归顺。这次萧衍拥戴和帝，消灭了东昏侯，立下了最大的功劳，因此他被升任大司马，掌管内外军国大事，还享有带剑上殿的特权，也不用向皇帝行叩拜大礼。萧衍虽然大权在握，也想废了和帝，然后自己做皇帝，但是他并没有急于求成，而是静待最佳的时机。

萧衍的好友沈约知道他的心事，于是委婉地向他提起称帝的事。萧衍竟然装糊涂，推辞过去了。沈约第二次提起时，萧衍犹豫片刻，说："让我想想再说吧。"沈约再次提起时，萧衍就答应了。沈约又将这件事说给范云，两人都同意拥立萧衍做皇帝。萧衍知道后，很高兴。在他们谋划的过程中，萧衍竟然贪恋起原来宫中的两个美女，把头等大事忘到了脑后。范云知道后，十分着急，找到萧衍说明利害，这才使萧衍下决心灭掉齐国，免得夜长梦多。

萧衍的弟弟、荆州刺史让人传播民谣"行中水，为天子"，利用人们的迷信为萧衍称帝制造舆论。范云和沈约写信给和帝的中领军夏侯祥，然后让他逼迫和帝禅让帝位给萧衍。和帝把禅让诏书送到后，萧衍又假装谦让。范云带领众臣再次上书称臣，请求萧衍早日登极称帝。太史令也陈述天文符谶，证明萧衍称帝合乎天意，萧衍这才勉强接受众人的请求。公元502年农历四月，萧衍正式在建康的南郊祭告天地，登坛接受百官跪拜朝贺，改国号为梁，即梁武帝。然后，萧衍派人给和帝送去金块，逼他吞金自尽。和帝死后，萧衍说他暴病而死，按照皇帝的规格举行丧礼。

萧衍在处理军政事务之外，还倾注了大量精力研究佛学，推动佛教的传播。他在做皇帝之前，非常崇拜道教，与著名道士陶弘景关系很好，每当遇到大事，就派人到茅山向陶弘景请教，时人都称陶弘景为"山中宰相"。萧衍当上皇帝的第二年，宣布放弃道教信仰，改信佛教。他还把《舍事道法诏》书写在宫中重云殿的重阁上，从此，他以佛教为国教，积极扶持佛教的发展。

萧衍对佛教的支持表现在两个方面：一方面他亲身修佛，另一方面大力发展佛教。梁萧衍自己信佛修佛，过着佛教徒的生活，吃素食，断酒肉，严格遵守佛教戒律。萧衍曾四次舍身到同泰寺为僧，大臣们每次都用大量的钱财把他赎回来。萧衍对佛教义学也很有研究，特别是对《般若经》《涅槃经》《法华经》的研究最深。他曾亲自向大家讲经说法，还曾在同泰寺讲《大般涅槃经》《摩诃般若波罗蜜经》《金字摩诃般若经》。他的讲经会，经常有高僧千人，其他信徒数万人。萧衍还经常召开各种法会。他在公元525年于同泰寺开过"千僧会"；公元529年曾开设四部无遮大会，参加大会的有五万余人。

萧衍还进行佛学理论研究，阐述其独特的佛学观。据史料记载，他曾写过《摩诃般若波罗蜜经注解》《三慧经义记》《立神明成佛义记》《敕答臣下神灭论》《为亮法师制涅槃经疏序》《断酒肉文》《述三教诗》等。

萧衍除了亲身修习和研究理论，还大力扶持佛教事业。萧衍非常优待僧侣，一些著名的学僧如宝亮、智藏、僧旻、法云等都受到他的礼遇。他十分关心佛教义学的发展，经常关照一些高僧。宝亮是涅槃学者，智藏兼通《涅槃经》和《成实论》，法云是《成实论》学者。在梁武帝时期，涅槃学、成实学等学派非常流行。萧衍又命僧人编撰佛教著作共十二部。他还广造佛寺，大建佛像，敕建了智度寺、光宅寺、同泰寺等多座寺院。

萧衍在文学方面也有一定的建树，他的文学创作推动了梁代文学风气的兴盛。萧衍现存的诗作有八十多首，大致分为四类：言情诗、谈禅悟道诗、宴游赠答诗、咏物诗。萧衍的言情诗集在新乐府中，数量几乎占了其全部诗作的一半。

乐府是古代专门掌管音乐的官署。到了汉代，汉惠帝时有乐府令一职。汉武帝时，乐府的性质和规模与以前有所不同。当时，乐府除制作乐章、训练乐工，还广泛采集民间歌谣配乐演唱。凡由乐府机构制作和采集的歌辞，以及文人以乐府题写作的诗，后世皆称为"乐府诗"或"乐府"。其中，民歌是乐府诗中最有生气的组成。到了魏晋时期，乐府停止了采集民歌的工作，当时的乐府诗也出现了日趋雅化的倾向。到了南朝，江南新异风格的民歌再次受到上层社会的重视。江南民歌通过乐府机构的采集、演唱，对文人的诗歌创作产生了很大的影响。由于江南民歌言情的题材、内容，及其纤弱绮丽的风格特点，因而被广泛模拟创作。

萧衍在任雍州刺史时，就非常喜好当地的民歌，自己也写了很多乐府诗，如《芳树》《有所思》《临高台》等。萧衍称帝以后，对乐府诗的兴趣仍然不减当年。公元512年，他亲自动手改西曲，制《江南上云乐》十四曲、《江南弄》七曲。萧衍的乐府诗，主要以女性为咏唱对象。他的大多数诗作都是描摹女子对爱情的殷盼，为离别相思所苦的情态，感情缠绵，风格绮丽，语言平易，具有浓郁的民歌风味。如"一年漏将尽，万里人未归。君志固有在，妾躯乃无依。""草树非一香，花叶百种色。寄语故情人，知我心相忆。"郑振铎先生认为："萧衍新乐府辞最为娇艳可爱。"

萧衍从小就受到正统的儒家教育，"少时学周孔，弱冠穷六经"。他在当了皇帝之后，"虽万机多务，犹卷不辍手，燃烛侧光，常至午夜"。这种刻苦学习的精神，为他进行学术研究打下了坚实的基础。萧衍对经学、史学颇有研究。在经学方面，他曾撰有《周易讲疏》《春秋答问》《孔子正言》等二百余卷；他还制成吉、凶、军、宾、嘉五礼，共一千余卷，八千零十九条，颁布施行。在史学方面，他不满《汉书》等断代史的写法，认为那是割断了历史，因而主持编撰了六百卷的《通史》。他对《通史》十分满意，曾对大臣说："我造《通史》，此书若成，众史可废。"可惜，此书到宋朝时就已失传。

萧衍在佛学、文学、经学、历史方面都有建树，他还是一个政治和军事的天才，是一位马上的皇帝。萧衍做皇帝的时间长达四十八年之久，在南朝的皇帝中位列第一。

迷恋诗词的陈后主陈叔宝

历史上有一位皇帝，名字叫作陈叔宝，他在文艺方面大有作为。陈叔宝是南朝陈国的末代皇帝，在历史上又称为陈后主。陈后主雅好文学，尤其擅长作宫体诗。这种诗讲究声律，辞藻追求华丽，诗歌的内容多描写山水风景和色情艳事。陈后主所作宫体诗，更是专门歌咏女人的容貌、发髻、装饰和体态等。

陈叔宝是陈宣帝陈顼的长子，生于江陵。陈叔宝不是他最初的名字。他回建康时，陈世祖陈茜与陈顼两人聊天，说到了这个孩子的名字。世祖说："我的儿子都是以'伯'字为名，你的儿子就用'叔'字为名吧！"世祖虽然是用开玩笑的口气说的，但是陈顼是个孝子，听了之后，一点不敢怠慢。陈顼回去后，问中记室毛喜，向他查证用叔字好不好。毛喜很快就给他列出贤士如杜叔英、虞叔卿等二十多个人。陈顼看了很高兴，当即将儿子的名字全都改用"叔"字。于是，就有了陈叔宝这个名字。

陈叔宝年幼时期，颠沛流离。他出生后的第二年，就遭逢了一次劫难。公元554年，江陵失陷，父亲陈顼被囚在了关右，陈叔宝被留在了穰城。直到公元562年，陈叔宝和生母柳氏才被接回建康。此时陈叔宝九岁，被立为安成王世子。陈叔宝蒙难时还是一个不懂事的儿童；等到他初识世事时，已成为安成王世子，尽享荣华富贵。或许正是因为这样的际遇使得陈叔宝成了一个只知享乐而不能守业的皇帝。

公元566年,陈叔宝被授为宁远将军;公元568年,陈叔宝被授为太子中庶子,不久迁位侍中;公元569年的正月,其父陈顼登基称帝,陈叔宝被立为皇太子。陈叔宝聪颖好学,爱好文学,二十多岁时已在国内文坛享有不小的名气。可惜这个有文才的太子却胸无大志,一心只想发展他的文学。陈叔宝想让著名文士、左户部尚书江总做他的太子詹事,他让管记陆瑜把自己的想法告诉吏部尚书孔奂。孔奂回说:"江总虽有潘岳、陆机的才华,但没有园公、绮里季的实学。让他来辅弼东宫,恐怕不太合适。"陆瑜回去之后,将孔奂的原话转告给陈叔宝。陈叔宝十分不满,自己去请父皇批准。陈宣帝认为太子已经长大,又来亲自请求,自己也不好驳回,就随口答应了下来。孔奂得知此事之后,急急忙忙跑来上奏:"江总只是文华才士,现在太子文才很高,已经用不着江总教导。依臣的愚见,应选取敦重饱学的人才,居住辅佐引导太子才最为妥当。"陈宣帝觉得很有道理,问孔奂:"谁可担任此职?"孔奂回答:"都官尚书王廓,祖辈就有很好的德行,本人又聪慧敦敏,担任此职最为合适不过。"此时,陈叔宝还没有离开,他当即反驳说:"王廓是王泰之子,应该回避父亲名讳,不能做太子詹事。"孔奂却坚持说:"前朝范晔是范泰的儿子,也曾做过太子詹事,既然前人无此疑虑,我们也不必避讳。"陈叔宝坚持己见,仍要求以江总为太子詹事,陈宣帝只好准许。

陈叔宝虽然没有大志,报复心却很强,因为孔奂反对他选的太子詹事,便对他怀恨在心。这件事过去不久,陈宣帝迁尚书右仆射陆缮为左仆射,准备提孔奂接任尚书右仆射一职。陈叔宝知道后,赶忙跑到宫中谏止。当时诏令都已经写好,在陈叔宝的一再坚持之下,陈宣帝收回了任命。此后,孔奂在朝廷中再没能受到重用。

陈叔宝欣赏江总的文才，自从他任太子詹事，就经常召他来一起夜饮。在一次文人欢会之时，陈叔宝听说江总有一个养女陈氏，人长得很漂亮，又颇有才气。后来，陈叔宝悄悄地来到江总府上，找她一起嬉戏调笑。陈宣帝知道此事后，十分震怒，当即免去了江总的太子詹事之职，并且训斥了陈叔宝。此后，陈叔宝有所收敛，但拈花惹草之事仍是禁之不绝。

　　公元582年，陈宣帝一病不起，很快病死。陈叔宝身为太子，本应立即继承皇位，但是他们兄弟之间却发生了夺权之事。陈宣帝总共有四十二个儿子，陈叔宝为嫡长子，次子是彭贵人所生的始兴王陈叔陵。陈叔陵一直野心勃勃，想争夺皇位。陈叔陵聪明而阴险，在陈宣帝面前一直装模作样，试图让陈宣帝废太子而立他，但是陈宣帝直到重病不起，也没有改立太子的意思。于是，陈叔陵就起了杀机。

　　陈宣宗病逝后，宫中准备丧事，人来人往忙作一团。第二天，陈宣宗小殓，陈叔宝伏在地上痛哭。陈叔陵突然拿出一把刀猛砍陈叔宝的后颈，陈叔宝顿时就昏过去了。陈叔宝的生母柳太后赶来救护，也被陈叔陵用刀刺伤。陈叔宝的乳母看到陈叔陵向柳太后行凶，便跑到陈叔陵身后拉着他的胳膊。这时，陈叔宝醒了过来，趁机从地下爬起，可是陈叔陵依然扯着他的衣裳不放，陈叔宝用尽全力才脱身逃走。这时长沙王陈叔坚上前，夺去陈叔陵手里的刀，用衣服将他缚在柱子上。陈叔坚出去寻找陈叔宝，询问应该怎样处置陈叔陵。此时，陈叔宝已经到内殿躲避去了。陈叔陵见陈叔坚离开，就使劲挣脱，冲出之后，命他的手下驾车飞快赶回自己的东府，同时还令人赶去赦免东城的囚犯，给他们发放金帛赏赐，把他们武装起来抵御禁卫军。陈叔陵又派人去新林召集自己的部队，自己也全身披挂整齐，还戴上了白布帽，去西门城楼招募百姓、将兵加入自己的部队，结果没有招到一个人。

陈叔坚见陈叔陵已经逃走，赶忙去告知柳皇后，并让太子舍人司马申用太子名义召右卫将军萧摩诃前来。萧摩诃闻召立即进宫，然后率领几百名步骑兵去攻打陈叔陵的东府。陈叔陵想拉拢萧摩诃，他派了自己的亲信戴温和谭骐麟来到萧摩诃处，劝他归顺。结果，萧摩诃将这两个人绑了，交给了陈叔宝。陈叔宝下令将两人斩首，并把两颗人头送到东府外示众。东府的人见了立时慌作一团。

　　陈叔陵没有招到人为自己卖命，又被萧摩诃拒绝，知道自己已经失败了。陈叔陵回到自己的内府，命人将爱妃张氏和其他六个宠妾全都推入井中，自己则率领数百人马打算连夜渡过长江，去投奔隋朝。结果，他们刚走到白杨路，后面的京城禁军就追来了。陈叔陵想与后面的追兵决一死战，但自己的部下已经差不多跑光了。最后萧摩诃的部将将陈叔陵杀死。

　　陈叔陵死后，陈叔宝才择吉日登基，改元至德，史称陈后主。陈叔坚因为平叛有功，被封为骠骑将军，领扬州刺史；大将萧摩诃则被任命为散骑常侍、车骑大将军，封绥远郡公。陈叔陵的家产全部被赐给了萧摩诃。陈叔宝称帝之后，因为后颈受了重伤还没好，所以朝政都是由皇太后柳氏和保驾有功的陈叔坚打理。柳太后很有才能，做事临危不乱。她主持宣帝国丧，并有效部署了边境防务，使隋人不敢妄动。陈后主刚刚登上帝位的时候，关心民间疾苦，在政治上也有一定作为，其实这都是柳太后代理朝政之功。

　　柳太后还政给陈后主后，他却开始沉迷游乐。陈后主为了讨宠妃们的欢心，特地为她们修建了临春、结绮、望仙三座楼阁。这三座楼阁都高十丈多，门窗栏槛等都是用檀香木做成。每座楼阁装饰金玉珠翠，外挂珠帘，内设宝床、宝帐。楼下堆放着各地奇石，还掘地成湖，并且引来活水。山水之间种植了各种奇花异草，再加上三阁中的贵妃和宫女们身上的脂粉味，以至于有风吹过时，数里之外都能闻到奇香。三阁建成后，陈叔宝自己居住在临春阁，张贵妃一个人占有结绮阁，龚贵嫔和孔贵嫔一起居住在望仙阁。三阁之间有复道相通，可以相互往来，陈叔宝每日与贵妃、贵嫔们在这里宴饮，游戏嬉乐。

陈叔宝把精力都放在了享乐和诗歌创作上，陈国的命运也慢慢走到了终点。公元589年，陈国都城建康被杨广率领的隋军攻破，陈后主和陈国的王公大臣等被隋朝大军押送到长安。隋文帝专门在京城腾出一些住宅，把内外修缮一新，给这些降虏居住。隋文帝还派人前去迎接陈后主，以示慰劳。陈后主见文帝如此优待自己，一时心里高兴，不免有些手舞足蹈，把自己是亡国之君的身份都忘了。

后来，隋文帝派出内史令宣诏责备陈后主，历数他的种种罪状。陈后主一听就吓坏了，以为隋文帝必定要严惩他，惶恐不安地趴伏在地上，一句话也不敢说。后来，隋文帝发下赦书，他才高兴得舞蹈谢恩，叩拜再三。隋文帝对陈后主相当厚待，拨给他不少钱物和用品，还让他官同三品。即使在一些小事上，隋文帝也注意不触到后主的痛处，每次宴会时，只要有陈后主参加，文帝都不让人演奏吴地的乐曲，以免勾起他的故国之思。

陈后主在长安生活得很好，好像一点忧愁悲伤也没有，他可能觉着这样的生活很适合自己。他多次向看守他的隋朝监官说："我现在没有个具体的职位，每次参加宴会或上朝总会感觉非常不便，希望能给我一个官号。"监官把陈后主的话告诉了隋文帝。隋文帝叹息不已，然后说："陈叔宝这个人简直没有心肝。"隋文帝又问监官，陈后主平时都做些什么。监守回答："日夜饮酒，很少有醒的时候。"隋文帝又问："他一天能饮多少酒呢？"监守答："他与子弟饮酒，一天饮一石。"隋文帝大惊，说："一石怎么能行，应让他少饮才好。"过了片刻，隋文帝又说："随他去吧，不然叫他如何度日！"

陈后主被俘后，又在酒坛子和诗文之中度过了十六个春秋。

陈后主一生非常迷恋艳情诗的创作，以至于疯狂。陈后主有所谓的"八妇十客"，"八妇"即张贵妃、孔贵嫔等八名宠姬，"十客"即江总、孔范等十名狎客。江总和孔范因擅长宫体诗，备受陈后主的宠幸。他们虽然被陈后主任为朝廷大员，但不理朝政，只是每天领着十几名长于作宫体诗的文士，与陈后主一起游宴于后宫。陈后主的宴会饮乐，几乎都少不了这"八妇十客"。陈后主让八妇夹坐在他前后左右，然后让她们在彩笺上制成五言宫体诗作，后让十客同时继和，谁要是和得迟了，就要罚酒。这些人为了让陈后主高兴，往往有意无意地在酒宴上做出各种洋相，陈后主和妃嫔们就会一起笑作一团。

陈后主行事虽然有些荒唐，笔触有时也过于旖旎，但是他在文学方面的才能还是得到了历史学家和文学研究者的认可。当然，作为皇帝，他和南唐后主李煜一样不称职，他更适合做一个文人。

无奈生于帝王家——南唐后主李煜

李煜，南唐末代君主，号钟隐，又称钟山隐士、钟峰隐者、钟峰白莲居士、莲峰居士。从这些名号就可以看出，李煜是以文人骚客自许的。

李煜出生那年，正好他的祖父登基，所以给他取名从嘉，字重光。史书记载，李煜的相貌也不同常人，他的额头很宽，面部丰满，两个门牙并在一起，没有缝隙，古人认为这是大富大贵之相。再加上李煜是农历七月初七出生的，所以一直被认为是一个非同寻常的人。正因为如此，他的大哥李弘翼很忌恨他，怕他长大后会与自己争夺皇权。李煜为了避免杀身之祸，把全部的精力都用到了钻研经籍和学习书画上，并且希望自己能做个与世无争的文人，以此来表现对政治不感兴趣。后来，他在文学和书画方面取得了很大的成就。他成了一个划时代的词人，并且创造了"金错刀书"和"撮襟书"，而且善画墨竹，在中国文学史、书法史、美术史上都有着重要的地位。

李煜十五岁的时候，在庐山读书。公元941年，南唐在庐山白鹿洞建学馆，称庐山国学，以李善道为洞主，教授生徒。这就是宋朝四大书院之一的白鹿书院的前身。李煜对政治不感兴趣，但是特别热衷于书画，就连他用的笔纸砚都非常考究。李煜为了造纸，聘请四川的造纸匠人，在六合（今属江苏）找到与四川相类似的水，造出高质量的澄心堂纸。李煜十八岁的时候，娶了大司徒周宗的女儿为妻。周氏精通音律，善弹琵琶，夫妻两人经常唱和。李煜要她制作新曲，她就边唱边谱曲。据说周氏还得到了唐玄宗时的《霓裳羽衣曲》残谱，她根据韵律，用琵琶弹奏，竟补足了残缺部分。

李煜和他父亲一样都是出色的词人，也一样不想当皇帝。有的人为了当皇帝，不惜一切手段；有的人没把皇位看得那么重，但是皇位却落在他的头上，这对父子就是如此。李煜是家里的第六个儿子，按理说是很难当上皇帝的，但是除了他的大哥李弘翼，其余的兄弟都早亡了。本来李弘翼做太子、未来当皇上是板上钉钉的事，可是他偏偏不放心，竟然毒死自己的叔叔来稳固自己的地位。他杀死叔父后，本以为可以如愿以偿地做上皇帝，结果却暴病身亡了。最后太子只能由李煜来做。

李煜当了皇帝后，知道不能激怒北方的强敌——宋朝，只好做出谦恭的样子。李煜即位之后，每天都活在胆战心惊、惶惶不安中，他对国家面临的各种危难，常常都束手无策，唯有以美人和美酒来安慰自己。这时候的他，心中虽然有愁苦，但是大多时候沉迷于男女之间的风月之中。

李煜即位后的第三年，因为痛失爱子和皇后，情绪低迷了很长一段时间。后来，他喜欢上了周后的妹妹，并且娶了妻妹，还立她为小周后。接下来的日子里，李煜为了确保自己做皇帝能长久，很少花天酒地、歌舞宴饮。他和小周后更多的是参拜佛祖，企图神佛能保护南唐安宁。李煜每次散朝以后，就和皇后换上僧服，开始诵经拜佛，天天如此。一般人在佛前叩头，只是象征性地拜一拜，而李煜却非常虔诚，每次磕头都要有声，时间长了，他的额头上竟因此长出了一个赘瘤。李煜崇佛，臣民们上行下效。当时仅仅一个建康城就有上万僧侣。皇帝和大臣修缮佛寺，增加了百姓的负担，而且还减少了劳动生产力，使得国库入不敷出。

李煜还喜欢做很多文雅事。他喜欢下棋，他和近侍一起下棋时，为了不被打扰，常常拒绝召见大臣。李煜的心思基本不在治国之上，他更喜欢琢磨怎么样改进造纸和制砚的技巧，将好纸好砚造出来，供自己玩乐。

小周后是个非常有才华而且很高雅的女人。她为自己精心设计服装，创造了高髻纤裳和首翘鬓朵装的样式；她还善于制造各种香料、香水，不仅自己用香料、香水，还分给后宫的宫女用。李煜在一片香雾缭绕中更加沉醉了。李煜对小周后情有独钟，两人双宿双飞，哪还管什么国家大事。李煜曾经作过一首《浣溪沙》："红日已高三丈透，金炉次第添香兽。红锦地衣随步皱。佳人舞点金钗溜，酒恶时拈花蕊嗅。别殿遥闻箫鼓奏。"形象生动地描绘出他在后宫醉生梦死的生活。

李煜喜好歌舞。他的后宫中有一个宫女名叫窅娘，善于舞蹈。窅娘用帛缠足，使脚纤小弯曲如新月。李煜专门为她制作了一个六尺高的金莲花，让她在上面跳舞。李煜在宫中与美人耳鬓厮磨，曼妙歌舞，宫外的老百姓则生活在水深火热之中，国家的灭亡也一步步临近了。

宋太祖在消灭了南汉之后，开始把兵锋对准南唐，他命曹彬从荆南带领水军沿江东下，很快就占领了池州（今安徽贵池），进驻采石矶（今安徽马鞍山）。潘美带领步兵抵达江北，被辽阔的江面挡住了前进的道路。宋太祖对此早有准备，他命人造了数千艘黄船，并准备了大量的竹子。有人向宋军献计，可以利用竹筏将大船绑在一起搭成浮桥，步兵就可以像走在陆地上一样顺利过江了。潘美按照这个计策，马上派人赶造浮桥。

宋军都南下了，李煜还照旧在宴饮，他仍然像往常一样躲在金陵的宫殿里饮酒作乐。当听说宋军要搭设浮桥渡江时，李煜正在和大臣宴饮，他问周围大臣该怎么办？有大臣说："自古以来，就没有听说过有搭浮桥过江的，这肯定是行不通的！"李煜听了哈哈大笑，说："我早就说过，他们只不过是小孩子闹着玩罢了。"可是，宋军只用了三天的时间就搭好了浮桥，潘美率步兵像在陆地一样行军，成功跨过了长江天险。面对渡江而来的宋军，南唐的守将败屡战屡败。第二年农历二月，宋军已攻打到了秦淮河边，和南唐的十万水陆守军对垒。宋朝大军势不可当，在潘美的带领下冲入南唐大营，并趁机放了一把火。南唐的主力大败而逃。

宋军很快打到金陵城下。这个时候，李煜还被蒙在鼓里，仍然和往常一样在后宫饮酒作乐。一天，他一时兴起到城头上巡视，发现城外到处飘扬着宋军旗帜，这才大吃一惊，明白金陵已经是一座孤城了。李煜回宫以后，派能言善辩的大臣徐铉前往宋朝的都城求和。徐铉见到宋太祖说："李煜无罪，以小国服从大国，对待陛下就像儿子待父亲一样孝顺，从没有过失，陛下为什么还要讨伐他啊？"宋太祖毫不客气地反问他："那么你倒说说，父亲和儿子能分成两家过日子吗？"徐铉苦苦恳求宋太祖不要进攻金陵。宋太祖听得不耐烦，一手按住宝剑，怒气冲冲地说："你不要多说了。我知道李煜并没有什么罪，但是现在是天下一家，我的床边怎么能容忍有别人酣睡着打呼噜呢？"

徐铉见再恳求也没用，只能惶恐地回到金陵。李煜听了徐铉的汇报后，知道求和已经没了希望，连忙从湖口调动驻守长江的十五万大军，试图解金陵之困。可是这十五万大军刚到皖口，就与宋军遭遇，受到两路夹攻。南唐军效仿周瑜火烧赤壁的战术，放火烧宋军，谁知道正巧刮北风，大火反倒烧了自己的军阵，最终导致南唐军全军覆没。

宋军的将领曹彬派人到金陵城见李煜，劝他趁早投降，免得城里百姓的生命财产遭到毁灭。李煜还是想继续拖延下去。于是曹彬下令攻城。第二天，金陵城就被宋军攻破了。曹彬率领宋军整队进城后，秩序井然，并没有骚扰百姓。李煜在后宫知道这个消息后，叫人在宫中堆了柴草，准备投火自杀，但是到最后却没有赴死的勇气，只好带着大臣走出宫门，向曹彬投降。

曹彬见李煜主动投降，心里很高兴，劝告李煜："你归顺宋朝之后，俸禄肯定有限。我现在准许你回去多带一些财物，以后留着用，否则等大军收缴之后，财产封归国库，你想拿也来不及了。"李煜听了大为感激，急急忙忙赶回宫中整理行装。曹彬的属下偷偷问他："你让李煜这样入宫，万一他自杀了，那可怎么办啊？"曹彬大笑，然后说："李煜做事优柔寡断，既然他先前不肯死，现在已经投降，就更不会再去寻死了。"很快，李煜从宫中收拾出黄金珠宝一百箱，和宫人一起出来了。对李煜而言，皇位虽然丢了，但保全了性命，这已是万幸了。

据一些史料记载，在金陵城破之时，李煜还在填写一首《临江仙》："樱桃落尽春归去，蝶翻金粉双飞。子规啼月小楼西，玉钩罗幕，惆怅暮烟垂。别巷寂寥人散后，望残烟草低迷。炉香闲袅凤凰儿，空持罗带，回首恨依依。"这首词的最后三句还没有来得及填上，金陵城已被宋军攻破了。

李煜投降的第二天，他就带着皇后和百官登上大船，被宋兵护送着冒雨渡江，准备前往宋朝的都城见宋太祖。李煜从宫中带出的一百箱黄金珠宝，由曹彬派出五百名宋军士兵帮他抬上船去。等船到中流，李煜回首故都，心中不免感慨，于是写下这首《渡中江望石城泣下》："江南江北旧家乡，三十年来梦一场。吴苑宫闱今冷落，广陵台殿已荒凉。云笼远岫愁千片，雨打归舟泪万行。兄弟四人三百口，不堪闲坐细思量。"

李煜抵达汴京后，宋太祖在明德楼御殿上，接受他的朝拜。李煜和几个南唐大臣穿着白衣纱帽，跪在下面诚惶诚恐地磕头。宋太祖颁诏赦免了李煜，但因李煜派南唐军队抵抗宋军，违背了宋太祖的命令，因此封他为违命侯，又封为光禄大夫，李煜的皇后小周氏则被封为郑国夫人。从此，李煜开始了名为王侯、实为囚徒的生活。

蜀后主刘禅被俘后表现得乐不思蜀，也许是一种自我保护的策略。李煜和他不一样，他天天不忘自己的家国："四十年来家国，三千里地山河。凤阁龙楼连霄汉，玉树琼枝作烟萝，几曾识干戈？一旦归为臣虏，沈腰潘鬓消磨。最是仓皇辞庙日，教坊犹奏离别歌，垂泪对宫娥。"李煜后期以血泪写成词，虽然流传后世，却给自己带来了杀身之祸。

宋太祖死后，他的弟弟继位，也就是宋太宗，这个人猜忌心重，而且他看上了李煜的妻子小周氏，于是就有了害李煜的想法。有一次，宋太宗让李煜的故臣徐铉去探望他。二人见面后，一起大哭，之后又都默不作声。过了好一会儿，李煜忽然长叹一口气，说："我后悔当初杀了潘佑、李平！"言下之意是如果当初能有这两人相佐，南唐就不会灭亡。徐铉听后大惊，什么也不敢说。他回去之后，不敢向宋太宗隐瞒，将李煜的原话报告给了宋太宗。于是，宋太宗就下了除去李煜的决心。

公元977年的七夕，李煜召集了一些南唐艺伎来表演，以庆祝自己的生日。李煜又将自己的新作让小周后唱："春花秋月何时了，往事知多少。小楼昨夜又东风，故国不堪回首月明中。雕栏玉砌应犹在，只是朱颜改。问君能有几多愁？恰似一江春水向东流。"歌声传出，宋太宗听了十分恼怒。宋太宗认为"小楼昨夜又东风"和"一江春水向东流"两句，直接表明了李煜贼心不死，眷念故国，贪怀皇帝之位，心存报复。于是，在七夕当晚，宋太宗派弟弟赵廷美给李煜送去美酒，并且在里面添加了毒药。李煜接到御赐的酒时，已经猜到酒中有毒，接过酒杯后泪下如雨："陛下既已允我不死，让我在开封做个平民百姓，也让我看看如今的太平盛世，为何现在还是要杀我？"当天晚上，李煜毒发身亡，终年四十二岁。

书画双绝的宋徽宗赵佶

宋徽宗赵佶的父亲是支持王安石变法的宋神宗。赵佶出生时身体健壮，因此宋神宗赐其名为"佶"，意思是壮健。赵佶的母亲陈氏出身于开封平民人家，从小颖悟庄重，十几岁时被选入宫，在宋神宗身边伺候。开始的时候，她连位号都没有，后来生了赵佶，才被宋神宗封为美人。陈美人对宋神宗的感情非常深厚，宋神宗病死后不久她也因悲伤过度而死。

赵佶因为是皇子，所以在他一岁时，就被宋神宗授为镇宁军节度使，封宁国公。宋哲宗即位后，赵佶被晋封为遂宁郡王。公元1096年，又以平江、镇江军节度使封端王，并出宫就学。按照宋朝皇家的规定，赵佶虽然是皇子，但只是亲王，所以不能过问政治，更不能与朝中官员交往。亲王为了避免有"问鼎"的嫌疑，不能有自己的抱负与事业，他们的一举一动都被拘束着。宋朝宗室亲王的日常学习内容主要是儒家的经典和史籍等，赵佶对这些不感兴趣，他更喜欢书画，而且他是一个很爱玩的人，喜欢骑马、射箭、蹴鞠乃至豢养禽兽、植花养草。

赵佶在做端王时，经常把当时擅长书画，喜爱诗文的名士邀到自己的府上，摆上酒席，与他们一起高谈阔论。酒过数巡之后，各自即兴发挥，或诗，或唱，或画。当时的书画家吴元瑜、王诜和赵令穰等人都是他的座上常客，这些人和端王的关系很好，而且不拘礼节，端王也将他们看作知音。

赵佶作为艺术家，天资很高，但是作为亲王，则缺乏庄重。随着年龄的增长，他越发轻佻放浪。从他交的朋友上就可以看出他的脾性，驸马王诜与他臭味相投。王诜是宋英宗和宣仁高太后的女儿魏国大长公主的驸马，论辈分应是赵佶的姑夫。王诜为人放荡好色，公主根本管不住他，只好准许他纳妾，但是他还经常出入烟花柳巷。为此宋神宗两次将他贬官。

平常赵佶还喜欢打球、驯兽之类的娱乐活动。在唐宋时期，球类游戏有两种：一种是骑在马上打的称为马球，另一种是用脚踢的蹴鞠。蹴鞠可以多个人一起玩，组织对抗性的竞赛，也可以一个人玩，因而在当时的上流社会十分流行，不仅皇帝、大臣踢球，连少妇仕女也都以踢球为时髦。赵佶在自己的院中建了一个十分漂亮的球场，平日里与手下人一块踢球，后来又招来一班王孙公子在这里角逐切磋技艺。赵佶因为攻门准确，在比赛中常常被推举为攻门手。当裁判员宣布比赛开始，副攻门手把球传给他后，他能在很远的地方，起脚将球踢入球门。赵佶自己很喜欢踢球，也极为看重球艺高超的人。

一天，王诜派高俅给赵佶送东西。高俅赶到时，赵佶正在蹴鞠，高俅在旁候着，不住地为赵佶喝彩。赵佶正踢得高兴，招呼他上来对踢。高俅非常善于踢球，他使出浑身解数，卖弄本事，引得赵佶连连赞叹。赵佶当即将高俅留下，命人回复王诜："去向王都尉传话，就说我把东西和送东西的人一同留下了。"赵佶对高俅信任有加，不仅和他一起玩蹴鞠，还将许多政事交付与他。赵佶登基做了皇帝之后，就更加重用高俅了。一些人非常眼红高俅，对高俅流露出不满的情绪，赵佶便说："你们谁要有高俅那样的脚下功夫，也让你们高升。"这些人就不好说什么了。

赵佶虽然喜欢玩乐，但是对政治依然很敏感。宋哲宗病重后，朝廷及宫中人心惶惶，继承人的选择不仅关系到国家的命运，更关系到每个大臣的前途，而在宫中地位最高的向太后却是一言不发。宋哲宗没有子嗣，继承人要从诸王中选择，向太后的意见是至关重要的。赵佶每天都到向太后居住的慈德宫问安，对向太后极其敬重孝顺。因他聪明伶俐、孝顺有礼，所以给向太后留下了很好的印象，对他钟爱的程度也远远超过了其他亲王。

公元1100年的正月初八，宋哲宗驾崩。当天，向太后垂帘，召见宰相和大臣们，她说："国家不幸，皇帝无子，选谁来继承皇位，事关社稷安危，应当尽早确定下来。"其他大臣不敢轻易发表看法，宰相章惇主张依礼法，立宋哲宗同母的弟弟简王赵似，或者立长弟申王赵佖。但是，向太后说："申王的眼睛有毛病，不便为君。我看还是立端王佶最好。"

宰相章惇听了，立即说："端王行为轻佻，不可以君天下！"还主张立赵似为帝。如果赵似称帝，赵似与哲宗的生母朱太妃将荣尊后宫，向太后的地位会一落千丈，所以她坚决不同意。旁边的知枢密院曾布在旁边冷笑着说；"章惇从没有与臣等商议，怎么就得出这样武断的结论！还是皇太后的圣谕允当。"尚书左丞蔡卞、中书门下侍郎许将等人也一齐附和说："就依太后旨意！"向太后说："端王仁孝，与其他诸王不同，先帝也曾经说过端王有福寿，老身立他为帝，也是秉承先帝遗志。"

章惇也是个聪明人，见群臣附和，自己虽是宰相，但凭一人之力根本无法抗争，便不再说话。向太后当即宣旨，召端王赵佶入宫。这一天，赵佶在哲宗灵柩前即位，成了大宋王朝的皇帝，是为宋徽宗，时年十八岁。大臣们都知道这位年轻的新皇帝轻佻，担心政局出现动荡，奏请向太后共同处理军国大事。向太后推辞说："皇帝已然成年，母后不便干政。"宋徽宗很是乖巧，既对向太后立己为帝感激不尽，同时也担心自己一时无法稳定朝中各派政治力量，因此哭着拜伏在地，乞求向太后参与政事。

宋徽宗即位之初，虽然与向太后共理国事，但是他没有政治经验，也没有处理事情的能力，几乎所有的事都是由向太后来处理。第二年，向太后去世，宋徽宗才真正开始行使皇权。

宋徽宗在执政初期，也曾励精图治，并且试图改变宋朝的内忧外患。他首先要解决朝廷内的朋党之争，并且下令改年号为"建中靖国"，以示消释朋党之争。但是，这两派却水火不容，不好调和，宋徽宗只好转而依靠一派而企图彻底压倒另一派。正是在这种情况下，宋徽宗下诏改年号为"崇宁"，表示他要全面恢复熙宁时期宋神宗推行的各项新政。

宋徽宗推行新政后，韩忠彦被罢相，而曾经被逐出朝的蔡京、蔡卞兄弟分别出任尚书右仆射兼中书侍郎和知枢密院事。宋徽宗与蔡家兄弟狼狈为奸，滥施淫威，打着新法的旗号，胡作非为多年，使得北宋的政治十分黑暗，社会经济几近崩溃。蔡京虽然标榜新法，但实际上是用新法来打击异己，搜刮民脂民膏。蔡京为相二十多年，党羽满朝，虽因灾异之象三次罢相，但时间都很短，谁都拿他没办法。即使有人奏劾蔡京，也难免遭到流放岭南的命运。宋徽宗十分宠信蔡京，曾七次登门访问蔡府，并将女儿嫁给蔡京的儿子。君臣共同危害社稷百姓，国家怎能不灭亡。

宋徽宗爱好书画，蔡京就搜集了字画给徽宗，因此得到赏识，代替了曾布为右相。此外，蔡京还怂恿徽宗大兴土木，建明堂、修筑皇家园林等。其中，修建的新延福宫是当时最著名的建筑，徽宗还下令官员收集各种珍奇之物进行装点。宋徽宗本就爱好奇花异石，即位后更是大肆搜集，但凡知道谁家有好东西，都要派人去查封，全部指定为御前之物，并令主人小心护视，如果被损坏了，就要被加上"大不恭"的罪名。运这些珍奇的时候，更是不惜拆屋、毁墙，以致很多人认为这些奇珍异宝是不祥之物。

宋徽宗的人生哲学就是要及时行乐，尽管后宫有嫔妃不计其数，但是他仍然经常微服私访，与汴京色艺双绝的名妓李师师打得火热。传说有次宋徽宗去见李师师时，词人周邦彦来不及退出，便躲藏在屋里。听着徽宗与李师师调笑，周邦彦便做了首《少年游》。后来，宋徽宗知道了此事，便以"周邦彦职事废弛"的罪名，将他逐出京城。

后来，宋徽宗又迷恋上了得道修仙。小吏出身的王老志，因自称会道术而被徽宗宣召入京，安置在蔡京家中。宋徽宗还封他为"洞微先生"。还有一个道士被宋徽宗封为"通妙先生"。通妙先生"神通广大"，宋徽宗对他恩宠有加，所以许多重臣、皇亲国戚有事都要经他打通关节。这个道士比其他人高明，他说徽宗是上帝元子，为神霄帝君。于是，宋徽宗更加疯狂迷恋道教，他甚至把自己封为"教主道君皇帝"。

宋徽宗不善于管理国家，只懂得挥霍，很快就将历朝的积蓄耗费殆尽。于是，他下令铸造当十文钱，滥印交子。他还卖官售爵，巧取豪夺的手段更是花样翻新。他的不作为和乱作为让老百姓生活在水深火热之中。公元1119年农历十一月，北方爆发了宋江起义。

宋江起义发生在东平府（今山东东平）梁山一带，起义军共有大小头领三十六人。宋江率领起义军在山东所向披靡，转战于青州（今山东青州）、济州（今山东巨野）、单州（今山东单县）、濮州（今山东鄄城）和沂州（今山东临沂）等地，当地的宋军根本无法与之对抗。之后，宋江率军南下，转战江苏，到达沭阳（今江苏沭阳）、楚州（今江苏淮安），在攻下十余个郡县后，来到了海州（今江苏连云港）。宋徽宗得知宋江起义的消息后，一面令官兵大举镇压，一面又下诏进行"招抚"，试图招安劝降起义军。

宋江等人坐船到了海州，被海州知州张叔夜探知消息。张叔夜得知宋江在船上，便在陆上设下一千人的埋伏圈，引诱宋江等人登陆。宋江果然中计，离船上岸，结果被张叔夜包围。双方交战时，张叔夜派出人马烧毁了宋江的大船，断其后路，使得起义军走投无路，丧失了斗志。在交战中，宋江的副将们大多被俘虏，宋江见逃不出去，无奈投降张叔夜，接受了朝廷的招安。宋江投降后，其所率起义军被收编为官军，参与起义的大小头领也都成了官军的头领，接着他们全部被派往浙江去镇压方腊起义。

宋徽宗采办奇花异石的"花石纲"耗尽了东南地区的人力和物力，许多中等人家都因此倾家荡产，穷困人家更是要卖儿卖女。受花石纲影响最为严重的是两浙的百姓，所以在这里爆发了宋朝历史上规模最大的方腊起义。

公元1120年，方腊杀死了专为宋徽宗在南方采办花石的官员朱勔，以废除花石纲为号召，在浙江帮源洞起义。方腊宣称要占领两浙和江南地区，与宋朝划江而治，在国内实施轻徭薄赋以宽民力的政策，并在十年之内，统一中国。方腊起义的影响很大，在几天之内，起义军就聚集了十万多人。方腊自称为圣公，成立独立的王朝，建元永乐，按王朝制式设置官吏和将帅。

公元1120年农历十一月二十九日，方腊打败五千官军，占领了青溪；接着领军向东进攻，占领睦州（今浙江建德）；农历十二月十三日，又攻下歙州（今安徽歙县）；然后沿浙江（富春江）北上，经桐庐、富阳，于农历十二月二十九日占领了杭州。起义军在占领杭州之后，兵分两路，一路挥师南下，攻占婺州（今浙江金华）和衢州，于公元1121年农历二月抵达处州（今浙江丽水）；另一路北上攻打秀州（今浙江嘉兴）。至此，方腊的起义军已打下了六州五十二县，声势浩大。在方腊起义的影响下，东南地区的农民起义如同星火燎原。一时间，宋徽宗在江南的统治岌岌可危。

宋徽宗得知方腊起义的消息，十分惊恐。他立即采取措施，宣布停止引起民愤的花石纲，并将采买花石的官员罢免；同时派童贯为宣抚使，调动驻守北方的精兵数十万，南下镇压方腊起义。公元1121年正月，童贯率宋军增援秀州。起义军战败，被迫退回杭州。两方在杭州激战六天，起义军再次战败，杭州城被宋军收复。

之后，宋军乘胜向南追击，结果在睦州决战中，方腊起义军再次被打败，被迫退回起义发源地青溪帮源洞。这里的地形很复杂，宋军一时无法攻入帮源洞，便将其重重包围起来。后来，因为有叛徒引路，宋军才杀入了帮源洞。起义军英勇迎敌，血战三天三夜，死伤惨重。最终，方腊在山洞中被擒，接着被押到京都处死。方腊起义宣告失败。

宋徽宗在镇压了方腊起义之后，本性难改，很快又恢复了花石纲的采办，继续在宫中过着花天酒地的奢靡生活。尽管宋江被招安，方腊被镇压，但是北方的辽国虎视眈眈，腐败的北宋王朝已经走到了结束的边缘。

宋徽宗十分喜欢画画。他做皇帝后，对宰相三公们说："朕余暇别无他好，惟好画耳。"为满足自己观赏、学习的需要，宋徽宗在处理完政务之后，广搜古今名画，藏品百倍于先朝，并将多达一千五百件绘画精品分门别类，编成一部大型画集，名为《宣和睿览集》。

宋徽宗善于融合古人的绘画技巧，并且还可以推陈出新。他最擅长工笔花鸟。他对花鸟悉心揣摩，令内行叹服不止。龙德宫建成后，他命宫廷画师在宫中屏壁上作画。宫廷画师都是当时的绘画高手，宋徽宗看完他们的画后却未置一词，唯独对一位年轻人画的斜枝月季花大加赞赏。人们都不知是何缘故。一个大臣向宋徽宗请教，宋徽宗说："很少有人能把月季花画好，因为此花一年四季、朝朝暮暮花蕊、花叶皆不相同。这个年轻人画的是春天中午的月季，没有丝毫的错误，所以我很欣赏他。"如果不是长期悉心的观察过月季花以及对绘画十分内行，是不可能像他这样一眼就能分出好坏的。

宋徽宗对画画非常用心。他做了皇帝之后，见宣和殿前种植的荔枝结实，恰巧有一只孔雀在其下，便命人找来画院的画师，要他们把这动人的场景画下来。画师们画完后，宋徽宗指出他们的画都犯了一个同样的错误。这些人面面相觑，不知错在哪里。好几天之后，仍没有人知道错在哪里。最后，宋徽宗告诉他们："孔雀腾飞，必先举左脚。"而画师们画的孔雀腾飞却是先举右脚。可见宋徽宗的观察之细，体会之精。

如今，宋徽宗的画作仍有流传。后人评论宋徽宗绘画，认为"一羽毛，一卉木，皆精妙过人"。他的墨竹"自成一家，不蹈袭古人轨辙"。

宋徽宗还擅长书法。起初，他学黄庭坚，后来独创"瘦金体"。宋徽宗的书法也有独到之处，世人评价他的书法"行草正书，笔势劲逸"。他学书法的时候，善于琢磨，能够习其精髓而变其法度，自成一体。宋徽宗创造的书法称为"瘦金书"或"瘦金体"，对后世书法产生了不小的影响。

在宋徽宗的倡导下，北宋书画艺术得到发展。他曾组织人编撰《宣和书谱》和《宣和画谱》，大量的书画作品得以流传后世。

"匠"才独具的文盲皇帝明熹宗

明熹宗朱由校，生于公元1605年，是明朝的第十五位皇帝。他当上皇帝后，内有农民起义，外有后金不断侵扰，正是内忧外患的紧急时期。但是，明熹宗却不务正业，不听先贤教诲去"祖法尧舜，宪章文武"，整天不用心处理朝政，而是热衷于干木匠活，把大多心思用在与斧子、锯子、刨子打交道，制作木器，盖小宫殿上，于是就成了历史上名副其实的"木匠皇帝"。

明熹宗不仅喜欢干木匠活，而且还干得很有水平。明熹宗自幼便有木匠天分，他经常沉迷于刀、锯、斧、凿、油漆的木匠活之中，而且技巧娴熟，远远超过一般的能工巧匠。据说，只要是看过的木器用具、亭台楼榭，明熹宗全部都能做出来。刀锯斧凿、丹青揉漆之类的木匠活，明熹宗都要亲自操作，乐此不疲，甚至废寝忘食。明熹宗亲手制造的漆器、床、梳匣等，均装饰五彩，精巧绝伦，出人意料。《先拨志始》载："斧斤之属，皆躬自操之。虽巧匠，不能过焉。"有文献载其"朝夕营造""每营造得意，即膳饮可忘，寒暑罔觉"。

明熹宗心灵手巧，而且喜欢改造自己身边的东西。明朝的时候床都是很笨重的，十几个人才能移动，用料多，样式也极普通。明熹宗觉得这么笨重的床让太监们搬来搬去非常麻烦，于是自己设计图样，亲自锯木钉板，制造了一架折叠床。这个折叠床又轻又容易搬运，而且做得非常精致，床架上还雕有各种花纹，美观大方，为当时的工匠所叹服。

明熹宗还喜欢用木材做小玩具。他做的小木人，男女老少俱有神态，而且还有五官和四肢。他还派内监拿到市面上去出售，市人都以重价购买。明熹宗就更加高兴了，天天加班加点制作小玩具，往往做到半夜也不休息，还常令身边太监做他的助手。

明熹宗的漆工活也很好。他从配料到上漆，都要亲自动手，并喜欢创造新花样，让身旁的太监们欣赏评论。明熹宗还很擅长雕镂技艺。他看到乾清宫非常漂亮，曾经也想自己盖一个乾清宫，但是盖一个真正的乾清宫要花很多钱，大臣们肯定会反对的。于是，他就做了一个迷你版的乾清宫，高不过三四尺，里面的风景都与乾清宫无二。他雕镂的门窗和花纹惟妙惟肖，一点儿都不比真正的乾清宫逊色。他还制作了十座护灯小屏，在上面雕刻了《寒雀争梅图》，形象逼真。《明宫杂咏》上有诗吟道："御制十灯屏，司农不患贫。沈香刻寒雀，论价十万缗。"

明熹宗还喜欢雕琢玉石，而且也很在行。他常用玉石雕刻各种印章，赐给身边的大臣、宫监。比如，他曾经给奶妈客氏和她的"对食"魏忠贤各做过重三百两的金印，一个的印文是"钦赐奉圣夫人客氏印"，一个的是"钦赐顾命元臣忠贤印"。由此可见明熹宗真是时刻也离不开这两个人，他们之间感情深厚，连做点东西都想着他们。

每到冬季，皇宫花园西苑的池子就结冰了，而且冰冻得十分坚硬。明熹宗亲自为自己设计了一个小拖床，床面小巧玲珑，仅可以坐一人，然后涂上红漆，上有一顶篷，周围用红绸缎为栏，前后都设有挂绳的小钩。明熹宗坐在拖床上，让太监们拉引绳子，一部分人在上用绳牵引，一部分人在床前引导，一部分人在床后推行。两面用力，拖床在冰面上的行进速度会很快，瞬息之间就可往返数里，皇帝玩得十分高兴。

后来，明熹宗还把他的木匠天分用在真正的宫殿建造上。明熹宗常与太监在长乐宫打球，觉着玩起来不过瘾，就亲手设计，建造了五所蹴园堂。明熹宗酷爱建筑，所以特别关心朝廷的建筑工程。公元1625年到公元1627年，明朝对太和殿、中和殿和保和殿进行了大规模的重造工程，从起柱、上梁到插剑悬牌，整个工程中，明熹宗都亲临现场，并且对宫殿的修建提了很多建议。明熹宗常常在房屋造成后，高兴得手舞足蹈，反复欣赏，等高兴劲过后，又立即毁掉，重新造新样制作，从不感到厌倦。明熹宗在制作的兴头上，往往脱掉外衣，把治国平天下的事，早就抛到脑后。

明熹宗还把自己的精巧手艺运用到各种游戏中，亲手制作各种娱乐工具。他曾经设计过一个精致的喷泉。用大铜缸盛满水，在缸底凿洞并设置机关。水画盖上圆桶，在缸下钻孔，通于桶底形成水喷，再放置许多小木球于喷水处。机关一开动，水就喷出来。先是倾泻如瀑布，接着散落似飞雪，最后则拥起一股高高的水流，笔直而上，有如一股玉柱。这时，事先藏在缸底的许多镀金木球也翻滚而出，拥上水柱的顶端，盘旋上下，好长时间都不落下。有一次他还做了个花园，里面的小人可以走路，鸟可以唱歌，水能流动。

明熹宗喜欢看傀儡戏。当时的戏班子用轻木雕镂成海外四夷、蛮山仙圣及将军士卒等形象，由艺人直接操纵木偶表演故事。明熹宗情绪高时，就会施展自己的手艺。当时这些木偶已经雕刻得十分精致了，而且表演也十分繁复。明熹宗却还要精益求精，对傀儡戏进行改进。他做的木像男女不一，约高二尺，有双臂但没有腿足，均涂上五色油漆，彩画如生，每个小木人下面的平底处安一拘卯，用长三尺多的竹板支撑着。明熹宗制作好演员后，就开始设计舞台。他用大木头凿钉成的长宽各一丈的方木池，上面添水七分满，水内放有活鱼、蟹虾、萍藻等，使之浮于水面。然后，他用凳子支起小方木池，周围用纱围成屏幕，竹板在围屏下，游移拽动，这样就形成了水傀儡的戏台。在屏幕的后面，艺人随剧情将小木人用竹片托浮在水上，进行表演。当时宫中常演的剧目有《东方朔偷桃》《三保太监下西洋》《八仙过海》《孙行者大闹龙宫》等，均装束新奇，扮演巧妙，活灵活现，正对了明熹宗的胃口。明熹宗天天如醉如痴地做木偶，然后又如醉如痴地看傀儡戏。

明熹宗看戏久了之后，就热切地希望在戏里扮演一个角色。他很敬业，演起戏来也一丝不苟。他曾经排演过一个戏，其中有一场是"雪夜访普"，讲的是宋太祖赵匡胤在雪夜拜访宰相赵普，商议如何统一全国的故事。因为是"雪夜"，所以演戏的时候，演员都要穿冬装。明熹宗演这出戏时，正是初夏，天气十分炎热。但是，明熹宗要求一定要演得像，所以冒着酷暑，披上厚厚的大氅，又戴上了棉帽子，尽管汗流浃背，他依然坚持演了下来。因为太热了，明熹宗演完戏后，得了病，面无血色，虚弱乏力。

明熹宗特别喜欢玩，不过他的很多游戏都显得十分孩子气。明熹宗曾经在大殿上悬挂一枚银铃铛，然后让宫女们蒙着头在大殿里乱跑，谁要碰到那个铃铛了，就把铃铛赐给谁。然后再挂一枚银铃铛，接着玩。明熹宗还很喜欢捉迷藏，经常藏起来让宫女们找他。但是，他喜欢在袖子里揣很多有香气的花花草草，所以他藏得再隐蔽，宫女们也能从香气判断出他在什么地方。但是，所有人都不敢让皇帝扫兴，就故意装作找了好半天才找到，逗得皇帝十分高兴。

明熹宗喜欢军事。在魏忠贤的撺掇下，他在宫内设立内操，挑选年轻的太监排兵布阵，玩打仗游戏，而且还玩得像模像样。后来，这个游戏的规模越来越大，竟凑到了上万勇士，个个身披铠甲，服饰鲜明，整天操练喊杀，锣鼓声响彻皇宫内外。明熹宗自己还骑马亲自上阵，作"大军"的统帅。皇帝把好好的皇宫弄成了大练兵场，大臣们都觉得太荒唐了，纷纷上奏请皇上结束内操。可明熹宗正玩得高兴，不肯听他们的建议。

明熹宗天天忙着做木匠或者玩，也不管国家大事。不过，国家大事也不用他管，因为有"九千岁"魏忠贤替他料理。魏忠贤常常趁明熹宗引绳削墨，做木工兴趣最浓时，拿着奏章请他批阅。明熹宗觉得这影响了自己的兴致，便随口说："我已经知道了，你尽心办理就是了。"明朝的惯例，凡是大臣的奏本，要由皇帝御笔亲批；若是例行文书，由司礼监代拟批问，也必须写上"遵阁票"字样，或奉旨更改，用朱笔批，号为批红。明熹宗潜心制作木器房屋，便把这些事情一概交给了魏忠贤。魏忠贤借机排斥异己，扩充势力，专断朝政。

有一种说法认为，明熹宗虽然木工技艺超群，但是他却是个"文盲"。明熹宗的父亲明光宗在做皇子的时候，一直不受自己父亲明神宗的喜爱。明神宗因为不想立他做太子，所以很久都不让他出阁念书，使得这个未来的皇帝文化水平不高，差点成了文盲。那时候明光宗处于忧惧之中，也没有心思关心自己儿子的学业。明光宗当了皇上之后，大臣们劝他给太子找个老师，他却说不着急，过两天再说吧。结果，还没过几天，他就死了，他的儿子明熹宗就继位了。魏忠贤也是一个大字不识的文盲，他代批的文书全是先自己打好腹稿，再交由手下整理成文字并进行润色。

因为明熹宗是个"文盲"，所以他发布命令指示时，只能靠听读别人的拟稿来决断。但是，他又不愿意听别人的摆布，往往不懂装懂，一纸草诏、上谕，经过多次涂改，往往弄得文理不通，颁发出去，朝野人士看了啼笑皆非。一次，江西抚军剿平寇乱后上章报捷，奏章中有"追奔逐北"一句，原意是说他们为平息叛乱，四处奔走。明熹宗身边的一个太监叫何费，他的文化水平也比较低，念奏章时，把"追奔逐北"读成"逐奔追比"。他给皇上解释意思时，把"逐奔"说成是"追赶逃走"，把"追比"说成"追求赃物"。明熹宗听了之后，大发雷霆，不但没有奖赏江西抚军，反而将他贬俸。

一年，扶余、琉球、暹罗三国派使臣来进贡。扶余进贡的是紫金芙蓉冠、翡翠金丝裙，琉球进贡的是温玉椅、海马、多罗木醒酒松，暹罗进贡的是五色水晶围屏、三眼鎏金乌枪等。这些进贡的物品，都是很贵重的礼物，明熹宗原本应隆重接待。在大殿上，使臣递上用汉文写的奏章，宦官魏忠贤接了，由于他目不识丁，忙转手递给明熹宗。明熹宗装模作样地看了好一会儿，把进贡的奏章当成交涉的奏疏，大怒起来，将奏章往地下一掷，说："外邦小国好没道理！"然后就拂袖退朝。

公元1627年农历五月，明熹宗在客氏、魏忠贤的陪同下到宫中西苑乘船游玩时，在桥北浅水处大船上饮酒。然后，他又与王体干、魏忠贤及两名亲信太监去水深的地方划船。突然刮起一阵狂风，小船被刮翻了，明熹宗跌入水中，差点被淹死。明熹宗虽被人救起，但经过这次惊吓，却落下了病根，多方医治没有效果，身体每况愈下。后来，尚书霍维华进献了一种名叫灵露饮的仙药，说服后能立竿见影，并且可以延年益寿。明熹宗便天天饮用，开始还有一些效果。可是，明熹宗饮用几个月后，竟逐渐浑身水肿，卧床不起。

到了夏天，明熹宗的病更重了。农历八月十一日，明熹宗预感自己时日不多，便召弟弟朱由检进宫，并对他说："吾弟当为尧舜。"命他继位。次日，明熹宗召见内阁大臣黄立极说："昨召见信王，朕心甚悦，体觉稍安。"不久，明熹宗就驾崩了。

明熹宗在位期间，纵容奶娘客氏，重用宦官魏忠贤，任由这二人胡作非为。二人在朝陷害忠良，在后宫荼毒妃嫔，他都不加以规制。魏忠贤遍树党羽，有五虎、五彪、十狗、十孩儿、四十孙等，他们沆瀣一气，排斥异己，将东林党人视为眼中钉。杨涟、左光斗等人都惨死在他们手上，明熹宗却丝毫不知。魏忠贤肆意妄为，使得朝堂上的正人君子殆尽，政治极为黑暗，大明江山岌岌可危。明熹宗将这样一个烂摊子留给了继位的弟弟。而且他在弥留之际，还不忘叮嘱弟弟要重用魏忠贤。而志在中兴明朝的崇祯在继位三个月后，就铲除了魏忠贤和他的党羽。

纵观明熹宗的一生，他固然做事荒唐，是一个昏聩的皇帝，但不是一个恶人，他的很多行径都是因为没有受过教育。万历皇帝不喜欢长子明光宗，不关心他的教育。而明光宗因自身难保，又导致明熹宗的教育被忽视，致使明熹宗继位时大字不识几个，就更别说处理朝政了。万历皇帝的不智行为，也是明朝衰败的一个原因。明熹宗"凡事惯惯"，但是他对妻子和手足的情谊却比其他皇帝要深厚。明熹宗病重时，还召见自己的弟弟，对他寄予厚望。明熹宗很爱护张皇后，所以他的乳母客氏始终也不能动摇皇后的位置。明熹宗临终时，还对张皇后表达了自己的歉疚，并且嘱咐自己的弟弟继位后要善待张皇后。

"文盲"的明熹宗不是一个好的皇帝，却是一名出色的工匠。大明王朝在明熹宗的手上摇摇欲坠，他死后仅十多年，明朝就灭亡了。

参考文献

刘兴雨，《追问历史》，天津古籍出版社，2003年版

朱耀廷，《中国传统文化通论》，北京大学出版社，2005年版

王宇，《读史有心机》，中国三峡出版社，2006年版

汪大海等，《中国历史名人传记》，中国社会出版社，2006年版

唐忠民，《读历史有心得》，海潮出版社，2007年版

毛佩琦等，《历代顶级文臣丛书》，花山文艺出版社，2007年版

姜国柱等，《历代顶级名将丛书》，花山文艺出版社，2007年版

陈天璇，《历史可以这样读》，新华出版社，2008年版

诸葛文，《中国历代秘闻轶事》，京华出版社，2009年版

迟双明，《历史其实很有趣》，中国纺织出版社，2011年版